U1002489

世界城市研究精品译丛

主　编　张鸿雁　顾华明

副主编　孙民乐

与赛博空间共存

Living With Cyberspace

21世纪技术与社会研究

Technology & Society in The 21st Century

[英] 约翰·阿米蒂奇　乔安妮·罗伯茨 编著

曹顺娣 译

江苏凤凰教育出版社
Phoenix Education Publishing, Ltd

图书在版编目(CIP)数据

与赛博空间共存:21世纪技术与社会研究/(英)约翰·阿米蒂奇著;曹顺娣译.—南京:江苏凤凰教育出版社,2016.5

(世界城市研究精品译丛)

ISBN 978-7-5499-5792-7

Ⅰ.①与… Ⅱ.①约…②曹… Ⅲ.①城市社会学—研究 Ⅳ.①C912.81

中国版本图书馆CIP数据核字(2016)第115284号

书　　名	**与赛博空间共存:21世纪技术与社会研究**
编　　著	[英]约翰·阿米蒂奇 乔安妮·罗伯茨
译　　者	曹顺娣
责任编辑	潘守华
出版发行	凤凰出版传媒股份有限公司 江苏凤凰教育出版社(南京市湖南路1号A楼　邮编210009)
苏教网址	http://www.1088.com.cn
照　　排	南京紫藤制版印务中心
印　　刷	江苏凤凰新华印务有限公司
厂　　址	江苏省南京市新港经济技术开发区尧新大道399号
开　　本	880mm×1240mm　1/32
印　　张	8.625
版　　次	2016年6月第1版 2016年6月第1次印刷
书　　号	ISBN 978-7-5499-5792-7
定　　价	45.00元
网店地址	http://jsfhjycbs.tmall.com
新浪微博	http://e.weibo.com/jsfhjy
邮购电话	025-85406265,025-85400774,短信02585420909
盗版举报	025-83658579

图书若有印装错误可向承印厂调换

提供盗版线索者给予重奖

出版说明

“他山之石，可以攻玉。”

在建构中国本土化城市理论的过程中，对外来城市化理论进行有比较地、批判性地筛选，不失为一种谨慎的方式。西方城市化的理论与实践研究有很多值得中国学习和借鉴的地方，如城市空间正义理论、适度紧缩的城市发展理论、有机秩序理论、生态城市理论、拼贴城市理论、全球城市价值链理论、花园城市理论、智慧城市理论、城市群理论以及相关城市规划理论等，这些理论在推进城市化的进程中起到了直接的作用。

中国城市化进程以三十多年的时间跃然走过了西方两百年的城市化历程，成就令世界瞩目，但城市社会问题也越来越深化：有些是传统的社会问题，有些是城市化引发和激化了的问题，我们需要梳理出关键点加以解决。

《世界城市研究精品译丛》的出版目的十分明确：我国的城市理论研究起步较晚，国外著名学者的研究成果，或是可以善加利用的工具，有助于形成并完善我们自己城市理论的系统建构。在科学理论的指导下，在新型的城镇化过程中，避免西方城市化进程中曾出现过的失误。

该丛书引进国外城市理论研究的经典之作，大致涵盖了相关领域的重要主题。它以新角度和新方法所开启的新视野，所探讨的新问题，具有前沿性、实证性和并置性等特点，带给我们很多有意义的思考与启发。

学习发达国家的城市化理论模式和研究范式，借鉴发达国家成功的城市化实践经验，研究发达国家新的城市化管理体系，是这套丛书的主要功能。但是，由于能力有限，丛书一定会有很多问题，也借此请教大方之家。读者如果能够从中获取一二，也就达到我们的目的了。

江苏凤凰教育出版社

目录

谨以此书献给我的挚友，优秀的赛博理论家尼古拉斯·泽布拉格（1947～2001）

致 谢

从着手准备此书开始，我们便不断得到来自各方的帮助与支持。首先，我们要感谢菲利普·格拉翰教授。因为他的鼓励与支持，我们才得以在1999年7月于英国的诺桑比亚大学召开了以“探索赛博社会”为主题的会议，而正是这次会议为本书的诞生提供了最初的想法。其次，我们要感谢诺桑比亚大学小额资助研究中心。由于他们的帮助，约翰才得以在2001年至2002年将全部精力投入本书的创作与编辑，为此，他本人也深表感谢。此外，我们还要感谢特里斯坦·帕默。无论是在最初的Athlone，还是后来的Continuum，他都在编辑方面不断给予了我们建设性的帮助和指导。最后，作为编者，我们向此书的十二位作者表达最诚挚的谢意。他们不仅呕心沥血地完成了本人的创作，而且对一些尚无定论的问题与我们一起进行了深入的探讨，并且对本书其他作者撰写的章节提出了中肯的意见。若非各位的鼎力相助和无私奉献，《与赛博空间共存：21世纪技术与社会研究》便不可能呈现于世人面前。

前　言

《与赛博空间共存：21 世纪技术与社会研究》（*Living with Cyberspace：Technology and Society in the 21st Century*）全面深入地介绍了关于“赛博理论”的主要概念和问题的研究现状，涉及多个领域的批判理论和实证研究，涵盖了控制论与日常生活、技术与社会、文化、政治以及经济等方面。目前，学术界对于赛博空间存在颇多争论，各学派纷纷从社会与文化，政治与经济等角度提出各自观点。本书将采用跨学科研究方法，从社会学与文化研究、政治学研究以及政治经济学研究等方面揭示上述争论背后隐藏的风险与机遇。但是，无论是理论还是实证方面，在考察了当代人们日常生活方式的“社会想象”及其重大意义之后，最至关重要的研究成果便是：与赛博空间共存就意味着与科技风险共存。① 因此，在探讨赛博空间、“作战空间”、“电子民主”和“赛博经济”等关于 21 世纪赛博理论的主要观点和问题时，必将牵涉到对于“信息社会”的再评价以及对于全新网络领地的范围划定，比如“军事-工业-媒体-娱乐网络”，“网络宣传”和电子商务等。

编写此书源于我们越来越意识到，目前在研究“与赛博空间共存之挑战”这一课题的理论和实证方面，无论是深度还是广度，皆有无限进步空间。比如，对于“当代技术和社会”方面的很多概念，仍然未能形成权威定论，因此，不断有学者重新审视这些概念，提出批评意见，给予补充或者重新进行解释。因此，“批判的”和“后结构主义的”赛博理论不仅需要从内部进行深度剖析，而且还将延伸到“超现

① 见 Notes and References，前言，1。

代化”层面。① 与此同时，曾一度被冷落的政治学，批判政治社会学和女权主义社会学，新古典经济学和激进政治经济学，以及关于政治、社会和经济理论的会议等纷纷转向赛博理论研究，对于这一全新的跨学科领域起到了积极的推动作用。其中比较典型的例子如“赛博女权主义”。②

的确，赛博理论研究的进展如此迅速，无论是资深的学者还是初出茅庐的学生都为之深深着迷同时又心存疑虑。比如，在当今的赛博空间时代，在这样一个消费者似乎有无尽选择的时代，在这个飞速发展且不断空间化的时代，关于信息社会的理论能给我们带来什么启发？但是，尽管在概念方面存在种种疑问，这些理论在实践方面的映射却令人叹为观止。无论是对此争议不断的学者们，还是对网络社会的当代发展机制表现出极大兴趣的研究人员，都不由自主地被这一领域深深吸引。同样举足轻重的是发生在赛博空间的当代文化、政治和经济领域的转变。就文化领域的转变而言，典型的例子便是军事理论和大众媒介的彼此融合，出现了诸如“电脑编码”、“生物空间”、“动画制作”等术语。在政治领域，人们对电子民主的兴趣日益浓厚，同时，对网络空间各种矛盾的“调和”也引发诸多关注，而关于女性在赛博空间的体验以及有关“技术权力”和“网络前景”的争论同样甚嚣尘上。在经济领域，同样发生了种种变化，包括网络经济的出现，女性群体向“网民”的潜在转变，以及有关赛博空间和人们意识的局限性之间的联系，等等。

鉴于上述的在赛博空间的理论和实践方面存在的风险和机遇，对

---

① 见 Notes and References，前言，2。

② 一般而言，赛博女权主义十分认同这样的观点：技术进步与女性解放相辅相成，彼此促进，同时对男权或父权统治构成了威胁。涉及此观点的著作包括：《类人猿，赛博格和女性：自然界的再造》，唐娜·哈拉维著，自由协会出版社，1991 年出版于伦敦；《零和一：数字女性和新技术文化》，赛迪·普兰特著，第四权力出版社，1997 年出版于伦敦。

于此领域开展长期的跨学科研究已经迫在眉睫。研究的主要对象便是赛博空间与人们日常生活之间的分界，以及科技及其社会意义之间的分界，这种分界时而稳定时而变化，又常常在真实与想象之间徘徊。《与赛博空间共存：21 世纪技术与社会研究》阐述了对相关概念进行反复评价以及提供实际研究蓝图的必要性。本书共包括 12 章，每章内容皆独立成文，主题各不相同，分别由 14 位作者完成，这些作者均跻身于当代全球赛博理论界最为知名的研究者行列。本书由四大部分组成，分别是赛博社会、赛博文化、赛博政治和赛博经济。为帮助读者更好地理解书中内容，编者在每部分皆以“绪论”为开场白，介绍组成该部分的三章内容中关于某个领域的赛博理论存在的缺陷和进步空间，同时，在必要时阐述本部分与其他部分的内在联系，并解释涉及其他部分的重要概念。本书最后的附录包括涉及各章节的详细注解和参考书目，给读者的建议补充书目，以及所有作者的简介。综上所述，本书汇集了体现当代赛博理论的批判性思维和启发性应用的代表性研究成果。

在以下部分，我们将提供相关背景知识，以帮助读者更好地理解赛博社会、赛博文化、赛博政治和赛博经济。我们将简要介绍各章节所涉及的有关赛博空间的关键理论以及隐含的风险与机遇，阐述激发各位作者写出本书的理论动机和实证传承。在对第一部分的概述之后，您将看到对第二、第三、第四部分内容的综述。

第一部分　赛博社会

在当代赛博理论界，各种概念问题层出不穷，其中最重要的或许就是赛博空间与信息社会之间的关系。分析赛博空间和信息社会的发展所涉及的问题十分广泛。比如，在目前出现的一系列基本问题中，比较典型的是：作为信息社会在 21 世纪的存在形式，赛博空间的具体格局应如何划定？其他问题还包括：赛博空间本身的扑朔迷离、它与信息和通信技术的发展之间的矛盾冲突、以及与大卫·里昂（David

Lyon）在第一章中提出的各种“赛博社会性”之间的矛盾。在此，需要指出的是，信息社会的赛博空间倡导者们在从工业产品生产模式到“后工业”时代以提供信息为主的服务模式的转变中所拥有的技术投资非常重要。同样需要引起关注的还有当代职业模式的变化和某些职业和技术阶层更出色所导致的焦虑不安，而这些现象背后的始作俑者正是赛博空间和信息社会。

虽然丹尼尔·贝尔（Daniel Bell）在 20 世纪 70 年代便确立了“后工业社会”的概念，但直到 20 世纪 80 年代美国的社会学家们包括贝尔本人才开始研究赛博空间和信息社会之间的联系。① 毫无疑问，挑战信息社会理论的任务是新马克思主义以及贯穿整个 20 世纪 80 年代的信息通信科技的批判理论的核心。② 然而，正是由于颠覆传统的批判赛博理论的出现，才真正动摇了信息社会理论和新马克思主义学派的根基。批判赛博理论与“后现代主义”、“弹性专业化”和“信息发展模式”密切相关。在采纳吸收了马歇尔·麦克卢汉（Marshall McLuhan）、阿尔弗莱德·马歇尔（Alfred Marshall）以及丹尼尔·贝尔的研究成果之后，数位杰出的文化理论家和政治经济评论家开始重新评价技术和空间以及信息和社会之间的关联。③ 其中做出卓越贡献的有提出后工业和后现代研究视角的贝尔（Bell）、吉恩·鲍德里亚（Jean Baudrillard）、马克·博斯特（Mark Poster）、迈克尔·皮埃尔（Michael Piore）、查尔斯·赛伯（Charles Sabel）和曼纽尔·卡斯特尔（Manuel Castells）。④ 这些批评家们主要关注赛博空间和信息的本质以及工业社会向后工业社会的进化历程。对这些理论家们而言，无论是当代政治文化方面体现出来的信息特征，还是发达国家从生产商品到提供服务的显著变化，抑或是知识的创新方面，都有了翻天覆地的变

① 见 Notes and References，前言，4。
② 见 Notes and References，前言，5。
③ 见 Notes and References，前言，6。
④ 见 Notes and References，前言，7。

化。实际上，正是这些变化使得卡斯特尔将“灵活的”信息资本和劳动力的出现与“信息化都市”的“流动空间”联系起来。①

批判赛博理论，尤其是齐格蒙特·鲍曼（Zygmunt Bauman）的理论，是对于以质疑赛博空间和信息社会为己任的后现代课题的又一关键贡献。② 包括里昂在内的对赛博空间提出批判的评论家们采纳了鲍曼的理论，因此对于以贝尔为代表的信息社会理论家们的自由主义立场无疑已构成了某种挑战。与此同时，他们还采纳了鲍曼的矛盾观点，这样直接导致了认为赛博空间会以高效有序的方式运作或者将会走向信息或社会自由的论调实在不能令人信服。遭到同样疑问的还包括这样的观点：若非赛博社会以这种令人失望的矛盾方式运行，单向的赛博空间现代构想——技术进步——必定能实现。

批判赛博理论在对赛博空间和信息社会进行后工业和后现代视角审视方面有举足轻重的地位，同样不容忽视的还有该理论对于研究赛博空间促进社会生活的潜力方面的影响。比如，在弗兰克·韦伯斯特（Frank Webster）的著作中，批判赛博理论涉及对于信息、文化和社会表现的深度剖析，其中，知识代表了后现代的个人势力范围。③ 正因为有了该理论，像韦伯斯特这样的社会学家们才能全面审视和深入剖析控制当代社会生活的因素。值得引起关注的是在信息资本主义的有限空间和当代赛博文化中个人创造的无限想象空间之间存在着明显分歧。正如韦伯斯特在第一部分第二章中的研究所阐明的，“技术资本主义”的复杂多变常常严重影响以个人解放为发展方向的网络中的欲望和快乐情绪的释放。因此，无论是围绕技术资本的束缚展开的争论，还是对于此束缚可能使得21世纪人类行为的局限性雪上加霜的担忧，都十分重要。

批判赛博理论还对“超现代”理论的发展以及“速度空间”的研

---

① 见 Notes and References，前言，8。

② 见 Notes and References，前言，9。

③ 见 Notes and References，前言，10。

究有重要影响。① 一般而言，“超现代主义者们”采纳该理论的目的并非代替现代化理论，而是通过对该理论的争论，探讨对速度与空间的“过度依赖”进行研究的另一种方法所存在的风险。根据欧洲的批判赛博理论，尤其是思想家鲍曼和保罗·维利里奥（Paul Virilio）的著作，超现代社会理论正面对现代和后现代社会理论的双重挑战。在第三章中，我们通过描绘被“全球网络精英”占据的“速度乌托邦”，并利用维利里奥在《事件的风景》（*landscape of events*）一书中的理论，展望了人类的未来图景。② 另外，在这样一个批判赛博理论的大环境下，速度和空间将被视为“速度反乌托邦”和“灰色隔离带”的集中体现。③ 此外，鲍曼称之为“液态现代化”即我们称之为高度现代化的社会理论探讨了研究速度与空间的新方法。④

第二部分　赛博文化

近几十年来，批判赛博文化理论一方面忙于与后结构主义展开口舌之争，另一方面又痴迷于网络及空间语言的大量涌现，由此形成的赛博文化理论完全不同于传统的文化理论，后者是与结构主义的语言形式及其意义密切相关的。脱胎于对精神分析学和语言学的深思熟虑，“符号学”（研究符号的科学）和“反人文主义”皆持有这样的观点：结构主义语言学和后结构主义语言学之间有着千差万别。比如，后结构主义与结构主义赛博文化理论在研究方法上的区别之一就是前者不仅在政治理论和文化研究方面，而且在网络女权主义方面皆采用了“流动的”文化研究方法。⑤ 在这些研究方法中，后结构主义赛博文化

① 见 Notes and References，前言，11。
② 见 Notes and References，前言，12。
③ 见 Notes and References，前言，13。
④ 见 Notes and References，前言，14。
⑤ 见 Notes and References，前言，15。

理论的典型特征就体现在其研究范围兼容并蓄，广泛涉及如下领域：赛博空间，军事工业复合体，大众媒介，网络和现实空间的编码价值，反映某种特定社会政治秩序的文学和电影艺术，通过动画所表达的欲望以及自动化技术的限制等。

由此可见，后结构主义赛博文化理论指明了对于人类主体的地位，空间位移的网络文化过程以及语言和意义方面的研究视角的转变。当然，在最初阶段，包括雅克·拉康（Jacques Lacan）、雅克·德里达（Jacques Derrida）、米歇尔·福柯（Michel Foucault）、吉雷斯·德勒兹（Gilles Deleuze）、菲利克斯·塔里（Felix Guattari）、海伦妮·西苏（Helene Cixous）、鲁斯·伊里加蕾（Luce Irigaray）、吉恩·弗朗索瓦·利奥塔（Jean-Francois Lyotard）、吉恩·鲍德里亚（Jean Baudrillard）等在内的数量多得令人咂舌的后结构主义和女权主义理论家们提出了同样令人费解的一系列关键概念。因此，后结构主义赛博文化理论采用了“拉康精神分析学”、“解构主义”、“能力/知识”、“欲望”、“女性写作”和“仿真”等为理论基础，由此标志着与结构主义的完全决裂，宣告了与先前理论观点的分道扬镳，也预示着与利奥塔称之为“历史意义构建与现代化进程的‘元叙事’方法已然没落”的观点不谋而合。[①] 在本书的第二部分，三位赛博文化理论家分别概述了后结构主义以及相关的赛博文化和女权主义理论是如何被应用到体现当代网络空间的文化形式中去的。所以，对于这些赛博文化理论家而言，后结构主义提供了一种“后启蒙”意识。同时，后结构主义与结构主义两种赛博文化理论之间的联系依然密切，交流依然顺畅，彼此既相互对立，又相互依存。正如罗兰·巴特（Roland Barthes）在很多年前指出的那样，在后结构主义和结构主义的研究工作中，皆不时会出现起伏、变动、特异性、互文影射和讽刺。[②] 巴特提出此说法的理论背景是，无论是后结构主义，还是结构主义，皆缺乏规范的研究方法。因

① 见 Notes and References，前言，16。

② 见 Notes and References，前言，17。

此，后结构主义在研究赛博文化时，承认其当代“神话学”的短暂性和极富争议性，并公开吸收了网络冲突、符号系统和文化现象中的潜意识以及极端概念的精神分析模式。因而，后结构主义和结构主义赛博文化理论常常彼此混淆，难以区分。该研究领域的重心不仅在于语言结构及其意义，同样还包括对于大众媒介、文学和电影的“解构式”或“后二元式”解读。而上述解读对象中的语言已远远超越传统的二元对立现象，如“男性/女性”，“黑/白”，等等。

而在后结构主义赛博文化理论体系的内部，同样存在着大量有时畅通无阻有时又混乱不清的理论传承与学科交叉。比如，某些当代赛博文化理论家有时被称作后结构主义思想家，譬如维利里奥。维利里奥被认为一方面拒绝接受对生与死进行二元对立的研究，一方面又传承再现了笛卡尔（Descartes）在18世纪对精神和肉体进行对立分析所体现的哲学二元论。简而言之，维利里奥被视为以颠覆符号学为目标开创了全新的理念和思想体系。即便如此，在对相关问题进行求解时，另一种意外的结果却凸显出来：维利里奥的赛博文化理论与后结构主义文化理论和政治学之间几乎无任何共同之处。① 所以，《与赛博空间共存：21世纪技术与社会研究》一书将以全新视野呈现以维利里奥为代表的赛博文化理论家的研究成果，并探讨他们与其他学者包括后结构主义赛博文化理论家之间的关系。当然，本书不仅将视野聚焦于考察后结构主义赛博文化理论，而且将试图从纷繁复杂的该文化理论体系中找到其内部共有的发展脉络。其中一个具有特别意义和典型性的脉络便是质疑当代对于语言、人类意识、人类主体性、理论更替和网络空间分析等领域的研究成果。另外，在研究网络军事化的文化逻辑和虚拟身份的技术领域时也有较大的观点分歧。此外，诸如语言和人的主体地位、技术知识的发展谱系、网络空间技术的真相和权力、监控模式等问题也同样重要。这些问题与人文主义中的简单易懂的概念和价值观背道而驰，并且对后结构主义赛博文化理论的发展是十分关

① 见 Notes and References，前言，18。

键的。本书的第四章和第五章将集中呈现赛博文化理论界的优秀代表维利里奥、德勒兹、塔里和鲍德里亚对于上述主题的研究成果和精彩论述。

上述的后结构主义赛博文化理论的发展基础之一便是动画制作技术（动画制作的机器设备）和自动控制技术，同时，在某种程度上，与唐娜·哈拉维（Donna Haraway）基于赛博女权主义的文化哲学和科技哲学思想紧密相关。① 哈拉维在用女权主义视野研究自然和科技领域方面一直处于领先地位。她提出的赛博文化理论以考察网络对文化和人的主体性的影响为目的。传统观点认为自然是生命发源之地，而哈拉维的女权主义对这一观点提出质疑。同时，她也试图推翻传统观点中对女性身份的认知。然而，有不少正在发生的事实表明，在动画制作和自动控制方面的发展对与技术控制和网络通信息息相关的赛博空间已形成挑战。而意识到动画艺术所涉及的诸如自动控制领域、智能“媒介”的虚拟环境和信息系统的重要性也说明了对后结构主义赛博文化和女权主义理论的关注与日俱增。比如，弗里德里克·迪特勒研究了留声机、电影、打字机和电脑化机器的控制机制和过程。② 类似的还有维利里奥的观点。他认为自动化设想的实现在赛博空间已经触手可及，典型的例子如“信息炸弹的爆炸所释放的威力”。③ 在这种解读模式下，赛博空间具有令人瞠目结舌的影响力，既能在轰然之间将人类炸回现实，又能彻底改变人类的认知经验。

在动画技术和生命活动发展的后结构主义赛博文化框架中，赛博空间的关键层面便是其对于文化虚构的直接影响。然而，维利里奥认为，这种对动画技术的追求和超现代体验不过是人类通过机器实现的调节而已。实际上，无论女性还是男性，都陷入了永无休止充满诱惑的“网络性爱”和性压抑的循环往复，痴迷于技术的“座架”本质，

① 见 Notes and References，前言，19。

② 见 Notes and References，前言，20。

③ 见 Notes and References，前言，21。

面对感情日趋麻木的现状，却被“机器上帝”的魔力控制而不能自拔。[①] 关于赛博空间领域内虚拟的动画人类生活将会产生何种影响，学术界正展开激烈讨论，并提供了大量的赛博文化研究视角，其中包括瓦斯路在本书第六章中所提出的观点。又例如，像杰弗里·文特雷拉这样身兼画家与动画师两种角色的业内人士认为新的动画系统几乎取代了之前所有动画形式的功能。随之而来的便是一种全新的动画体验，意味着传统的自主与控制之间的界限，自由移动与刺激反应之间的界限以及无剧本动画与有剧本动画之间的界限都将消失，取而代之的是实时的技术运行环境。在这些实际事例中，各种虚拟的生态环境完美地呈现在我们面前，既栩栩如生，又令人担忧。这些虚拟环境在电脑程序的控制下不断变幻，或者是水环境，或者是其他环境。通过创建这种模式的赛博文化生活，文特雷拉及其他动画师们力求探索全新的动画环境和有高度适应性的行为准则。这项工作面临的很多问题依然悬而未决，并且与危险的传统生物研究计划毫无关系；相反，它与传统的和当代的动画制作方面的研究利害相连，换句话说，它与后结构主义赛博文化理论和实践之间的关系异常的密切。

第三部分　赛博政治

赛博理论意识到两大领域的存在：技术政治领域和空间领域。在这两个领域内，赛博理论均扮演着重要的角色，一方面，它以权力变幻转移的不同空间为研究对象，另一方面，它又以赛博空间内发生的网络和政治方面的关键突变为研究目标。政治科学，以及批判政治社会学和女权主义社会学对于21世纪赛博理论皆有着深远和长久的影响。《与赛博空间共存：21世纪技术与社会研究》试图通过介绍威廉·H. 达顿（William H Dutton）、林婉莹（Wan-Ying Lin）、萨斯基

---

① 见 Notes and References，前言，22。

娅·萨森（Saskia Sassen）和蒂姆·乔丹（Tim Jordan）的论著并揭示一系列影响。

赛博政治学和政治科学的本质特征正经受脱胎换骨的变化。美国安能堡学院的政治学家们，如达顿和林婉莹，力求通过广泛的实证研究使政治学向当代网络政治学无限延伸。他们采用的方法之一是探究电子民主与网络支持之间的实际关系，其次是考察真实的案例。美国的网络支持的多变本质可以通过一个典型的实例反映出来：达顿和林婉莹所做的关于“反叠加运动”的案例研究，该运动的目的是抵制使用新的电话区号。同样能说明问题的是他们搜集的关于洛杉矶区号的“电子政治地理学”方面的数据。安能堡学院还开创了一种更为复杂的研究手段，考察用网络手段精心策划的网络宣传的力量以及游戏生态学模式的重建。① 以上种种对于政治学的拓展催生了全新的赛博理论，其结构的错综复杂和内容的包罗万象可以从萨森和乔丹的著作中窥见一斑。

赛博政治学的发展路径也受到其他研究成果的影响，包括对女性在赛博空间的“调和角色”的探究。这些研究成果指引着批判政治社会学家们和包括萨森在内的受女权主义启发的社会学家们将目光转向女性的“网络分割”、“网络参与”以及她们对“网络机会”的理解。在本书的第八章，萨森以网络女权主义文学和相关的政治学和社会学佐证为讨论对象，进行了理论阐释和实证分析，充分体现了她对女性在赛博空间所做的种种努力的浓厚兴趣。在此研究过程中，她的着眼点包括两方面：一是赛博空间内女权主义对女性的重要性；二是女性对于控制论技术采取包容或排斥的态度的重要性。萨森长期关注全球化、女性权利、公民权和社区等领域，与她殊途同归的还有其他很多女权主义社会学家。比如，茱迪·沃克曼（Judy Wajcman）在《女权主义与技术相遇》（*Feminism Confronts Technology*）一书中对性别和

① 见 Notes and References，前言，23。

技术方面的问题展开了广泛的讨论。① 凡此种种对于赛博空间女性问题的揭示，无不为萨森提供了清晰的社会学观点，有助于她以赛博空间内的年轻女性为研究对象，进一步拓展其政治社会学和女权主义社会学理论体系。另一位受益者是沃克曼，在此基础上，她的社会学研究也有了长足进步。② 与此同时，关于赛博空间公共政策的研究也悄然兴起，与上述领域可谓并驾齐驱。以布莱恩·罗德为代表的社会学家主要研究对象包括赛博空间的分化以及更为重要的信息时代的“智能体”等现象。③ 因此，赛博政治学对政治学和公共政策，性别和技术的社会学研究，以及当代政治理论和研究都有着日益重要的影响。

上述在政治科学领域的发展在英国尤为突出。其中的领军人物乔丹正以全新视野批判性发展“赛博未来主义”政治学，并且进一步深化和拓展关于当代技术权力方面的研究。近年来，赛博空间的变化可谓日新月异，而一些赛博理论家也日益意识到在赛博空间内的技术权力分布上存在着严重问题。这些权力背后蕴含的某种力量正悄然改变着赛博空间政治学研究的方向，而部分学者对此力量持有的批判态度已经足以说明一些政治学家及社会学家的观点态度。乔丹在研究中考察了个人、身份及等级问题，并试图超越主流的政治学和社会学。20世纪90年代出现的赛博权力（网络权力）概念无疑背叛了传统的有序权力形式（政党等）。这种背叛始于当代年轻人因为同时代的赛博空间的入侵而产生的条件反射，或者表现为集体共有权力，或者表现为个人主义政治运动。然而，一方面，正统的权力形式理论不能解答有关赛博未来主义的疑问；另一方面，对于赛博政治学理论在解决这个问题上能否担当重任，各方争辩正酣，莫衷一是。更有甚者，乔丹等人对于传统的权力理论和政治学理论已不再抱有任何幻想，甚至走向完全背离的道路。这种不满情绪在其1999年出版的《赛博权力》

① 见 Notes and References，前言，24。
② 见 Notes and References，前言，25。
③ 见 Notes and References，前言，26。

(Cyberpower)一书中充分体现出来。正是这种不满促使乔丹等赛博理论家提出了“技术权力漩涡”、“信息超载”等全新概念。[①] 今天，在21世纪赛博政治学学界，对于重新评价传统政治学理论并做出补充的必要性不仅已达成共识，而且已经付诸实施，其中具代表性的便是乔丹提出的诸多概念，如“技术权力”和“技术政治学”等。[②]

然而，虽然对于传统政治学理论进行重新评价已迫在眉睫，但不容忽视的是，这门学科依然发挥着至关重要的作用，比如为赛博政治学提供有充分理论依据的实证研究。政治学与技术社会学和女权主义强强联合，将碰撞出耀眼火花，照亮通往赛博政治学基础理论研究的关键道路。这种火花启发了乔丹，本书的第九章将介绍他关于网络中的草根行为和数字精英的精彩评论。正如本书中所指出的，如果没有赛博政治学，那么研究赛博社会、赛博文化和赛博经济学将如同雾里看花，终隔一层。乔丹之所以提出“技术权力”的概念，政治学理论对他的启发至关重要。当然，该学科的重要性在此领域的整个研究过程中皆不容忽视，不仅因为它将控制论、空间分析和文化政治学联系起来，还因为它挑战了约束上述分析的技术政治力量。我们有理由相信，在此领域的研究道路上，只要赛博空间理论无法解答所有21世纪的技术空间的问题，那么，对于赛博政治学和政治科学的深入研究就不会停止。

第四部分　赛博经济

当代赛博理论家们所关注的重要领域除了上述的赛博社会、赛博文化和赛博政治之外，还包括另一个重要的方面——赛博经济。在研究和分析赛博空间的经济时所涉及的概念和问题对于赛博理论的发展有举足轻重的位置。现阶段对于此领域的关注焦点在于赛博空间的资

---

① 见 Notes and References，前言，27。

② 见 Notes and References，前言，28。

源分配的方式和途径。网络空间资源的分配产生了一系列革命性的影响，并且导致了很多矛盾的出现。同时，为了实现某些经济目的，人们可谓无所不用其极，不惜血本以巨大的商业投资，刺激种种技术手段的诞生。另外，电子前沿领域的形成也标志着赛博经济已经获得广泛的认同。以上方面皆具有重要的研究价值和地位。

然而，不容忽视的是，研究赛博经济的历史极为短暂。在 20 世纪 90 年代，赛博理论家才意识到对此领域进行理论和实证研究的必要。诚然，一个多世纪以来，激进政治经济学家们就一直以揭发自由资本主义经济的本质为己任。但是，近年来，对“新自由资本主义经济”在网络空间的表现进行研究已不再是激进政治经济学家们的专利。事实上，他们的直接对手，也就是新古典主义经济学家们也对此产生了浓厚兴趣。双方对同一研究对象采用了不同的研究视角，各有所长，难分伯仲。① 因此，众多的当代赛博理论家们，正是站在亚当·斯密（Adam Smith）和卡尔·马克思（Karl Marx）的肩膀上，重新审视信息、技术和全球资本主义或者赛博经济学之间的联系。在新古典主义经济学领域，罗伯特·索罗（Robert Solow）、卡斯特尔（Castells）和罗宾·曼塞尔（Robin Mansell）的研究成果十分重要。② 在本书的第十章，伊恩·迈尔斯（Ian Miles）总结了这几位经济学家和社会学家的观点，认为他们对于赛博经济学的诞生功不可没。在考察了赛博空间的经济现象、赛博空间的构造特征、赛博空间性和技术革新的经济动力等方面之后，以迈尔斯为代表的研究人员将研究焦点转向赛博经济领域的新事物——“篱笆”和“电子前沿”。

在本书的第十一章，一些赛博女权主义却从另一个角度阐释了“经济”的象征意义。其中，维丽娜·安德马特·康利（Verena Andermatt Conley）对于哈拉维（Haraway）和其他学者的研究成果的分析至关重要。比如，康利明确指出，哈拉维的赛博女权主义彻底推翻

① 见 Notes and References，前言，29。
② 见 Notes and References，前言，30。

并重建了控制论和社会主义-女权主义政治经济学之间的联系。女性若是想批判经济在网络空间的表现形式和影响，可以借助赛博女权主义。赛博女权主义者首先仔细研究经济现实主义的特征，然后通过虚构写作和揭发现实主义和隐藏的权利关系之间的联系来与之对抗。赛博女权主义者们提醒人们提防乌托邦式幻想，认为正是它导致了资本主义交换机制，同时对其“再现理论”提出质疑，并且以彻底推翻该理论为奋斗目标。

至此，显而易见的是，赛博女权主义不仅影响了女权主义政治经济学，而且影响了文化理论、赛博政治学和激进政治经济学。在康利的著作中，赛博女权主义被用于分析“模拟的文化形式”，通过这种形式赛博空间具备了政治和经济领域的种种特征。康利在一定程度上接受了以“仿真”和“虚拟”为特征的赛博经济世界，并且探究和批判了其内部排列形式。研究表明该排列形式具有象征性的特点并且在很大程度上是虚构的。需要特别指出的是在技术和政治的男权观念和赛博公民权的女权观点之间存在不可调和的矛盾。康利的核心观点是：女性必须与“新帝国主义”中统治技术、政治、经济领域的力量进行不懈的斗争。这种观点与哈拉维提出的“支配信息学”密切相关。①既然讨论“与赛博空间共存”十分重要，那么，康利对于女性、技术和政治经济方面的涉猎同样不容忽视，因为她为研究 21 世纪的赛博经济领域提供了全新的视角。

赛博经济学不仅影响了赛博女权主义，还促使了激进政治经济学的新发展。一般说来，激进政治经济学家采纳赛博经济学不仅为了研究赛博空间领域，探究其范围和变化，更重要的是寻求新的研究角度以揭示控制论和人类意识的外壳之间的关联。以费尔·格雷厄姆（Phil Graham）为代表的澳大利亚激进政治经济学家们认为，赛博经济批判思想与马克思主义理论和后马克思主义理论密切相关，尤其在研究赛博空间范畴内的“电子空间”的空间构造方面。格雷厄姆特别

① 见 Notes and References，前言，31。

强调"空间涵义"的重大历史意义。另外，他还在达拉斯·斯迈思(Dallas Smythe)具有开创性的研究成果的基础上，提出了通信政治经济学。① 更值得一提的是，他认为，在赛博政治经济背景下，电子空间和赛博经济学骨子里便是与人类息息相关的行为。对于格雷厄姆而言，社会空间对人类意识的约束不言自明。实际上，这种约束力异常强大，以至于人们越来越难以追踪在赛博经济领域内对"意识商品"的生产和流通环节所进行的经济投资。② 与此同时，一种所谓的"新媒体政治经济学"正通过非正统的途径积极发展，一方面试图揭示赛博空间的"异常物质性"的激进潜力，另一方面寻求其价值关系和空间意识的解释方法。在本书的第 12 章，读者将看到格雷厄姆对于涉及赛博经济学和激进政治经济学领域的上述问题的讨论。

关于选材的说明

作为《与赛博空间共存：21 世纪技术与社会研究》一书的编辑，在思考和决定哪些重要概念和问题应该入选，哪些应该淘汰时，我们的目的始终如一。我们竭尽所能给读者提供全世界范围内关于赛博理论和实证研究以及各种思想派系的全面介绍。比如，通过我们在第一部分对于赛博社会的介绍，读者可以了解到当今的赛博理论所涵盖的种种风险和机遇，以及在加拿大和英国的学术界所引发的关于赛博空间的大讨论。此外，这些风险和机遇还体现在这两个国家以及其他发达国家的社会科学界对于赛博空间和信息社会的跨学科研究中。我们竭尽所能为读者呈现当代美国和澳大利亚学术界关于赛博文化的研究成果。在此过程中，我们大胆尝试，拨开重重迷雾，去探寻美国国际关系理论界和澳大利亚文化研究界所共有的后结构主义思潮特征，以及对赛博文化理论的发展所做出的杰出贡献。我们竭尽所能在通读大

① 见 Notes and References，前言，32。

② 见 Notes and References，前言，33。

量文献之后，为读者权衡利弊并理性选择美国和英国的政治学界、批判政治学界以及女权主义社会学界对于赛博政治学的研究成果。我们还竭尽所能地为读者优先介绍真正意义上的全球性的前沿学科，比如赛博经济学。真是出于此目的，我们在本书中所提及的关于赛博经济领域的概念和问题皆来源于英国、美国和澳大利亚的新古典主义经济学、赛博女权主义和激进政治经济学领域的重要研究成果。我们在选择文章时遵循这样的指导原则：这些文章中所涉及赛博理论的概念和问题必须在某种程度上反映这一事实——在当今社会，与赛博空间共存便意味着与技术风险共存，同时也意味着社会信仰的飞跃。在着手分析与赛博理论相关的概念和问题之前，我们已经深入了解了涉及赛博社会、赛博文化、赛博政治和赛博经济方面的数量庞大的重要观点和例证，足以使我们有信心迈入21世纪。我们用理性抵制了赛博空间表面的诱惑，摆脱了乌托邦式的幻想，实事求是地还原其本来面目。本书中所包含的概念和问题一方面涉及对21世纪初形成的信息社会的重新审视，另一方面昭示了全新网络时代的发展图景，其未来影响力不可限量。

结　论

本书的12章内容不仅体现了赛博理论自身的快速发展，而且对于今后与赛博空间共存方面的实证研究有很大的启发作用。该理论的发展历程受到多学科的影响，包括：批判理论、后结构主义、超现代主义、政治学、批判政治和女权主义社会学、新古典主义经济学、激进政治经济学和赛博女权主义。这些学科给当代赛博理论研究提供了社会、文化、政治、经济等方面的全新视野，为茫然无措的赛博理论界带来了全新的思维方式。赛博理论吸取前车之鉴，迎接所有挑战，激发无限潜能，以跨学科视野，着眼于赛博空间和日常生活之间的分界，聚焦虚拟和现实的边缘，对赛博空间进行孜孜不倦的研究即是对未来“希望之空间”的不懈追求。不可否认，在我们的阅读过程中，对当代赛博理论的理论发展和实际应用方面产生的浓厚兴趣正是源于对相关概念的重新审视以及赛博理论全球化在实证方面的不断发展。即便如此，我们必须意识到赛博理论不仅涉及不断变化的社会与文化，同时还建立在政治学和经济学的基础之上。意识到这一点就促使我们必须既要全面介绍网络技术带来的风险，又要积极面对并投身于其带来的机遇，同时还要熟悉这些风险和机遇中包含的重要概念和现实问题。《与赛博空间共存：21 世纪技术与社会研究》是我们的呕心沥血之作，寄托了对未来“充满希望的网络空间”的憧憬。如果您对当代赛博理论、该领域主要的研究者和作者以及该领域的理论研究和在当代技术和社会方面的应用感兴趣，那么，我们真诚地希望，它将成为一本指南，发挥应有的作用，助您一臂之力。

第一部分　赛博社会

绪　论

当今学术界似乎呈现出这样一种迹象：在很多学科领域，无论是社会学、商学还是文化政治学，学术研究的焦点纷纷集中在探讨网络技术与社会之间的关系问题。本书第一部分包括三章内容，将分别讨论以上学科对于技术和社会问题的观点，所做研究的目的意图以及研究的最终结论。此部分的讨论将就以下内容展开：赛博空间对于探讨“后工业社会”或“信息社会”的重要性；赛博空间技术的意义及其在放大或缩小人们选择生活方式的范围方面的功能；“速度乌托邦”或“速度空间”因何事何人而建立。

最初对于赛博社会的描写便是对于“后工业社会”的描写，出现在一些身居学科前沿的现代社会学家的著作中。其中最负盛名且最具权威的便是美国人丹尼尔·贝尔。他是一位社会学家、一位预言家，同时因为提出了“意识形态终结”假说而广为人知。20 世纪 50 年代，他和其他几位美国社会学家首次提出了该假说，认为在西方工业社会中，关于世界末日的学说正逐渐式微。贝尔提出了“后工业社会”这一概念并且在 20 世纪 70 年代至今的一系列著作中描绘了该社会形态的基本轮廓。其中最为才华横溢的便是《后工业社会的来临》（*The*

Coming of Post-Industrial Society）。[①] 贝尔坚定地认为一个崭新的社会结构已经出现，而且这种形成于21世纪的先进的工业社会的核心就是“知识”。实际上，贝尔称之为后工业社会的“核心原则”就是“在这样的社会形态里，理论知识将占据革新之源以及决策形成的核心地位”。[②] 对于贝尔的后工业社会观点的批评包括大卫·里昂（David Lyon）在《信息社会》（*The Information Society*）一书中引人入胜的论述以及弗兰克·韦伯斯特（Frank Webster）在《信息社会理论》[③]（*Theories of the Information Society*）中非常精彩的分析。除弗兰克·韦伯斯特之外，来自美国和其他国家的社会学家们也提出了相似的观点。[④]

贝尔关于后工业社会的构想在很大程度上与20世纪后期对于发达国家至关重要的信息与通信技术（ICT）“革新”方面的发展进程不谋而合。因此，为数众多的哲学家、经济学家和社会学家们纷纷接受了他的观点。近年来脱胎于贝尔的“后工业社会”理论的想法层出不穷，其中最著名的莫过于吉恩·弗朗索瓦·利奥塔（Jean Francois Lyotard）在《后现代社会》（*The Postmodern Society*）一书中提出的“后现代社会”概念。[⑤] 然而，对于大多数赛博社会理论家来说，贝尔的理论被认为是以公认的经济转变理论——从生产型经济向服务型经济转变——为幌子。而且，从职业层面上来看，某些经济学家和社会学家认为贝尔的研究成果提供了一种途径，诱导他们不得不接受那些专业人才、技术人才或者“知识阶层”越来越占据统治地位。这些社会科学家们认为，有一件事已经不言自明，那便是，在不久的将来，决策权将成为技术精英们的专属物，而技术精英便是贝尔所说的一种全新

---

① 见 Notes and References，Part 1，Introduction，1。
② 见 Notes and References，Part 1，Introduction，2。
③ 见 Notes and References，Part 1，Introduction，3。
④ 见 Notes and References，Part 1，Introduction，4。
⑤ 见 Notes and References，Part 1，Introduction，5。

的“智能技术”的创造者和控制者们。贝尔是赛博社会跨学科领域中最具争议的社会学家之一。比如，杰出的西班牙社会学家曼纽尔·卡斯特尔在他的《网络社会的崛起》（*The Rise of the Network Society*）一书中对贝尔的“后工业社会”观点进行了评判。① 在上文提及的里昂，韦伯斯特和卡斯特尔的著作中，对于贝尔的研究成果的批判主要集中在以下两点：第一，他没有能够脱离“技术决定论”的束缚，认为技术的发展是脱离人类作用力的独立过程；第二，过分强调了社会的变化而低估了社会的延续性。

在解读贝尔的后工业构想以及信息社会理论的学者中，大卫·里昂是最受推崇的人物之一。在他最近出版的社会学著作中，《监控型社会》（*Surveillance Society*）便是围绕赛博社会展开的。② 在本书第一部分的第一章，里昂探讨了“赛博空间”的概念对于一些研究领域的影响，包括：后工业社会，看待信息的视角以及社会解释方式等。

里昂的基本论点来源于他所认为的“对赛博空间的概念进行界定具有重大意义”。但是，同时他又建议，全新的“赛博空间”体验和“采取积极的变化”不应该只停留在对于 20 世纪 70 年代和 80 年代提出的“后工业社会”和“信息社会”的概念进行再定义的层面。里昂认为，这些说法对于社会学起到了积极的作用，但其成果皆存在疑问。对于包括赛博空间在内的这些理论，他提出了新的研究方法，即探索“这些理论所揭示的现代社会文化的转变”。在他关于赛博社会的研究成果中可以清晰地看到这一研究视角。而他所说的“转变”涵盖的最重要的内容便是一些“危险”观点以及认为通过思考赛博空间的概念发展而“认识现代社会现实的方方面面”的观念。本书的第一章探讨了上述的“危险”观点是如何在对于 ICT 革新时代的“全新社会形态”的“曲解”过程中产生的。由此可见，里昂的研究成果颠覆了“赛博社会学”的一些公认的常识，包括所谓的“无纸化社会”以及更富想

---

① 见 Notes and References，Part 1，Introduction，6。

② 见 Notes and References，Part 1，Introduction，7。

象力的“赛博空间先占论”的基本前提。

因此，第一章试图从跨学科的社会视角审视赛博空间。里昂的研究不仅体现了目前在社会学领域对于“后工业社会”和“信息社会”的概念存在的缺陷正在进行日益深入的反思，并且有可能启发后人在未来的研究中对于赛博空间提出更富想象力的构想。根据里昂的部分研究成果，探讨赛博空间等概念的第一步便是从“大肆吹捧”和“大胆臆想”着手。同时，可以得出这样的结论：本书第一章是社会学家们在探讨与赛博空间相关的社会政治、道德和文化问题时对于赛博空间再发现的大胆尝试。

在本书的第二章，英国社会学家弗兰克·韦伯斯特将探寻如何解决由于赛博空间的出现和发展而产生的一系列生物技术和社会经济问题。韦伯斯特深入研究了 20 世纪表面上光怪陆离的“完美生活”，发现在这种生活方式自发产生和不断膨胀的背后，隐藏了无数生物和政治的矛盾。基于上述研究，韦伯斯特质疑了被广泛传播的一种观点，即人们“除了融入这种生活方式之外别无他选”。韦伯斯特在研究过程中揭示的种种乱象给人们敲响了警钟，意识到在整个不断变化的全球市场系统中存在着由于其自发产生以及各种矛盾交织导致的巨大危险。

通常，网络化生活被视为当代人类智慧结晶的特有符号，同时表明了上述的种种矛盾正在恪尽职守，不但激发该生活方式的自发产生，还会导致韦伯斯特所说的“任何一种固定的行为模式都将不复存在”以及“全新模式的资本主义”。尽管如此，韦伯斯特在本章的开头便指出，对于全球资本主义的出现和发展存在着各种质疑的声音。韦伯斯特从阐释当代社会学领域的代表人物齐格蒙特·鲍曼和安东尼·吉登斯（Anthony Giddens）的观点入手，并且将两大重要研究对象结合起来，一是与“赛博文化”有关的社会学理论，二是信息通信技术(ICTS)传播人们喜怒哀乐情感的功能。作者认为，这种功能仅仅反映了网络技术使得“新的生活方式的自发产生成为可能”。同时，他还认为这种功能体现了人们对于“技术资本主义限制甚至决定人们生活方式”的纵容。

本书第一部分的第三章主要探讨“速度”和“空间”的社会学意义。约翰·阿米蒂奇和乔安妮·罗伯茨以一些当代的畅销书为蓝本，从全新角度分析了书中提出的“社会构想”，尤其是关于“速度乌托邦”和“时空论”两方面。这些书涵盖商学、技术社会学以及政治学等领域，且皆以研究赛博空间和社会学理论为主要内容。除了像韦伯斯特一样对于前景深深担忧之外，上述两位作者还指责了这些社会构想中对于“速度乌托邦”的看法出奇的一致，且这种趋势日益明显。对于阿米蒂奇和罗伯茨而言，“超现代”空间的“无限制发展”只能导致网络排外和社会压迫，因为“全球网络精英们”的目标是建立一个无不同声音的世界。

阿米蒂奇和罗伯茨进一步提出警告，尽管人们为达到“速度乌托邦”竭尽全力，但是在通往高度现代化的路上遍布荆棘。作者还通过分析保罗·维利里奥的《事件的风景》和鲍曼的《个人化社会》（*The Individualized Society*），明确表示未来的社会将是高度现代化或高度个人化的“速度反乌托邦”。① 保罗在他的书中通过一系列现象学文章，描写了当代社会人们的速度空间体验以及对网络的过度依赖，其杂乱无序的确令人忧心忡忡。当人们展望前景，纷纷认为“速度统治空间”是理所当然的结果时，阿米蒂奇和罗伯茨却给出了另类的答案——“灰色隔离带”，这也是他们在第三章中所阐述的结论。正如第一部分的其他章节一样，第三章也试图说明赛博社会比现有的商学和其他学科的著作中所强调的社会形态具有更多的不确定性。

① 见 Notes and References，Part 1，Introduction，8。

第一章　赛博空间：是超越信息社会的存在吗？

大卫·里昂

对赛博空间的概念进行界定具有重大意义。威廉·吉布森（William Gibson）在其颇具代表性的小说《神经漫游者》（*Neuromancer*）中曾经以反乌托邦的口吻对赛博空间进行过描述。对他而言，当时不过是天马行空的想象，而到了今天，则更多地被赋予了乌托邦的含义。赛博空间给人们带来了全新的体验，它立足于朝气蓬勃、发展迅猛的新一代高科技产品，并且以全新姿态挣脱此前的种种束缚，突破种种极限，开创了无限的自由领域。放眼全球，无论何地，北至芬兰，南至马来西亚，赛博空间皆能纵横驰骋，所到之处均带来一系列积极的社会变化。然而，赛博空间真能超越“信息社会”吗？毕竟，后者一直为人们所追捧，直到近些年其地位才岌岌可危。

“工业社会”和“资本主义社会”这对双生花，尽管一直饱受争议，但不同于其他社会科学领域的概念，它们对社会学家们的影响贯穿了 20 世纪前几十年的时间，重要性有目共睹，直到 80 年代“信息社会”的横空出世之后才逐渐没落。“信息社会”还催生了 90 年代诸如“知识经济”和“网络社会”等概念。[①] 时间的车轮滚滚向前，当今天的人们试图对当代社会进行界定时，却发现难于上青天；但是，令人欣慰的是，无数理论家们正迎难而上，提出了一个个可供我们选择的方案，其中，最新且最应引起我们注意的包括如下关键词：后现代、全球、赛博××等等。

对于所有立志于以实证研究来解释当代社会变化的社会学家们而言，以上的种种概念方案如同杯水车薪，未能提供真正明确有效的帮助，尤其是一些术语太过模糊，甚至与其前辈——关于信息社会的概念——相比较，都要逊色很多，尽管关于信息社会的概念一直以牵强附会而招人诟病。但是，凡事有利弊，概莫能外。我认为，我们不应该抛弃这些概念——尤其是“赛博空间”，而应该透过这些概念去探索它们所代表的当代社会-文化的变化。诚然，目前关于赛博空间的传闻甚多，虽然无伤大雅，但是大多偏离真相，不免有哗众取宠之嫌。这些想法自然不会出现在社会或政治经济的真空地带——虽然荒谬但必须承认——它们恰恰在一定程度上反映了赛博空间对当代社会现实的投射不容小觑。

对于“信息社会”和“赛博空间”等概念的使用所带来的最大潜在风险是：误认为新的社会形态、消费模式、政治行为等皆可以从技术革新中寻找答案。君不见互联网的革新给我们带来了什么？理想中的无纸化社会却造成了日益增加的纸张消耗，全球通信的实现却促使越来越多的人在外奔波。更有甚者——使网络的忠实拥趸们捶胸顿足的是——他们坐拥无数号称节省人力的机器设备却背负着巨大的工作压力！同样，赛博空间先占论可能误导人们，使他们以为自己能够逃离日复一日的繁杂物质生活，躲进电子空间的自由天地。科学与幻想达成新的同盟，在更大的程度上操纵了大众思维，营造了一个虚幻的世外桃源。

赛博空间和信息社会一样，都是想象力的产物，是人们试图了解

---

① 见 Notes and References，Chapter 1，1。

现实世界重要特征的构想。这些概念并非简单地来源于“大肆吹捧”或者“大胆臆想”，然后顺理成章地成为社会学家们的研究工具。即便是“大肆吹捧”和“大胆臆想”也是需要论据的。由此可见，在社会学领域进行研究不仅能够指出通信和信息技术的社会根源和社会影响，而且能够解答与信息社会和赛博空间相关的政治、道德、文化等方面的问题。①

信息社会：尚未终结的故事

“信息社会”的概念最初来源于对于“信息技术革命”的狂热追捧，这一点十分重要。微型计算机的发展以及与远程通信技术的强强联合是随后而来的社会、经济和政治变化的幕后推手，其作用与19世纪机器的普遍使用带来的影响不相上下。如果说工业革命带来了工业社会，那么，信息（技术）革命必然会带来信息社会。② 可以想见，以“技术”为导向的定义工作是何等困难，尤其在技术决定论方面，因为该理论认为技术潜能将决定人类社会的命运。

也就是说，关于“信息社会”的命题具有重大意义，其中之一便是它通过人类与技术——尤其是通信和信息技术——的亲密互动来引出“赛博空间”这一术语，并赋予其明星般的光芒，使之声名鹊起，熠熠生辉。所以，当我们发现那些日常交流越来越依赖电子媒介的人们对“赛博空间”这一观点充满热忱时，并没有丝毫的讶异。这绝非偶然，这种共鸣是必然的结果。而如果我们想知道“与赛博社会共存”到底意味着什么，则必须要探讨其核心要素——“技术与社会”，包括两者的关系以及相关的一系列问题。然而，如果我们还像前人一样对某些重要概念视而不见，则上述问题的解决必将遥遥无期。

通常，对“信息社会”的不同理解源于一些本无异议的概念，包

① 见 Notes and References，Chapter 1，2。

② 见 Notes and References，Chapter 1，3。

括“信息”、“技术”和“社会”。弗兰克·韦伯斯特提出了五种认识信息社会的方法，在这一点上他可谓功不可没。这些方法分别从不同角度切入：技术、经济、职业、空间和文化。① 这些方法均存在缺陷，尤其在以下两方面：一，对“信息”、“技术”、“社会”等概念的定义过于想当然；二，孤立地看问题，忽略了其他方面。比如，韦伯斯特本人也曾经中肯地指出关于信息社会的论述中的不足，即片面强调了技术仅仅作为工具或产品的功能，忽略了其中所包含的社会意义。他认为技术所带来的广泛社会影响是不言自明的。

对信息社会从经济角度进行定义强调了信息产出的急剧增长，认为信息作为“生产要素”的重要性日益显现，然而，却避而不谈如何对“信息”进行衡量。像“信息”这样基本的概念很少引起疑问。通常，其定义来源于信息理论的权威学派。但事实上，这个定义——不得不强调其量化的特性——本身也是二战之后的“梅西会议”上两大学派斗争的结果。这两大学派之一来自美国，其领衔人物为克劳德·香农（Claude Shannon），另一学派来自英国，领衔人物为唐纳德·麦凯（Donald MacKay）。美国学派认为应该用量化的方法给“信息”下定义，无需考虑其使用的语境；而英国学派则认为“信息”的定义必须考虑其使用的语境才具有意义。② 最后，美国学派促成了一种相对“中庸”的定义的产生．既考虑其量化的特征，又考虑其巨大的社会影响。

研究信息社会中职业结构的变化则更为复杂，因为这意味着“信息处理”已经成为一种职业类别，而“信息社会”则成为这种特殊职业的劳动成果。而这将成为重要的导火索，引发人们从社会学角度探讨社会存在的全新模式。丹尼尔·贝尔首先进行了大胆的尝试，他提出了著名的“大胆的社会预测”③，描绘了由信息领域的职业结构变化

---

① 见 Notes and References，Chapter 1，4。

② 见 Notes and References，Chapter 1，5。

③ 见 Notes and References，Chapter 1，6。

而引发的全新社会形态。但是即使职业的结构分类完全正确——电脑维修员是否属于“信息从业人员”？——这也并没有告诉我们哪个类别的“信息从业人员”有权影响并管理其他类别。贝尔认为，在大学从事信息工作的人员本身具有重要的战略地位，因此必然属于“信息从业人员”。这一看法到了21世纪初显然不足为信。

另一些在“信息社会”的定义方面颇有建树的理论家们引进了“空间”的概念。其中的佼佼者便是曼纽尔·卡斯特尔。他在其关于“网络社会”的权威著作中承认了职业结构的变化，但是更强调了建立在信息基础设施上的社会网络和节点内的信息流动。[①] 他没有像一些日本同行那样关注信息消费的速度[②]，而是认为信息的“流动”和“地点”之间的关系尤为重要。因为只有了解了这种关系，我们才能知道在这个全球信息加速运转的世界上，权力、特权和生存机会是如何分配的。卡斯特尔特别强调对新技术的研究，但是他并没有打开这些技术的“黑盒子”去探查它们的社会意义。然而，不可否认的是，他的研究对于从社会学角度探讨信息社会有重大的指导意义，包括一些新技术推广的目的以及这些技术的广泛使用所带来的影响等。

尽管以上的种种观点都曾经遭到误解，或者都来源于对封闭的潘多拉盒子的秘而不宣的解读，但其重要性仍然不容置疑。计算机技术和通信技术的普及导致了诸多显著的后果，其中最为引人注目的莫过于无论是规模还是速度都飞快增长的信息流动以及与之伴随的网络和节点的日益增强，这两者相辅相成，构成了我们所说的“信息社会”。对于信息流动，可作如下简单的解读：日复一日的生活正逐渐依赖于机器、网络以及信息的流动。无论身处职场或是家庭，无论用于娱乐、商业或是旅行，信息的基础设施正悄悄地以一种令人无法察觉的方式给人们提供不可缺少的服务。这种服务已经无所不在，构成了巨大的网络。正因如此，在21世纪到来之际，网络展现了其可怕的一面，并

---

① 见 Notes and References，Chapter 1，7。

② 见 Notes and References，Chapter 1，8。

告诫人们：虚拟的人工智能世界将不可避免地影响到现实生活，而引起这一大面积恐慌情绪的罪魁祸首便是席卷全球的“千年虫危机”。

“赛博空间”成为人们兴趣的焦点还体现在以计算机为媒介进行交流、通信的日常体验上。这更多地属于用户体验范畴，而非通过对信息社会进行统计、职业或商业方面的分析，从而思考和探索赛博空间发展的可能性。从日常生活的层面上来看，置身于这样一个所谓的信息社会其实就是与赛博空间共存。这种现象引发了目前对我们所处的“信息爆炸”型社会开展大量文化研究的潮流，这些研究或者与“赛博空间”有关，或者干脆以之为核心。威廉·吉布森将“赛博空间”明确定义为“被媒介包裹”，可谓一语中的，充分说明了其特征。这一定义不仅指电子邮件、互联网或者万维网，还包括中介式互动的“核心”特征。同时，它还帮助我们从现实世界出发，以社会为立足点去考察各种与之相关的新技术。

变幻莫测的赛博空间

赛博空间充斥着模糊、悖论与矛盾。这些特征可追溯到围绕信息社会展开的争论，即使它们现在披上了文化的和经验的外衣。毕竟，赛博空间不仅是“新技术”的产物，在更广泛的层面上——其实两者互为因果——是“后现代”的产物。以此为据，下文将重点分析赛博空间的几大典型谜团。

信息社会理论源于公认的“技术革命”，经过分析不断变化的职业结构的中间阶段，逐渐过渡到研究信息、技术、金融等方面的“流动”。而赛博空间理论则是从上述的最后一个阶段开始，探讨一系列的“流动”问题。“赛博空间”（cyberspace），顾名思义，必然具备“空间”（space）的含义；其次，由于它所存在的特殊领域——赛博（cyber，网络空间），这个“空间”有明显的“虚拟”特征。在这个网络时代，我可以在任何一个国家通过互联网登录银行账户，也可以和世界各地的人们通过电话会议沟通问题。那么，传统意义上的“这儿”

和“那儿”是否具有了不同的含义？无论答案是什么，我们都不能否认这一点：赛博空间并非无根之木，虚拟世界也并非镜花水月，它们都不是某种脱离了人类意志力的存在，而是具体的空间现象。如果离开了具体的某个地点的某个人的操纵，赛博空间就会无迹可寻。①

在某种程度上，“现代化”可以解释为通过各种手段协调不同地区、不同势力范围之间的关系，也可以理解为对“空间”的控制。但是因为计算机技术的普及，这种对“空间”的控制有了质的飞跃，完全突破了原有的时空距离和物理学意义上的疆域限制。保罗·维利里奥说过：“有了计算机终端和视频监控的接合，区分‘这儿’和‘那儿’已无任何意义了。”② 当然，维利里奥也承认，“这儿”和“那儿”的空间意义的消失（或者说，变得模糊）仅仅是对于特定领域的一部分人而已，对于其他人，这两者的分别仍然存在。③ 比如，我之所以能在“异地”登录银行账户是因为我有银行账户，而且还必须找到一个“地方”能够连接互联网。同理，我能召开电话会议是因为我拥有一定的专业背景，并且拥有一定的特权能够方便地接触互联网。在当今社会，一部分人的沟通变得越来越顺畅，而另一部分人则完全相反。④ 在“地球村”出现的同时，另一种两极分化正日益严重。

通信和信息技术极大地推动了全球化的进程，这在一定程度上导致了“零距离”定理的诞生。但是，这一点也存在颇多争议。包括卡斯特尔在内的很多学者都指出了“信息流动的空间”正意图控制物理学意义上的“场所空间”。比如，作为这个“网络社会”的典型代表，英国的伦敦以及附近的多克兰地区有着极为密集的网络覆盖，四通八达的电子交通网络高速运转，有效传递着各种电子信号，包括传真、电子邮件、电话和其他电子媒介等。这就是传统的“物理场所”被电

---

① 见 Notes and References，Chapter 1，9。

② 见 Notes and References，Chapter 1，10。

③ 见 Notes and References，Chapter 1，11。

④ 见 Notes and References，Chapter 1，12。

子设施全副武装，从而拥有了高效率的信息流动。然而，就在离这些地区的不远处，包括陶尔哈姆莱茨区和纽汉郡，居民的收入较低，网络覆盖也远不如伦敦那么完善，因此，这些地区离所谓的“信息流动的空间”还有较大距离。像伦敦和多克兰地区的全球化程度较高正是得益于这些发达地区的地方保护主义。因此，在信息社会和赛博空间，因为所处地区的不同，人们对于“这儿”和“那儿”的距离的感受不免大相径庭。

那些所谓的“信息精英”们从赛博空间体会到前所未有的自由。鲍曼称呼他们为“无国界地球人”。在20世纪的最后二十年，人们一再强调赛博空间解放个体的潜能。在较肤浅的层面上，这种解放体现在人们可以突破时空限制和远方的同事以及商业伙伴进行自由沟通。从深层次上说，它体现在打破世俗的枷锁，甚至挣脱身体的束缚，最终释放自我，解放灵魂。赛博空间真正做到了使人摆脱“肉身”的限制，达到“灵肉分离”的境界。对于霍华德·莱茵戈德（Howard Rheingold）这样的预言家来说，“电子社区”正是这样一个释放自我的自由领地。他从80年代中期便参与了多个“电子社区”，特别热衷于尝试这种不受时空限制，以不同身份实现的人际交流。他认为，这仅仅是个开始，终有一天，绝大多数人会步他的后尘，成为这些“多重身份”[①] 电子社区的一分子。出乎意料的是，一些女权主义者也开始享受赛博空间的自由自在，认为她们不仅能“在现存的男权文化中找到专属于女性的空间”，而且能动摇现有文化的“世界观和物质性”。[②]

我们从不怀疑赛博空间的高效便利以及在此基础上给我们带来的信息使用上的自由，但是对于它所谓的“解放自我”的潜能，却不免要打上问号。事实上，对于所有的新技术，我们都有着同样的疑问。因为任何一项新技术的使用都可能带来两种结果——“好”或者

① 见 Notes and References，Chapter 1，13。

② 见 Notes and References，Chapter 1，14。

"坏"。信息社会和赛博空间的原始技术最初被用于军事领域，旨在建立一种"令行禁止"的文化。的确，互联网的初衷是建立一种"无核心"网络——因此在很多方面它打破了疆域限制——但是，显而易见的是，它最直接的后果却是一场全面的"控制革命"。① 况且，新技术常常带来一些意外的结果，有时连发明者也始料未及。但是，信息技术的最终目的都是服务于现代化的宗旨：对各种电子工具的完全控制。因此，在这样的前提下，无论你的生活是直接还是间接依赖信息技术，想获得自由都是痴心妄想。从控制论的角度来看，计算机和通信技术确实可圈可点，并且发挥了巨大的作用，其带来的好处不言而喻。大概没有人希望国际航班的调度或者是国税管理出岔子。计算机在这些方面大显身手，保质保量地完成了所有的工作，而且没有一丝抱怨。但是，作为一把双刃剑，它必然也有不利的一面。为了执行任务，计算机必须对个人信息进行搜集、储存、处理、检索和分享，这无疑带来很多风险，尤其是可能侵犯个人尊严，或者违背民主原则。毫无疑问，由于自身的特点，信息社会其实是一种"监控型社会"。②

以上种种并非信息社会的专属。事实上，这些特征在赛博空间表现得更为淋漓尽致。无论什么人如何天花乱坠地宣扬互联网是一个自由国度，他都不得不承认一个事实：作为一种媒介，它无论从内在本质还是外在表象看都根深蒂固地以"控制"为主要目的，以"监控"为主要功能。从外在表象看，互联网服务商和各国政府出于道德和政治目的皆对网络信息进行调控，尤其是新加坡这样的东南亚国家。而由美国国家安全局这样的机构所控制的一些国际网络系统则不间断地对网络信息进行实时监控，依靠强大的系统"词典"自动筛选某些关键语汇，从而过滤敏感内容。从内在本质看，上世纪 90 年代中期以来，互联网和万维网被普遍推向市场，从此成为无孔不入的监控手段。当然，常规监控并不一定会限制用户行为，但是网络通过区分用户的

---

① 见 Notes and References，Chapter 1，15。

② 见 Notes and References，Chapter 1，16。

种类，无形中给广告商提供了选择渠道，使他们能够向特定用户推送为他们量身定做的广告。①

关于赛博空间的第三个谜团是：它跟信息社会一样同时具备“乌托邦”和“敌托邦”（反乌托邦）的双重特征。那些成天叫嚣着讨论赛博空间的粉丝们——比如在著名的网络杂志《连线》上——似乎忘记了“赛博空间”这个说法最早来源于敌托邦的阵营。当威廉·吉布森憧憬理想中的未来社会时，首先便以赛博空间为反面典型展开攻击。由此可见，在他眼里，“被媒介包裹”并非什么值得庆幸之事。当然，吉布森还把赛博空间描绘成“不约而同的幻觉”，很可能是一群有完全行为能力却思维紊乱的成年人共同做白日梦的结果。但是，“思维紊乱”的“白日梦”所产生的赛博空间与信息社会之间也有着显著的差别。除了赛博社区方面的内容之外，无论是支持者还是反对者，在研究赛博空间的时候都表现得比信息社会理论更为自我，或者说，更强调个体。

在分析新技术产生的社会影响时应双管齐下，兼顾正反面，即采纳乌托邦和敌托邦两种对立的方式。一方面，毫无疑问，我们应满怀信心地憧憬未来，相信新技术会给我们创造一个更美好的世界，比如所有人享有民主通信的自由。另一方面，我们又不应回避可能面临的可怕前景，那些“奥威尔式的”警示言犹在耳。有人认为新技术本身便能创造一个完美世界，因此趋之若骛；也有人视新技术为洪水猛兽，避之犹恐不及。这两种看法都大错特错。乌托邦也好，敌托邦也好，充其量不过是从伦理、政治、文化等方面就新技术的发展趋势提出一些问题，强调其发展过程中的“自反作用”，以此打击技术决定论。

我想解开的第四个谜团涉及赛博空间和现实（或非现实）之间的关系。信息社会无数次目睹了人们把梦想照进现实，曾经的种种大胆想象已经成为真实的存在，而赛博空间则反其道而行之，将昨日的现实照进今日的梦想。在这个空间里，人们通过仿真手段将过去的真实

---

① 见 Notes and References，Chapter 1，17。

事件还原成如今的超现实。当然，这种通过电子媒介实现的还原并非只在赛博空间存在。比如，上世纪 90 年代的海湾战争因为引发“现实”问题的大讨论而一度成为焦点。将这次讨论推上风口浪尖的正是吉恩·鲍德里亚。他大言不惭地说：“海湾战争压根没有发生。”①这种论调与美国前参谋长威廉·威斯特摩兰将军在 1969 年发表的观点十分类似。这位参谋长认为，“随着战场自动化程度的提高，战争越来越像一场游戏。”② 鲍德里亚认为，现代战争与其说是“现实”中的战争，不如说是对战争的模拟。人们在电视屏幕上看到的战争“直播”其实是媒体导演的“虚拟”战争，一切如同按照剧本进行的演出，谁胜谁败，结局早已安排。超现实原本与现实无关。

在赛博空间，存在各种各样迥然不同的现实（或非现实）。而游戏正是其中必不可少的母体。比如说，有一种多用户角色扮演游戏（MUDs）涉及各种虚拟的人物关系。但是，有些玩家过于沉迷其中不能自拔，已分不清虚拟和现实的区别。曾经有个别极端的玩家这样说：“我才不在乎别人的看法，MUDs 并不只是游戏，它们‘是活生生的’!!! 我的 MUDs 好友就是我的铁哥们，全世界就属他们最喜欢我，恐怕也只有他们喜欢我。”③ 这些故事在今天早已屡见不鲜（其严重程度或许已超出我们的所见所闻）。因此，我们除了如实反映现实中存在的问题，更要透过这些现象发现背后所隐藏的社会弊端。同时，这些问题也从一个侧面反映了上世纪末以来计算机辅助通信的飞速发展所造成的后果。

关于赛博空间的现实（或非现实）方面的另外一个问题是很多用户太依赖媒介，因此产生了一种自己已占领新的信息“前沿”的错觉。吉布森曾经指出：这是一种“难以描述的复杂情况，就好比成排的灯光投射在大脑中看不见的区域，无数的数据群在此集中交错。好像路

① 见 Notes and References，Chapter 1，18。

② 见 Notes and References，Chapter 1，19。

③ 见 Notes and References，Chapter 1，20。

灯渐行渐远，最终消失不见。”① 在这个“地球村”里，现实空间越来越小，网络空间却日益扩大。我们已不必关注“哪里”发生了“什么”，因为网络就是“哪里”，“信息”就是“什么”。当各种媒介不遗余力地传递着信息，我们便轻而易举地知道了故事的版本，比如前面所说的海湾战争。当然，网络不只是战争的舞台，各种好戏皆能上演，大到美国国家安全局的监控，小到一次风险投资的交易。但就连吉布森本人也不能完全弃“现实”世界于不顾。他后来解释道：“根据我所描述的赛博空间，你们完全可以照本宣科地将自己置于媒介的重重包裹之下，根本无需抬头看看外面到底发生了什么。”②

尽管我们之前讨论的某些内容带有科幻的影子（有些本来就是科幻），接下来的关于虚拟组织和虚拟政府的一些建议却是实实在在的。公共机构可以在决策时引入计算机的智能处理和模拟成像功能。这样做的结果也许使公共管理“虚拟化”，转变原有思维方式，摆脱官僚主义的人为调控，运用现代信息通信技术，切换到全新的管理模式。在这种模式下，“现实”将成为“渐渐由机器操纵的随机决定”，而政治将成为“一种时髦玩意儿，无论是在公共管理还是个人生活方面”。③不出所料，有人会认为这样的说法过于简单，掩盖了事实。就像莱文兹（Ravetz）所说的，这些强大的计算机工具的确“影响了我们的感官意识”，但是它们也“进一步模糊了真正的现实和人为缔造的现实之间的界限”。④

但是，那些口口声声反对“虚拟现实”的批评者所谓的真正的现实到底如何呢？比如，马克·斯劳卡（Mark Slouka）认为“实质论”是治愈“非现实”的灵丹妙药。他认为，关于赛博空间的种种论调貌似给大众提供了一种自由市场式的乌托邦，但却隐瞒了“缩小我们的

---

① 见 Notes and References，Chapter 1，21。

② 见 Notes and References，Chapter 1，22。

③ 见 Notes and References，Chapter 1，23。

④ 见 Notes and References，Chapter 1，24。

生活圈子是完全不利的”这样一个事实。他提出这样的疑问：“赛博空间难道不是一种新的流放之地？上网者在联通世界的同时却切断了与真实生活之间的通道。”①在他看来，赛博空间使人们远离“真正的”社区、朋友、邻居，而人们的实际生活环境比虚拟的网络要重要得多。赛博空间不过是充斥着各种信息的“电子主题公园”②，与现实世界相比，并没有提供更多的选择，也没有体现出更多的民主。斯劳卡希望他的读者能从虚拟世界转向“实质”世界，不再借助技术手段，而是用双手去接触社会，亲自体验各种现实生活。

斯劳卡的理论对很多人来说有不可抗拒的吸引力，因为他们一直痛恨那些鼓吹高科技或者强行推销信息技术的行为。但是，要回归“实质”的现实世界谈何容易，其中一个困难就在于现实世界也早已陷入重重困境。事实上，对现实世界产生的怀疑古已有之，至少可以追溯到笛卡尔所提出的灵魂与世界和肉体的分离③，并且后来多次在西方的宗教学说中得到间接验证，因为这些学说大多是贬低现实世界的。④ 强调现实，或者说强调“在具体场所的亲身体验”与文化冲突有关，也是现代化进程中的通病，只不过在今天表现得比较极端而已——如同斯劳卡所看到的那样——矛盾双方变成了赛博空间和日常生活。接下来我们将讨论的另一个困难是斯劳卡的论据遭到了某种程度的曲解。赛博空间已然破坏了“现实”关系，这是否意味着它自掘坟墓，已没有上升空间了呢？

从信息社会到赛博社会

赛博空间存在的种种谜团在信息社会时代早已显现。同时，赛博

---

① 见 Notes and References，Chapter 1，25。

② 见 Notes and References，Chapter 1，26。

③ 见 Notes and References，Chapter 1，27。

④ 见 Notes and References，Chapter 1，28。

空间也背离了人们对信息“社会”的社会学意义的原始判断。关于信息社会一直纷争不断，其中的根源之一便是在相当长的一段时间内社会学领域仍然将“社会”看成是“民族国家”的对等物，并且认为它与“秩序问题”密切相关。① 但是，到了 21 世纪初，这种观点引发了广泛质疑，因为民族国家的权力在很大程度上被削弱，而且各权力范围之间的边界也变得日益模糊。安东尼·吉登斯（Anthony Giddens）认为，强调“秩序”已经过时，现在当务之急是弄清楚不同的社会制度是如何通过调配时间和空间来互通有无的。②

到 20 世纪末，计算机和通信技术通过有效地安排时间和空间，使得各种社会关系突破时空限制，无论是深度还是广度都有了史无前例的延伸，其重要性不言而喻。这种关系的延伸其实是将各种社会接触进行整合，看似简单，但在以前是不可想象的。曾几何时，“距离”是一道无形的障碍横亘在各种关系之间。现如今，正如戴维·哈维（David Harvey）所说，我们正在见证“时空压缩”的魔力③。这种“时空压缩”的特征在赛博空间中的“信息流动的空间”表现得尤为突出。或许我们可以将这门以赛博空间的社会关系为主要研究对象的学科称之为“赛博社会学”。这些社会关系的形成并非偶然，其中电子技术充当了重要的媒介。在这样的前提下，“赛博社会学”的核心任务便是考察这些全新的社会关系与传统的社会关系相比在存在模式和运行方式上到底发生了何种变化。④

19 世纪初以来，人们的交流模式有了翻天覆地的变化，这一现象同样不容忽视。事实上，直到不久以前，人际交往的主要方式都依赖面对面的交流，即不借助任何媒介进行的交流。当人们采用这种方式交流的时候，他们可以握手，可以互相注视对方，还可以借助对方身

① 见 Notes and References，Chapter 1，29。
② 见 Notes and References，Chapter 1，30。
③ 见 Notes and References，Chapter 1，31。
④ 见 Notes and References，Chapter 1，32。

体语言的暗示来推测对方的情绪如何以及社会地位的高低等。当然，如果跟贵族或皇室交流，自然需要保持距离，但在日常交往的情况下，人们需要“同在”一个地方，目的是证明彼此的忠诚或者表示拥有同样的生存机会。除了需“同在”一个地点，彼此之间的对话也很重要，因为如果双方都能主动交谈或者回应对方，则更能有效维系人际关系。

当然，仅仅依靠“同在”一个地点就想获得亲密的关系是白日做梦，否则，东京地铁里在高峰时段摩肩接踵的乘客们岂不是从身体到心理都已成为融为一体的亲密爱人？① 但是，与这样的面对面交流相比，借助某种手段实现的远距离接触在人际交往的难度上可谓更胜一筹。在这种“中介式互动”中，人们使用了笔、纸、电话或者电脑等工具，目的是“将信息或者符号语言传递给被时空阻隔的对方”。② 在这种情况下，语言背后的信息很容易丢失或造成误解。因为在不能看到对方的情况下，我们无法借助对方的表情和手势来猜测对方话语背后隐藏的含义。因此，中介式互动更容易造成误会，而接受方理解对方信息的难度也相应增加。

然而，上述的中介式互动并非发生在社会真空。无论是电话、电子邮件还是普通信件，这些交流方式的参与双方都已经结成某种关系，就算还没亲近到融为一体的地步，也已经有了某种默认的联系。亲属关系是最亲密的一种关系，因为双方在某种程度上已经“融为一体”，而且主要采用面对面的交流方式。其他的一些关系也许难以亲密到这样的地步，比如打电话给医生或者是税务局，但也不能排除“融合”的可能，只是程度不同罢了。在上述非亲属关系中，因为有了某个机构或组织（如政府部门或企业）的参与，并借助某种媒介，关系双方有了某种交集，或者说，有了“融合”的契机，其结果无论在时间还是空间上都超越了面对面的交流。在过去很长时间里，当人们无法见面时，书信一直是传递信息最重要的媒介，而由于技术的限制，交流

---

① 见 Notes and References，Chapter 1，33。

② 见 Notes and References，Chapter 1，34。

双方“同在”一个地点则一直是人际交往最主要的模式。

从手写到印刷术，再到电报，交流手段的更替使得人际关系的模式不断发生变化。接下来出现的“准互动手段”——报纸和电视——虽然不是完全意义上的人与人的交流，但是已经远远超越了原有的将符号信息从发射端到接收端的机械传递。① 而交流双方的“融合”也不再局限于面对面的或者由某个中介机构促成的社会交往。② 但是，这并不意味着这两种社会交往数量减少或者面临被取代的地位。事实上，新的关系不断出现，并非作为替代者，而是作为补充者。新旧关系并非此消彼长，而是相辅相成。包括写信在内的非面对面的交流方式所遵循的规则将更为广泛、客观、抽象，同时也将进一步削弱面对面交流的重要性。③

至此，不得不强调另一个层面——“第四纪”的互动形式——同样属于通过电子媒介实现的交流。这些交流不再以“至少有一方有意参与或者意识到交流的存在”为必要条件。④ 换言之，它们其实是指某个社会技术系统监视人们的言行并且转换成某种讯息。这种监控常常不为人所知。但即便是这样无“人”参与的纯机器间的交流，也能在“现实”世界的权力关系中找到雏形。

总而言之，上文阐述了四种常见的交流方式：面对面式、中介式、准中介式，以及第四纪的无人电子中介式。那么，这四种交流方式怎样延伸到赛博空间，尤其是互联网上的人际交流呢？事实上，在网络交流大行其道的今天，面对面的交流方式仍然占据着不可取代的一席之地，新旧两种方式互相渗透，互为补充。比如，即使是每天都见面的一家人，必要时也会通过电子邮件进行交流，而这封邮件的内容或许就是安排家人的聚会。由此可见，这些电子媒介实际上不过是面对

---

① 见 Notes and References，Chapter 1，35。

② 见 Notes and References，Chapter 1，36。

③ 见 Notes and References，Chapter 1，37。

④ 见 Notes and References，Chapter 1，38。

面交流的有益补充。①

这样的互联网互动不仅仅发生在个人之间，群体和公共用户皆能通过各种在线对话系统（如聊天软件）进行沟通。如此一来，在赛博空间，中介式互动的“功能菜单”变得更加丰富多样。同样，通过网络进行的中介式准互动同样有无限潜力，比如以网页制作为技术支撑，再辅以多媒体手段，便可形成文字、声音、图像、视频为一体的多元符号，传达内容丰富的多维信息。所谓“功能菜单”是指人们在网络上交流时所能执行的所有任务。② 比如，相隔甚远、身处异地的用户可以通过互联网进行交流，而处于同一地点的人们则可以利用内联网互通信息。当然，无论你身在何方，都可借助不同方式与互联网之外的人结成有效人际关系。

再次回到第四纪的电子中介式最常被使用的领域——监控。这个话题的重要性不言而喻。这种电子中介式互动以“风险沟通”为基础，监控个人数据并且将之转换成讯息，但这些数据的主人对整个过程一无所知，也根本意识不到后果有多么严重。今天的监控已不再限定在某些网站或者局限于某些内容。随着技术的进步，由监控所产生的在线交流形式呈激增的趋势。尽管这些交流很大一部分是在信息流动空间内自动完成的数据通信，但是它们对于两方面的影响却不容小视：一是社会整体化的形式，二是相关个人和群体的生存机会。③ 这些交流一方面以全新形式通过整合时间和空间资源互通有无，另一方面又不得不依赖生物电方面的研究成果。众所周知，生物电是“组成”人和群体的基本要素，虽然其中的奥秘仍然未能揭开。同时，因为通信和信息技术的出现，对于生物电的研究也翻开了新的一页。

我们原以为对于“信息社会”有十足的把握，很多问题的答案都将尘埃落定。但是，当 21 世纪的大门徐徐打开，时间和空间的安排有

① 见 Notes and References，Chapter 1，39。

② 见 Notes and References，Chapter 1，40。

③ 见 Notes and References，Chapter 1，41。

了数不胜数的全新格局，一切似乎都将推翻重来。各种电子中介式交流的飞速发展是破解全新社会关系的钥匙。我们所说的“赛博社会”正是脱胎于网络连通度较高的社会形态，但是对于赛博社会的模式和意义，我们仍需拨开重重迷雾，历经坎坷，去寻求真相。

赛博空间：与技术一路同行

吉布森首次将赛博空间定义为“被媒介包裹”。这一定义的主要原因就在于它揭示了当代生活已被技术全面控制，且达到了前所未有的程度。认为电脑和通信系统不过是“工具”的看法早已过时。换言之，它们所带来的各种便利已经成为人类生活必不可少的一部分，一旦失去，后果难以想象。在这样一个技术决定一切的时代，“技术”已不是一个独立存在的词汇，也不仅仅在某段时间存在，而是当代社会的一个重要组成部分。人工智能重新组合时间和空间以沟通有无，而“技术”也应被重新审视。它不再是被我们利用的“工具”，而已成为我们每天的日常活动和赖以生存的环境。

但，这并不意味着我们可以任意编排赛博空间内的社会关系。正如之前所言，由于大众对赛博空间的“不约而同的错觉”，相当一部分人盲目迷恋网络技术，导致了各种不切实际的后果，如商业炒作、乌托邦式的幻想以及学术界的大肆吹捧等。针对这种情况，各种反对声浪日益高涨，一是打击“对信息的狂热崇拜”，二是抨击赛博空间所营造的脱离现实的虚拟世界。但无论是支持者还是反对者都缺乏对理论的实证支撑。当办公室的格局因为电子邮件和内联网而重新设定，是否真的能颠覆原有的上下级关系？当电子邮件和聊天软件成为人们生活不可或缺的一部分，它们是否真的会使人际关系变得抽象而没有人情味，并且会导致文化认同感的进一步断裂？这些都是需要实证依据的问题，而追寻相关答案的过程也将解答本章节最重要的问题：赛博空间是超越信息社会的存在吗？

毫无疑问，除非地球因某种不可预知的灾难而灭亡，否则通信和信息技术将继续主导人类生活，网络连接速度也将继续扮演重要角色（即使速度的提升变缓），大型企业和各国政府也将继续扶持新技术的使用，即使它们对社会、经济、政治各方面的正面影响尚未可知，而另一种“贫富差距”将进一步扩大（使用新技术的机会分配不均）。以上问题皆与信息社会的未来息息相关。

但是，这些不过是泛泛而谈，而且在很大程度上有批判的嫌疑。目前的当务之急并非对信息社会的将来杞人忧天，而是切实关注不同国家和地区的现状，并且在关注的侧重点上需达成共识，即关键问题并非“技术”本身，而是所涉及的道德、政治、文化等方面。“赛博空间”这一概念的核心是与电子技术共存的社会体验过程，因此其关键领域就在于严谨的社会分析。就像“信息社会”一样，“赛博空间”有朝一日或许被新的术语取代，但它引发的问题在短时间内将不会消失。

对赛博空间的看法由于性别、地区、种族、阶层的不同而因人而异。“信息流动的空间”对于“场所空间”和“人文景观空间”的影响方式各不相同。互联网和万维网的崛起导致了大量以网络资源为基础和主要数据来源的研究风靡一时。因为这些研究，我们很容易就会认为大部分人已经无法离开网络，或许从早上醒来到晚上入睡，他们将大把的时间浪费在 MUDs（多用户角色扮演游戏）上。关于网络生活的在线研究固然重要，但是从长远来看，更具社会学意义的是关于网络生活和非网络生活如何有机结合的人种学研究，其难度更大且耗时更长。

真正有助于我们预测信息社会未来的研究需满足如下条件：第一，用古典社会学的研究方法透过现象看本质，找到促进和阻碍人际关系发展的真正因素；第二，明确说明个人的问题是如何转换为公共问题的。比如，妮娜·韦克福德（Nina Wakeford）以“网吧”为研究对象并揭示了在日常交往过程中两性关系是如何构建并重组的。她的研究结果表明，在这样的环境下，电脑使用和男权主义关系的建立之间并非简单的因果关系，事实上，性别联盟关系的建立和终结既受到“当地地域和空间文化”的制约，也受到计算机使用状况的影响。①

另一项重要的研究是关于特立尼达的日常网络使用，由丹尼尔·米勒（Daniel Miller）和唐·斯莱特（Don Slater）共同完成。他们的研究再一次验证了现有的社会关系。结果表明，互联网的使用非但没有削弱原有的家庭关系，反而在很多情况下加深了亲属间的纽带——尤其在其受到移民冲击而被削弱时——因此广受欢迎。这项严谨的人种学研究的结果对于那些迷信赛博空间炒作的人来说，可谓当头一棒。正如两位学者所言，“颇具讽刺意味的是，如果互联网在涉及个人生活的领域不是虚拟的（大部分关于互联网的著作都认为它是虚拟的），那么在涉及政治经济领域时绝对是虚拟的（同样的有关互联网的著作却认为互联网本身固有的商业化削弱了其虚拟性）。”②

在此，我们抛砖引玉，诚挚希望有更多社会学家加入我们的队伍，共同探讨“与赛博空间共存”到底意味着什么，并进一步探索网络所带来的全新社交模式的发展方向。关于将“技术”作为社会结构的一部分并写入理论体系，在社会学界的呼声越来越高。在21世纪，我们将生存于被技术控制的大环境，这一点无可置疑，尽管因为地域的不同，其影响可能千差万别。我们不得不承认，作为一种多元的中介式互动体验，目前赛博空间只是少数人独有的专利，大多数人依然望尘莫及。导致这种差别产生的罪魁祸首便是“权力”，同时，似曾相识的社会分化也在此过程中悄悄产生，且愈演愈烈。但是，这种不合理的情况并非完全不可避免。赛博空间的发展是一个社会技术过程，一方面离不开技术能力，一方面受到权力的束缚，但同时又与共同理想和社会实践息息相关。其中，伦理和政治是必不可少的组成部分。但是，归根结底，什么技术能力有绝对优势，谁的理想会成为共同理想，谁又是社会实践的主宰，这些关键问题都需要经过实证的考量，才能得出最终答案。

---

① 见 Notes and References，Chapter 1，42。

② 见 Notes and References，Chapter 1，43。

第二章　智能化生活：有限的选择空间

弗兰克·韦伯斯特

我个人一直关注这样的一些现象，它们既相互矛盾，又彼此联系。第一，我们认为在今天任何人都可以随心所欲地创造生活；第二，我们确信任何一种“理想的生活”都没有固定的模式；第三，我们承认除了遵守这个世界的运行规则之外别无选择。一方面，目前有一种思潮主宰着我们的时代：任何变化皆有可能——从肉体到灵魂，从外表到性别，没有做不到，只有想不到，曾经的天方夜谭都已变成现实；另一方面，面对尘世万千变化，剪不断理还乱，完美生活是否存在，变化的终极目标又在何方？第三方面（虽然啰嗦却符合当今打破砂锅问到底的学术潮流）万变不离其宗，此处的“宗”便是全球市场体系，我们除了遵守，别无他法。总之，万事万物无一不在变化，却没有人敢拍着胸脯说他知道这些变化的规律。然而有一点却是肯定的：作为人类的发展方向，全球资本主义的地位不可撼动。

以上这些问题将是我接下来讨论的重点，而我的研究对象则是“智能化生活”。事实上，这些问题一直是当今人们思考的焦点，同时也与我在本文开头指出的三大矛盾现象相对应——（1）随时随地激发创造潜能；（2）无需遵循固定的行为模式；（3）不得不接受全新的资本主义。

各位读者也许已然明了我的立场，那么就允许我开门见山阐明看法：在这个百家争鸣的时代，关于“赛博文化”和新技术方面的观点如百花齐放，它们大多因为技术所带来的“自我创造”欢呼雀跃，为人类可能实现的美好前景欣喜不已，却忽视了问题的另一面——技术资本主义将限制甚至决定人们的生活方式。

“智能化生活”的可能性

当今社会，万事万物，没有什么是永恒不变的。有人会因为变化而惴惴不安，我很能理解他们的感受，但是我更想谈的是那些因为变化而兴高采烈甚至忘乎所以的人们。比如，尼古拉斯·内格罗蓬特（Nicholas Negroponte）就畅想过“信息高速公路将在全世界创造一种全新的社会结构”①，而这种社会结构将颠覆一切，并且使世界变得更美好。这种想法背后隐藏着对新技术的无限推崇——信息和通信技术（ICTs）、基因工程、生物技术，或者是三者的有机结合——同时也与后现代主义思潮不谋而合。② 鲍德里亚则更看重新技术改变现实的巨大潜能，认为它们不仅能改造物质世界，还能重塑人类的身体和灵魂。他的观点盛行一时，代表了对于以“变化无常”和“人为制造”为关键词的全新生活方式的肯定。③ 比如，另一位“赛博女权主义者”赛迪·普兰特（Sadie Plant）便是鲍德里亚的支持者之一。她对赛博时代的到来欣喜不已，认为“赛博空间内大规模的动荡使得现实世界岌岌可危”，而女性将是这场可控范围内的动荡的特别受益者。④

我们承认，一方面，生活有无限变化和无限可能，另一方面，对

---

① 见 Notes and References，Chapter 2，1。
② 见 Notes and References，Chapter 2，2。
③ 见 Notes and References，Chapter 2，3。
④ 见 Notes and References，Chapter 2，4。

于这些变化和可能没有任何限制和定规。哲学的基础论在此是个例外。也就是说，人们可以随意变成自己喜欢的样子，但是，没有人能“规定”他们应该是什么样子，因为这种“规定”等于是设定了某种不可动摇的道德标准（或者是人之天性、组织形式和社会关系等），而这样做显然违背了公认的前提：一切事物皆由人类创建，因而都不是固定不变，而是可以重新改造的。这样就自然而然产生一种推论：虽然整个世界包括人类自身都是可以改造的，且改造的幅度之大前所未有，但是最终目标却无法确定。也就是说，人可以创造世界，并且不断地改造世界，但是却不能确定世界的最终面貌。人的性别和身体方面的改造就能证明这一点。曾几何时，身体发肤皆为自然馈赠，不可随意更改，现在却已成为人类自主选择的一部分。① 关于身体的可塑性，迄今为止相关的文字材料可谓汗牛充栋，从原先的锻炼塑身、健康养生到后来的用技术手段进行改造（如髋关节置换、心脏移植、隐形眼镜、电子起搏器、牙齿矫正、整容手术等），科技的脚步如此迅猛，我们甚至已亲眼目睹了“赛博格”（电子人）的出现。② 因此，一个可以随意选择自身性别和身体形态的时代已经来临。然而，这种选择的前提是技术的进步，而我们对于个体的干预能力也将不断提高。因此，如何选择自己的身体形态和性别特征必将成为一个令人头疼的难题。

可以预见，无论你去哪里，无论你做什么，都将面临这样的矛盾。各种人际关系，包括邻里关系、伙伴关系、同事关系等，都将是自由选择的结果，而非强制形成。但是，这种自由往往也意味着形成某种关系更加随意——而维系这种关系更缺乏约束力——即使单方面结束关系也不会蒙受多大损失，因此人们对人际关系的担忧已达到前所未有的严重程度。

安东尼·吉登斯甚至认为我们所在的这个世界正处于“后传统”的边缘，一切曾经公认的评判标准和约定俗成的价值体系都面临严峻

---

① 见 Notes and References，Chapter 2，5。

② 见 Notes and References，Chapter 2，6。

挑战。无论人们做何种选择——道德准则、性别角色、对待动物的方式、甚至教育的目的——都无法摆脱上述命运。所有这些都已无定法可循，在我们面前有无数条道路，但没有人能指出哪一条才是“正确的途径”。尽管人们可以重建这些评判标准和价值体系，但是，无论采用何种方式，都无法找到坚实的现实依据，因此只会导致更多的不安。

世界一步步向前发展，不断破坏稍纵即逝的诚信系统，人类用一次次不遗余力的重建来证明自己的存在，却发现前途渺茫，无法判断正确的方向，虽疑虑丛生却不能停止前进的步伐。是时候停下来思考人类的现状了。我们用了短短一代人的时间便完成了“逆工业化”的过程，使几乎所有发达国家的重工业都遭到毁灭性打击。煤炭、钢铁、造船等行业的踪迹消失不见，那些曾经标志着一个时代的独特风景——堆积如山的废石、冒着滚滚浓烟的烟囱、以挖煤为生的村庄——统统被埋进历史的废墟，同时被埋葬的还有传统的生活方式及其衍生出的一切——延续多年已根深蒂固的道德准则，男强女弱、泾渭分明的劳动分工，日出而作日落而息的生活习惯等等。如今，无论是职业类型还是劳动分工都有了翻天覆地的变化，以男性为主要角色的体力劳动逐渐退出历史舞台，取而代之的是不分性别、强调团体合作的新型职业模式。男性的孔武有力已风光不再，女性的阴柔之美却备受推崇。这些都充分证明了人类改造自然和环境的能力。但是，却没有人知道我们究竟会走向何方，因为所有人都心知肚明：一切皆在变化，结局无法预料。

知识，后现代主义和个人身份的变迁

一切的发展都离不开“知识”，其重要性有目共睹。知识是武装，是刺向“传统”的匕首。知识是工具，帮助人们分析、研究、比较，从而认识不足，渴望变革。无论是生产技术的革新，还是政治格局的改变，甚至婚姻关系的调整，无一不与知识的更替有千丝万缕的联系。各种媒介迅速扩张，不断将触角延伸至生活的各个角落，其受众面之广，传播时间之长，已达到登峰造极的地步。在这样的大环境下，家庭不再是独立的单元，而是成为公众文化的一部分，生活方式也将脱离原有轨迹，跟上全社会的前进步伐。

然而，这样的发展趋势将导致无法避免的矛盾。这场启蒙运动有两大前提：第一，知识将反客为主，成为环境和人类自身的统治者——这显然是一种报复；第二，知识将提供保障，使我们无论做什么都有十足把握。但往往事与愿违，第二个前提显然不能成立。事实上，我们掌握的知识越多，传播范围越广，就会越发怀疑我们处理事情的能力。一方面，我们确信自己能够处理这些事情；另一方面，我们并不能保证自己已经掌握了正确处理的方法。

齐格蒙特·鲍曼在他的著作中广泛探讨了这些后现代阶段出现的问题，包括人们的矛盾心理，各种模棱两可的观点，甚至种种混乱不堪的局面。鲍曼认为，现代化的首要目标就是为人们提供“十足的把握”，使人们知道做某件事的“唯一最好的方式”，这样才能证明现代化的过人之处：安排一切都井井有条，下达命令时说一不二，有不同意见时马上解决，对打破规则者毫不留情，从而确保所有人步调一致去完成最终的目标。① 现代派政治家、知识分子、大批的企业、政府部门为达到所辖范围内的稳定、和谐，采取各种方法统一人们的行为标准、思维方式甚至是对自我的认识（作为某个国家的公民，拥有某种特定的历史、文化、社会态度、生活方式等）。当然，现代派政治家们有不同的奋斗目标，这尤其体现在集体主义和个人主义两大阵营的对立上，而反对者们虽然对于未来的看法不尽相同，所表现出来的信心倒是出奇的一致。

作为现代主义的终结者，后现代主义预示着以上所说的思维体系和行为模式的彻底坍塌。后现代主义的特点就是怀疑、不确定、犹豫不决、甚至无法无天。曾几何时，国家机器操控一切，媒体作为政府的附庸用舆论力量保持全社会的思想一致，而权威专家们高高在上，

---

① 见 Notes and References，Chapter 2，7。

享受着芸芸众生的顶礼膜拜，如今这些都一去不复返。今天的人们成了自己的主宰，他们选择自己喜欢的生活方式，心血来潮地购买心仪的商品，而市场的“诱惑”所带来的短暂的秩序恐怕是后现代主义从现代主义身上继承的唯一遗产。鲍曼将后现代主义定义为“彻底摆脱约束”，因此对今天的人们而言，“自由”高于一切，已经没有任何力量能阻挡他们去追求自己的目标，实现自己的人生价值。实际上，今天的人们在选择行为方式时已拥有完全的自由。集体的道德约束几乎消失不见，而拥有自由选择的权利已成为后现代时期的重要标志。

而彻底摆脱约束也会带来负面影响，即产生并进一步加剧人们的“不安全感”。如果一个人既不受国家利益的约束，也无需参照其他人的行为规范，那么他应该如何生活？鲍曼还指出了更可怕的结果，那就是人们已经找寻不到恰当的外在参照物来约束自己的行为，无论是宗教、政治、美学还是最亲密的邻居。

这些也导致个人的身份认定成了难题。在过去，身份并非个人选择，而是很多客观因素共同决定的结果，包括家庭关系、社会阶层、居住社区、宗教信仰、民族归属等，这些因素构成个人的文化特征。而今天，身份却成了个人的自由选择——独自决定，不受约束。① 曾经决定个人身份的体系已经瓦解，民族、职业、家庭等因素退居幕后，形成了鲍曼所说的“无依无靠的自我”，② 即完全由个人意志所决定的身份。越来越多的人认为，人们甚至可以创造和改造“自我”，因此你可以“想是谁便是谁”。安东尼·吉登斯认为，认清一个人“自我”的关键是看他如何进行“自我反省”。③ 因此，创造和保持“自我”是一个连续的过程，需要不断地反思自己的过往，以及不断地进行选择，大到从事何种职业、是否孕育孩子，小到是否改变发型、是否需要减肥等，而身份很可能在这个过程中得以确定，前提是遵守“坚持自己

---

① 见 Notes and References，Chapter 2，8。

② 见 Notes and References，Chapter 2，9。

③ 见 Notes and References，Chapter 2，10。

的原则”，当然这个原则时日尚短，并不十分成熟，有待进一步验证。总之，“自我”是创造的产物，充满了各种选择和不确定性，而且整个过程缺乏约束。

社交的必要性

我们知道这个世界充满了无限的可能，但是没有人知道我们应该创造什么。我们也许能随心所欲地创造一切，但是价值如何，不得而知。大部分人认为“智能化生活”看似美好，但由于缺乏标准和规范，不免令人惴惴不安。在我看来，尽管披着这样或那样的外衣，“社群主义”关注的正是这个问题。阿米泰·艾茨恩尼（Amitai Etzioni）① 在美国发起的那场运动不外乎是想表达这样的观点：人们需要归属感，需要依附某个更大的群体，才有可能过上幸福的生活。埃米尔·涂尔干（Emile Durkheim）很早以前就说过，一个人如果不能隶属于某个群体，将会变得“反常”，很可能造成可怕的后果，比如社会的不安或者个人的不幸（犯罪、自杀、抑郁等等）。艾茨恩尼进一步指出，社会需要应凌驾于个人需求之上。这种观点很容易被认为是出于社会稳定的需要，但社群主义实际上有其他的理论依据：第一，个人生活不能脱离有意义的社会关系而单独存在；第二，只有依附于他人我们才能体会到真正的自我，也才能实现自我。

或许会被冠以“傲慢”和“保守”的头衔，但我仍然要继续讨论社群主义，因为这关系到一个至关重要的问题：生活不是孤岛，只有通过与他人交往，我们才能确认自己的身份，也才能构建我们的生活方式。无论一个人多么坚持个人主义，多么想割裂自己与他人的联系，他都必须与他人或组织发生关系。而且，只要与他人交往，无论密切与否，都意味着双方在权利和义务方面有了共同的认知，哪怕这种认知只可意会不可言传。毕竟，人人平等的理想观念是所有民主政治的

① 见 Notes and References，Chapter 2，11。

基石，它承认每个人的自身价值，并且在“民族国家”这个虽不完善但至关重要的社群中得以发扬光大。

在我看来，所有的人类生活皆离不开一些公共纽带，比如社交礼仪、睦邻友好和对同胞的认同。甚至像美国这样最注重个人主义的国家也是如此。罗伯特·贝拉（Robert Bellah）和他的同事们在人种学方面的研究成绩斐然，同时也验证了上述观点：尽管对于美国人来说个人主义永远是“第一位”的，但个人主义并非一枝独秀，同时还有一股无形的力量，虽然屈居“第二位”，甚至没有确切的名字，但是它利用与宗教传统和国家精神的历史渊源，使美国人时刻不忘珍惜友谊、自我奉献、睦邻友好、团队合作等与个人主义格格不入的社交原则。这是因为个人主义“在理论上可行，但实际上根本不可能”。①

曼纽尔·卡斯特尔所强调的“集体身份”来源于女权主义和环保运动，同样验证了我所说的“社交的重要性”。② 除了那些处于特权阶层的精英们③——或许不应该将他们排除在外——试图完全依赖个人自觉而实现“自我反省”几乎是不可能的。虽然吉登斯在研究“反省”时考虑了社会关系的因素，但他的出发点是优先考虑完全自发的个人行为，这实际上低估了群体对个人身份的影响。但这并不意味着个人身份将还原为集体身份，而是提醒我们只有通过与他人互动才能创造有意义的生活，而这种“互动”需要建立在一些公共纽带的基础上。

有限的创造空间

要实现有效的社会交往，必须有所谓的“公共纽带”，还需要实际行动，当然更少不了所有参与方的身份（角色）的确认。那么，我们便不得不考虑“身份”所包含的内容。在这样的时代，一切皆有可能，

① 见 Notes and References，Chapter 2，12。

② 见 Notes and References，Chapter 2，13。

③ 见 Notes and References，Chapter 2，14。

然而完全合理的事物却不存在。因此，作为多重社会因素的产物，“身份”具有明显的不确定性。安东尼·吉登斯显然对此现象持肯定态度。他认为消除绝对便意味着有更多主动的选择机会，这是“智能化社会”的趋势，同时也是一种必须，过去那些强加给人们的以“基本事实”（或者本质、宿命、天意等）的面貌出现的所谓“真理”不复存在。今天无论你身在何处，都不必再按照“固定的模式”生活，而是可以随心所欲地进行选择。①

吉登斯特别指出，一种“对话民主”正在悄然形成，并保证所有参与者通过对话或争论取得个人自主权与社会凝聚力（或者个人与社会、地方主义与世界大同）之间的平衡，从而获得自己想要的生活方式和个人身份。这样的现状就意味着我们再也无法回到过去的纯真年代，那个所有人都坚持“热爱自己的国家，无论对错”的年代，那个国家利益高于一切，个人只有无条件服从的年代。我们已变得无比精明，一方面清楚地意识到曾经的爱国主义在这个多文化的社会已经荡然无存，另一方面又矢口否认那样的爱国主义禁不起推敲甚至子虚乌有。但是，我们应该庆幸，国家仍然有着特殊意义，一是因为它对个人的塑造有极大意义，二是它缓解了过度分裂的危险。因此，当务之急是形成这样的国家观念：既符合世界大同的趋势，又能使人民有强烈的文化归属感，尽管文化的构成千差万别，各种观点激烈碰撞，然而最终将形成“和而不同，求同存异”的局面。②

这样的观点相当有说服力。吉登斯提出的“第三条道路”的核心思想便是强调各种力量之间从未间断的博弈，这样才能凸显政治的重要性。③ 我个人十分赞同这一观点。但是，我同样十分赞同另一种观点，即一切皆由创造而成，因而一切皆可推翻重建。这种观点是反基础论思维的必然产物。但是它忽视了变化过程中可能遭到的阻力以及

---

① 见 Notes and References，Chapter 2，15。

② 见 Notes and References，Chapter 2，16。

③ 见 Notes and References，Chapter 2，17。

有时候我们迫于压力不得不屈从某种特点安排的现实。在我看来，这些正是“智能化社会”的重要特征。以全球化金融网络为例，一方面，毫无疑问，该网络的设计和日常维护必须由“人”来完成，但另一方面，任何“人”想对它进行大动干戈的改造恐怕都会寸步难行。其中相当重要的原因是一旦某个地区发生剧烈变动，则马上会出现大量的货币外流。这样才能约束那些意图改变世界的野心家们。自上世纪 90 年代以来，这样的约束已经屡见不鲜。资本主义的巨大胜利以及世界市场的日益融合，既造成了巨大的不稳定，同时又以压倒性的力量将全世界推向同一个终点——资本主义的独步天下。在此过程中，政府控制国家经济的能力被严重削弱，唯一聊以自慰的是它们前所未有的商业信心。

资本主义在全世界的扩张带来了巨大的影响，所到之处，无论国家大小，无一幸免。这当然并不意味着国家变得无行为能力。但是，用历史学家艾瑞克·霍布斯鲍姆（Eric Hobsbawm）的话来说，到 20 世纪末 21 世纪初，“世界经济已逐渐变成一股强大而不可控的动力”①，我们只能顺从，无法抗拒。安东尼·吉登斯自己也承认“没有什么能替代资本主义”。② 哪怕资本主义胸襟宽广到如“海纳百川”，它与生俱来的约束本能也不会容忍有人提倡一种与之完全背离的生活方式。③ 这一点可以从“农民”阶层几乎在一瞬间消失得到充分证明——这一阶层曾延续数千年，从有历史记载直到 20 世纪，几乎贯穿整个人类文明进程。④

资本主义不仅将很多观念强加于人，而且还催生了一系列负面变化甚至有时酿成剧变。同时，作为一种不安定因素，它不可避免地造成了很多混乱，这就不由得给人一种作恶多端、时日无多的感觉，甚

① 见 Notes and References，Chapter 2，18。

② 见 Notes and References，Chapter 2，19。

③ 见 Notes and References，Chapter 2，20。

④ 见 Notes and References，Chapter 2，21。

至被视为“毒蛇猛兽”，避之犹恐不及。[1] 由此可见，虽然资本主义毫无疑问是人为创造的产物，但这只怪兽随时可能冲破束缚，导致无法挽回的悲剧。而我的结论正是建立在这样的认识基础上。正如前文所说，人们拥有选择机会的前提是认识到一切事物都是在社会背景下创造出来的。然而，全球化的资本主义却给人类戴上了镣铐，极大地限制了他们的行为自由。更有甚者，即使是戴着镣铐跳舞，人类的步伐也不得不跟随资本主义的节奏，任何变化都必须以它的需要为前提。因此，今天人们的生活虽然五光十色、绚丽多姿，但这并非是他们自主选择的结果，而更多的是资本主义发展的需要。

资本主义强大的约束力对于发达国家纵然是无法抗拒的，而对于另一部分人更是犹如噩梦一般——他们不幸出生于这个星球上的不发达地区，而且占世界人口的大多数。“智能化生活”的触角很容易就延伸到了印度、中国、拉丁美洲和非洲。这些地区的人们或多或少都受到了全球资本主义的信息网络的覆盖，比如收看卫星电视，与异国的商业组织进行贸易，查看纽约或伦敦的经济分析，等等。但是，关键问题在于这些人与信息时代的接轨完全是一种被动的行为。用曼纽尔·卡斯特尔的话来说，他们属于“被互动”，而非“主动互动”。[2] 简而言之，他们只能被动地接受决定，而主动权完全掌握在其他人手上。后者在很多方面拥有特权和大量资源，包括资本、教育、知识等方面，当然也包括全球网络技术。

另外，还有一些国家的现状更加不容乐观。因为它们通常被认为处于全球资本主义的边缘地带，很少引发关注，除了一些跨国媒体机构偶尔会不远万里前去进行采访报道，而内容不外乎是刚发生的自然灾害或者内战，目的是拍摄那些饥荒中的妇女儿童或者战争中逃亡的难民。比如，撒哈拉沙漠以南非洲地区既没有资源可供出口，也没有

---

① 见 Notes and References，Chapter 2，22。

② 见 Notes and References，Chapter 2，23。

能力吸引外资。① 而其他一些国家可能在某些方面有一定优势，比如供应原材料或者为耐克、阿迪达斯等工厂输送廉价劳动力，而所有这些都必须仰仗那些权势集团所做的决定。

吉斯·哈梅林②（Gees Hamelink）在研究“赛博空间的伦理学”这个领域时，曾详细解析了“信息时代”的特点，而赛博狂热分子通常对这些方面视而不见。具体如下：

1. 占全世界人口四分之一的人没有从经济增长中获益；

2. 在174个联合国成员国中，有89个国家与10年前相比经济呈倒退趋势；

3. 世界上排名前358名的亿万富翁拥有全世界人口总收入的45%；

4. 25%最贫困人口只拥有全世界总收入的1.4%，而25%最富有人口拥有83%；

5. 大约13亿人每天的生活费不足1美元；

6. 超过10亿人缺少安全的饮用水；

7. 大约10亿成年人是文盲。

很难想象，这些被奴役的、一贫如洗的、始终处于最底层的人们，在面对全球市场体系如狼似虎的血盆大口时，如何才能创造属于他们自己的未来。

结论

迄今为止，认为一切皆无定律在社会学理论界已经司空见惯，因为万事万物都是人类创造和选择的结果。因此，分析家们或许会迫不及待地记录人们面临的多重选择，无论是他们的体型、性别，还是亲密的人际关系、文化乐趣，甚至是生活政治。这些喋喋不休的赞美之

---

① 见 Notes and References，Chapter 2，24。

② 见 Notes and References，Chapter 2，25。

言宣扬的主旨无非是个体的差异性和选择的多样性。在某种程度上，我们只能接受这样的主流观点。但是分析家们还应该注意到问题的另一面：因为复杂的历史原因，占世界人口大多数的人类同胞们正在困境中挣扎，其艰难程度远远超过了发达国家人们的想象。“智能化社会”无疑给很多人提供了选择的机会，大幅提升了那些对自己的体型、职业或伙伴心存不满的人的幸福指数。因为一切皆无定律，很多人都可以改变他们的现状，而他们确实也做到了。但我仍然坚持认为，在这个人类亲手创造的世界上，大多数人不过是资本的附庸，除了屈服于它的巨大威力之外别无选择，而这种威力无论是深度还是广度皆超过了历史上的任何一个帝国的影响，无所不在，无比强大。所以，探讨“智能化社会”的选择问题对大多数人来说十分空洞，没有意义。

第三章　速度乌托邦

约翰·阿米蒂奇　乔安妮·罗伯茨

And you're alone on an island now tuning in.

Did you think this was the way

The world would end?①

（以上歌词选自 Laurie Anderson 演唱的歌曲 *Love among Sailors*——译者注）

“速度乌托邦”由希腊语“速度”和“乌托邦”组合而成。我们引出这一概念的目的是凸显速度和乌托邦之间的基本联系。这种联系在一些以“赛博空间”和“赛博社会”的“社会想象”为主题的当代通俗商业文学中一目了然。这些文学作品重点讨论了以“速度乌托邦”为核心的“社会想象”。② 在本章的第一部分，我们探讨了这些所谓的“速度乌托邦”的具体形式。与此同时，我们还提出另一个概念“速度反乌托邦”。它主要表现为“超现代”特质和“过度强调”个人体验的

① 见 Notes and References，Chapter 3，1。

② 见 Notes and References，Chapter 3，2。

特征。这种速度反乌托邦以“个人化社会”为生长温床，并逐渐将触角伸向“暮光之地”，即“速度空间”。①

在本章的第二部分，我们又探讨了由“全球网络精英”② 这一重要社会群体提出的一种特殊的速度乌托邦形式。该社会群体有自己独有的社会想象并且贡献了大量关于赛博空间和社会理论的当代通俗文学。这些文学作品涵盖了科技社会和政治范畴。我们推测，这一群体所提出的速度乌托邦以建立一种无“不同声音”的网络世界为最终目标。

在本章的第三部分，我们提出这样的观点：作为赛博社会研究界最响亮的声音之一，“速度乌托邦主义”在未来的道路上注定不会一帆风顺，前面的每一个未知领域都隐藏着无数的艰难险阻，每一步都险象环生。这一观点不是空穴来风，在我们对其他两个问题进行深入研究时得到了验证：一是关于“通往超现代的高速公路”，二是关于现阶段人们所面临的“集约化、加速发展、过剩经济”等问题。此外，我们还借用保罗·维利里奥的“事件的风景”这一说法描述了“速度反乌托邦”，并明确指出它反映了人们看待社会的另一个角度。只不过这个社会具有它的特殊性：在时间上属于“超现代”时期，在空间上以“光速”前进。③

鉴于上述内容，到本章的第四部分，我们已经可以顺理成章地将速度乌托邦的概念与当代通俗商业文学和超现代观念联系起来。当然，这种联系是有条件的。除此之外，速度乌托邦还反映了“速度空想家”们的著作不仅描写了“事件的风景”，而且几乎再现了我们所说的“过剩经济”。④ 因此，速度乌托邦的概念给我们提供了方法，使我们能够解释人们所面临的“过多的事件”以及“个人化社会”造成的“速度

① 见 Notes and References，Chapter 3，3。

② 见 Notes and References，Chapter 3，4。

③ 见 Notes and References，Chapter 3，5。

④ 见 Notes and References，Chapter 3，6。

反乌托邦”。然而，当人类普遍面临“速度控制空间”的危险，即处于“速度空间”的紧急关头时，那么，只有一条出路可供选择——“灰色隔离带”。①

速度乌托邦

速度乌托邦的概念来源于希腊语 khronos（时间）或者 takhos（速度）和 eutopos（乌托邦，美好的地方）。我们认为，该说法与史丹·戴维斯（Stan Davis）和克里斯托弗·梅耶（Christopher Mayer）在《模糊》（*Blur*）一书中的观点大同小异。这本书也是国际管理学领域有关“速度乌托邦”的代表作之一。② 其他有类似重要地位的还有乔纳斯·里德斯特尔（Jonas Ridderstrale）和克耶尔·诺德斯特龙（Kjell Nordstrom）合作完成的《未来趋势学》（*Funky Business*）以及比尔·盖茨的《未来之路》（*The Road Ahead*）和《未来时速》（*Business@The Speed of Thought*）。③

“速度乌托邦”一词明确指出了速度和乌托邦之间的基本联系。这种联系在很多当代通俗商业文学描绘对未来社会的憧憬时一目了然。科尼利厄斯·卡思特里阿蒂斯（Cornelius Castoriadis）将这些社会憧憬称为“社会想象”。在本书中我们沿用了这一术语。卡思特里阿蒂斯提出的极富创意的观点建立在一系列社会“制度”的基础上，而组成这些制度的正是社会对未来的“憧憬”。虽然在社会这个大环境中构建而成，这些“制度的憧憬”却并非从“真实的”或者“理性的”角度思考社会，因而纯属虚构。实际上，我们可以把这些憧憬看成是一个矩阵，内容包罗万象，脉络纷繁复杂，既有各种彼此交错的观点，也有成千上万正在实施的计划，这些观点或许一语中的或许离题万里，

① 见 Notes and References，Chapter 3，7。

② 见 Notes and References，Chapter 3，8。

③ 见 Notes and References，Chapter 3，9。

这些计划或许脚踏实地或许如空中楼阁，但都反映了社会领域对梦想的大胆展望和追求。

那么，到底那些当代通俗商业文学中所描绘的赛博空间的速度乌托邦是何种面目呢？我们又应该从怎样的社会理论研究角度去探讨这个至关重要且神秘莫测的话题呢？一般说来，这些著作反映了当今的那些企业家“大腕”们所关注的问题，比如速度空间、社会愿望和组织管理等。这些大腕就包括比尔·盖茨。当然，这些著作也阐述了一些重要技术的开发、使用和实际应用，比如智能化技术、科技工业化技术、信息和通信技术以及包括互联网在内的技术科学体系和方法等。有人也许很容易从我们的观点联想到亚瑟·克劳克（Arthur Kroker）和迈克尔·温斯坦（Michael A. Weinstein）提出的略带贬义的说法“虚拟阶级”。他们用这个短语表示这些著作隶属于一个“历史意义与超空间紧密相连”的特定阶层。①克劳克和温斯坦的解读将那些广受追捧的“先知先觉的信息高速公路预言家”与市场上受人欢迎的硬件和软件的生产联系起来，认为是比尔·盖茨这样的领军人物促成了“虚拟”资本主义的生产以满足赛博空间消费的需要。② 但是，相关的这些著作地位不同，命运也千差万别。众所周知，在所有关于赛博空间的当代通俗商业文学中，最具社会影响力并且销售最成功的不过寥寥，其中就包括戴维斯和梅耶这样的大师级的作品。他们的非凡成就使他们登上了美国和欧洲商业精英的宝座。然而，另一部分迎合潮流的作品，比如里德斯特尔和诺德斯特龙的《未来趋势学》，就宣称为新商业模式代言，因而自己更具远见卓识。当然，我们不难发现目前似乎有一股趋势，像这样标新立异（实则虚伪）的文学作品日益增多，已然屡见不鲜。这些新一代的商业“权威”把自己想象成“第三次知识革命”的领军人物，手握通往“未来的万能钥匙”，意气风发地试图打造

---

① 见 Notes and References，Chapter 3，10。

② 见 Notes and References，Chapter 3，11。

"成功企业"的"世界新秩序"，创造出"前无古人"的一番伟大事业。①

在这样一个混乱的历史时刻，我们也不禁跃跃欲试，以抛砖引玉的心态，尝试着解读诸如《模糊》、《未来趋势学》这样的大作中提出的社会想象所映射的速度乌托邦的具体表现形式。那么，为达到这一目的，我们首先要做的是区分这些不同文本中对未来社会制度的憧憬，从而理解它们的未来目标和远景规划。所谓想象，是对未来社会制度的一系列憧憬，并且使它们按照一定规律有机结合，从而生成一个看似毫无根据却浅显易懂的形象，并导致种种社会冲动和原动力的产生。比如，从"制度憧憬"角度而言，促成《模糊》这本书产生的最初根源便是"互联经济时代的变化速度"（也是本书的副标题），而对于《未来趋势学》的作者而言，灵感来源于"人才是促使资本跳舞的原动力"（也是本书的副标题）②。为了能够读懂这本书中所说的"独特的"社会话语，尤其是跟上智能化经济系统和所有"能歌善舞"的资本不断加速发展的脚步，"人才"不仅要完成作为"革命和模糊的组成部分"的使命，而且必须清醒地认识到"商界已经毫无创意，而且存在重大隐患，因此留不住人才，也招揽不到顾客"。③ 尽管这些观点很有价值，但是这两本著作以及其他很多类似文本最能引起读者共鸣并且激发我们强烈兴趣的是它们对于互联经济背景下的变化速度的考察，也就是在网络时代"各种观点互相碰撞，不断推陈出新，各种激动人心的产品纷至沓来，不断更新换代"。其实，他们所描述的正是"速度乌托邦"。④ 基于以上分析，我们可以看出这些著作中的社会想象十分需要一些所谓的"社会梦想工程师"的支持。一些"富有远见的"思想家，比如《模糊》和《未来趋势》的作者，提议建立"居于世界领

① 见 Notes and References，Chapter 3，12。
② 见 Notes and References，Chapter 3，13。
③ 见 Notes and References，Chapter 3，14。
④ 见 Notes and References，Chapter 3，15。

先地位且发展迅猛的公司”，撰写“畅销”书籍，指导建立“企业创新中心”，并且将“复杂性理论应用于企业实践”。① 这些富有远见的预言家们用充满智慧的观点给那些如饥似渴的读者们醍醐灌顶般的启发，帮助他们忘掉“枯燥的理论”，掌握“切实有效的方法”。除此之外，这些预言家们还“以全新视角展望未来”，目的是找到更“富有活力且切实可行的战略方法和科学合理的解决方案”，从而创造“美好的未来”。②

其他涉及速度乌托邦并着眼于“美好的未来”的著作包括比尔·盖茨的《未来之路》和《未来时速》。因为众所周知的原因，这两本书的受欢迎程度与日俱增，甚至在当代通俗商业文学领域已独占鳌头。这两本著作不仅涉及如日中天的微软公司和互联网行业，而且探讨了21世纪出现的超现代经济过剩的现象。在当代理论界关于比尔·盖茨的这两本巨著争论颇多，其中有代表性的观点来自亚瑟·克劳克和玛丽路易斯·克劳克。他们认为比尔·盖茨通过这两本书不仅描述了权力的不切实际的扩张和资本主义追逐利润最大化的本质，而且推动了这种现象的进一步发展，可谓是助纣为虐。③ 而《未来之路》对速度乌托邦也是另眼相看，赋予它无可取代的地位。比如，在谈论有关话题时，盖茨认为“互联网”不仅改变了“微软公司，还改变了其他各个方面——而且改变的速度之快”，已超过盖茨本人的预期。④ 盖茨在这本书里探讨了以计算机网络连接而成的世界将走向何方。作为一本带有明显人工雕琢痕迹的著作，《未来之路》意欲解决当代面临的一些

① 见 Notes and References，Chapter 3，16。

② 见 Notes and References，Chapter 3，17。

③ 文中提及的《未来之路》是指修订版。1995 年，比尔·盖茨的畅销书《未来之路》面世，瞬间遭到诸多非议。很多人认为这本书不过是对微软的宣传炒作。因此，比尔·盖茨修改了大量内容，并且将重点转向对互联网的探讨，以平息众怒。在这些批评者中，出现于 20 世纪末的以克罗克（The Krokers）为代表的空间托邦主义者们最为突出。

④ 见 Notes and References，Chapter 3，19。

关键问题，如速度和赛博空间、变化、经济、隐私、教育机会以及最重要的“如何做好准备迎接未来”的问题。显而易见的是，这本书包括标题在内都是站在现代历史观的对立面，并且对违背超现代时代的空间和速度理念而取得的“进步”不以为然。

另外，亚瑟和玛丽路易斯还认为盖茨的《未来时速》宣扬了一种“过度强调数字化的政治”，因此这本书也可以被视为一面镜子，反映了处于失控状态的经济制度。① 当超资本主义消费观取得统治地位，现有的“适度规则”已经黯然失色，取而代之的是超现代的“过度行为规则”。在接下来的第二部分，我们将详细解读“全球网络精英”所倡导的特定形式的速度乌托邦，以开启我们描摹完整的“速度乌托邦”轮廓的旅程。

解读全球网络精英

我们所说的“全球网络精英”是指后现代时期在科技社会、政治、企业等领域处于领先地位的群体和组织。要完成这一特殊群体的社会构想，需要满足两个前提条件：一是实现他们提出的宗教般“高尚的”“技术物质主义”；二是致力于建立一个拥有坚实基础的社会，包括具有“完全”严肃性的政治基础、以“精英主义”为原则的人才基础和以“创造财富”为发展目标的经济基础。② 为了完成上述目标，他们首先出版了大量探讨赛博空间和社会理论的著作，不仅内容丰富，涉及科技社会、政治等不同领域，而且因为高屋建瓴，观点新颖，广泛受到读者的欢迎。确实，很多读者认为这些著作真实再现了正不断发展变化的全球化社会，并且揭示了这种新型社会形式的基本特征是试图传达一些受到追捧的原则，包括技术原则以及更重要的“激进”但是“富有启发性的”社会和政治原则。而对于速度乌托邦的主要关注

① 见 Notes and References，Chapter 3，20。

② 见 Notes and References，Chapter 3，21。

点体现在未来世界的技术和政治层面的实验性探讨。而在这些著作中，对速度乌托邦的关注范围则仅限于对未来世界的技术和政治层面所做的试验性研究。其中，极具影响力的包括曼纽尔·卡斯特尔的《网络社会的崛起》和《网络星空》（*The Internet Galaxy*）以及同样广受赞誉的安东尼·吉登斯的《超越左右激进主义》（*Beyond Left and Right*）和《第三条道路》（*The Third Way*）。[①] 因此，全球网络精英可以被界定为“社会梦想工程师”，比如《模糊》的作者——拥有突破性思维的戴维斯和梅耶，以及《未来趋势学》的作者——富有远见卓识的里德斯特尔和诺德斯特龙。这个群体在美国以及其他地区与商界和政界精英也有密不可分的关系。然而，像卡斯特尔和吉登斯这样新潮的理论家将自己定义为无畏的先行者，并且明确表示他们所提出的关于科技社会和政治的社会想象是全新体系，与革命性或变革性的社会主义和无法无天的新自由主义均势不两立，水火不容。而今天的全球网络精英为了实现他们的长远目标，将他们的社会构想用作最有效的试金石，以检测人们是否正确认识了网络和社会之间不断变化的关系，同时检验人们能否在左派和右派两大阵营之间找到正确的政治方向。全球网络精英既是裁决者，能决定“信息时代”的本质，又是风向标，能判断科技社会和政治领域的研究方向，因此，他们将自己提出的科技社会想象标榜为“信息主义的精髓”，同时将政治立场定位于“激进现实主义”的核心。[②] 简而言之，“激进现实主义”既解释了基于当代现实的科技社会想象，又提供了用于全球资本主义管理的“切实可行的方法”，目的是创造“美好的未来”，比如在政治上更平等、更自由。然而，全球网络精英只有用他们无比“正确”的解读方式来宣告与左派激进主义提倡的“陈旧的”革命性或变革性的社会主义以及右派激进主义鼓吹的新自由主义完全决裂，才能实现其社会想象并且确定其至高无上的权力。一方面，卡斯特尔和吉登斯的畅销书以下

① 见 Notes and References，Chapter 3，22。

② 见 Notes and References，Chapter 3，23。

一代的全球网络精英为目标读者。另一方面，他们的“制度憧憬”又试图取得少数拥有特别权威的科技社会“智囊团”的认同，同时以政治速度空间为投射领域，因为只有以该空间为立足点他们才能向其他志同道合的社会梦想工程师解释他们对于赛博社会的最新评价和政治倾向。

在全球网络精英做出的最新评价中，以卡斯特尔和吉登斯的观点最为典型。前者几乎毫无保留地接受了建立在学术、科学、政治领域的互联经济基础上的“科技精英文化”观点；而后者则极为赞成“资本使人才跳舞”，或者被称为“有限的精英主义”观念。① 比如，英国工党在完成首相托尼·布莱尔交付的任务时，便完全采纳了吉登斯的理念，即政治精英在“激进现实主义”社会想象中应扮演“政治梦想工程师”的角色。

表面上看，全球网络精英致力于消除人与人之间的不平等，主要是在使用互联网方面的机会不均等（即所谓的“数字鸿沟”）以及财富和收入方面的差距。这些不平等主要体现在科技社会和政治两个领域。尽管卡斯特尔在《网络星空》一书中抨击了这种数字鸿沟，但是在其他方面仍然有保护全球网络精英之嫌，其似贬实褒的做法耐人寻味。还有个问题也十分令人失望：这些被排除在数字世界之外的弱势阶层即使有朝一日（或许在最后关头?）能够跨越那道鸿沟，像其他群体一样自由地使用网络，但另一个问题又将浮出水面——他们无法取得平等使用高速宽带的权利。② 同样，吉登斯的《第三条道路》也试图通过消除人们在财富和收入方面的不平等来取消世界上不同的政治制度。为了达到这一目的，他采用了“彻底”的偷梁换柱的方式，巧妙地用“包容”替代了平等的概念。这样一来，尽管这本书的拥护者在理论上赞成剥夺“精英阶层有意排除异己”的权力，因为这是“在底层建立更具包容性的社会”的核心，但是他们仍然幻想着在精英阶

① 见 Notes and References，Chapter 3，24。

② 见 Notes and References，Chapter 3，25。

层的夹缝中建立新的社会。① 现在不得不指出的一个问题是：该社会想象的标志正是吉登斯所支持的“包容”，但这种包容实质上纵容了现有的政治不平等和排他性的政策将继续存在下去。有趣的是，虽然全球网络精英在赛博社会具有很高的辨识度，但是卡斯特尔和吉登斯并没有被归入赛博精英的某一行列，比如某些作家属于“赛博朋克”作家，或者像威廉·吉布森那样顶着“赛博空间”术语的发明者的头衔。实际上，赛博社会的两支精英队伍——分别来自科技社会领域和政治领域——在到达顶峰时交叉汇合，聚集了最优秀的科技精英、工业领袖、政治掮客和企业家代表，从而形成了当代世界上速度空间领域的最强阵容。而企业家队伍里像比尔·盖茨这样的人物毫无疑问是最引人注目的全球网络精英。但是，我们认为把卡斯特尔和吉登斯这样的社会梦想工程师排除在外显然是不明智的。因为这两位都与互联经济的加速发展有着不可分割的联系，而正是在这个领域新的观点不断出现，新的碰撞不断发生，而且速度远远超出人们的想象；换句话说，已经达到了速度乌托邦的程度。当然，很少有人的成就能与这两位社会梦想工程师比肩。卡斯特尔跻身于“欧洲信息社会高层次专家委员会”，而吉登斯则担任“白宫研讨会”的发言人。②

尽管如此，我们仍然认为全球网络精英这一群体提出的社会想象所映射的速度乌托邦尽管在不同时期有显著差距，但是总体目标基本一致，即“消除模糊和不同声音”。但是，《模糊》和《未来趋势学》的作者并不承认这一点。显然，这些精英们会不遗余力消除智力障碍或其他阻碍，以便顺利传输（其他人只能接收）他们在财富创造方面的社会想象。换句话说，他们将用精英主义方式单方面决定赛博世界的运行规则。卡斯特尔和吉登斯的著作皆明确摒弃“枯燥的理论”，却含蓄地提出了很多关于“不同声音”的问题。这些“不同声音”包括对“切实可行的方法”和“美好未来”的曲解，以及对“完全”“有启

① 见 Notes and References，Chapter 3，26。

② 见 Notes and References，Chapter 3，27。

发性的”未来社会构想的蓄意诽谤。被排除在外的还有基于其他试验性研究而提出的，或者违背全球网络精英们的科技或政治原则，因而属于计划范围之外，不能得到批准或认同的社会想象。可见，这些不同声音将影响到全球网络精英们所开创的未来之路能否被广泛接受。因为这些声音会模糊精英们提出的社会想象，所以任何对互联网的质疑，任何复辟科技社会主义理想的企图，或者任何未被认可的对新自由主义政治观点的支持，都要给予坚决打击，毫不手软。当然，这些不同声音或阻碍常常披着不同外衣，涂上语言的、个人的、心理的或社会的保护色。比如，在全球网络精英的速度乌托邦里，“网络”（the Net）这个词常常含有积极向上的意义，“你的”（yours）常常代指“属于你个人的速度幻想”，而权力常常指网络内的权力，因而用“星空”（galaxy）来修饰（来源于吉登斯的《网络星空》一书的标题）。在速度乌托邦的某处，存在这样一个心理空间，它是完全私有的，又是有利可图的，它紧靠“第三条道路”，“超越”了电脑屏幕，“超越”了“陈旧的”关于“平等”的社会想象，也“超越”了左派和右派激进主义的社会想象。换而言之，速度乌托邦“超越”了世界上像“你们”这样“低（慢）等级”的另一个群体对速度空间的哪怕最大胆的想象。①

走进“事件的风景”——事件决定论

在我们看来，作为赛博社会领域最主要的研究课题之一，“速度乌托邦主义”不得不面对一系列科技社会和政治方面的转变。这些转变的发生地尚属未知领域，同时又是通往未来不可逾越的必经之地。同时，这些转变又存在种种疑问，而且揭开这些谜团尚需时日。以上对速度乌托邦的这些看法既与我们对超现代性的构想遥相呼应，又在一定程度上与我们对以“升级、加速、过度”为特征的当代社会构想的

---

① 见 Notes and References，Chapter 3，28。

理解一脉相承。

另外需要指出的是，对于维利里奥提出的“事件的风景”，以及超现代性理论，我们都在研究的基础上进行了拓展。在此过程中，我们采取了一种似乎过于批判的研究角度。并且，鉴于这样的角度，对当代超现代性理论、集约化过程、过度增速现象等方面的考察皆可以转化为对“事件风景”的研究。也就是说，我们推崇的是一种对人类理性进行批判的理念，既对社会思潮采取慎之又慎的态度，又质疑对启蒙运动的理性主义解读。因此，我们提出的这种“后后现代”超现代理论和后马克思主义以及后尼采哲学在速度空间领域的当代研究以及维瓦里奥的“速度学”（研究速度的强制力的学科）皆有着密不可分的联系。① 这种理论在理解“重复现象”的历史和未来时采用了敌托邦的社会视角。而且，无论是比尔·盖茨在《未来之路》一书中的论述，还是弗雷德里克·詹姆森（Fredric Jameson）提出的空间化后现代世界的立场，与这种理论相比，都只能甘拜下风。② 根据詹姆森的观点，后现代“日常生活”和“精神体验”“取决于空间分类而不是时间分类”，而依据我们提出的超现代和“嘈杂”视角，精神体验取决于速度分类而不是空间分类。③ 但是，我们提出的超现代观点与齐格蒙特·鲍曼提出的与批判理论相关的“液态现代性”概念却不谋而合。④ 鲍曼认为，研究的侧重点并非在“超现代性”，而是“现代性”的“全新”阶段或“敌托邦”阶段。根据他的解释，敌托邦阶段就是超现代社会的“实时状况”，而这种状况的出现得益于“彻底摆脱了束缚个人选择和行动自由的镣铐”。⑤

确切地说，我们提出的“过剩”概念来源于乔治斯·巴塔依

① 见 Notes and References，Chapter 3，29。
② 见 Notes and References，Chapter 3，30。
③ 见 Notes and References，Chapter 3，31。
④ 见 Notes and References，Chapter 3，32。
⑤ 见 Notes and References，Chapter 3，33。

(Georges Bataile）的著作《被诅咒的股份》（*The Accursed Share*），并且涉及书中提到的“一般经济”、消费等方面。[①] 正因为与他的观点一脉相承，我们对这一研究领域充满信心。巴塔依认为，生物所具备的精力过剩的特点是任何经济制度都无法控制的，而且“为了防止白白地浪费，无论是否出自本人意愿，无论以何种方式，高尚抑或卑鄙，都必须想方设法将精力消耗殆尽”。[②] 由此看来，他的观点颠覆了古典自由主义和马克思主义政治经济学中的“限制经济”理论，因此是对“一般经济”的尝试解读，而这种经济形式以“无回报的支出和损失”为特征，因而极不稳定。

在此，我们可以确认，一种因人而异、取决于个人体验的速度敌托邦已经出现。它起源于鲍曼提出的个人化社会，而后又寄身于维瓦里奥提出的“暮光之地”或者速度空间。因此，速度敌托邦所强调的因个体差异而导致的不同个人体验与速度乌托邦的社会构想完全相反。具体而言，它完全再现了社会的现实状况，如日益加剧的强取豪夺、空间隔离导致的抗议声浪、过剩现象等等。我们归纳的这些问题承袭了鲍曼所描述的当今人们体会到的“被孤立”感。换句话说，他们“被剥夺了人生指南和领路者，唯一剩下的是口袋中残缺不全的地图和私人工具箱里的工具”。[③] 与“速度乌托邦”一样，从广义上说，“速度敌托邦”也来源于希腊语，包括两个词汇：速度和敌托邦（dystopos，糟糕的地方）。尽管我们赞成鲍曼提出的个人化社会的概念，同时沿着维瓦里奥的脚步进一步探讨了速度空间，但这并不是我们研究速度乌托邦和速度敌托邦的终点，因为我们要攀登的最终高峰是“灰色隔离带”。这个概念意味着超现代性正处于非常时刻，面临很多亟待解决的问题，并且完全被速度所控制，而原有的一切束缚，如空间现实、“零地带”、社会义务等，则统统被隔离在外。

---

① 见 Notes and References，Chapter 3，34。

② 见 Notes and References，Chapter 3，35。

③ 见 Notes and References，Chapter 3，36。

而“事件决定论”正是在理解速度敌托邦的过程中产生的观念。由于目前发生了越来越多的重大社会变故，因而速度敌托邦在如今日益占据主导地位。但是，“事件决定论”完全不同于基于个人和人类发展进程的历史观的集体观念。虽然维利里奥在20世纪80年代以研究速度为基础对“事件的风景”提出了超现代主义的定义，但是当时在后现代阵营中占据重要地位的还有吉恩·弗朗索瓦·利奥塔。他提出了一个相似的概念：“事件”（1968年5月，奥斯维辛）。同时，他还认为我们应该接受发生的“事件”，反对马克思的历史唯物主义和其他关于现代性的元叙述。①

与个性化体验相关的事件接二连三地发生，而且无论其表现形式还是本质特征都与普通事件有着天壤之别。这种现象与自动化环境下不可避免的加速和社会空间化不无干系。随着奇妙的超现代理念日益深入人心，在速度敌托邦领域便产生了这样的设想：速度正走向穷途末路，不得已与加速度同流合污，并且反戈一击，最终，犹如万川归入大海，一切事件皆在此汇合，速度完全占据上风，成了统治一切的主宰。而作为手下败将，空间则完全被速度吞噬蚕食。原本属于空间的领地完全由速度占据，就此决定了空间的命运以及我们对于未来的畅想。因此，短期思维以绝对优势战胜长期思维。而在社会想象方面，速度空间已被视为超现代个人体验的必备模式。然而，这种速度统治空间不仅意味着速度决定论的诞生，而且预示着那些被“全球网络精英”所抛弃的弱势阶层悲惨的未来。这些远离高速运转的主流社会的草根阶层将注定一生被遗忘于偏僻的角落。因此，对“事件决定论”的分析源于对速度以军事或技术手段统治空间以及空间对速度的反作用力的讨论。所以，超现代主义者认为，研究“事件决定论”至少对否定两种看法至关重要，一是速度政治和速度统治论，认为自动化加速和空间化取代了个人的瞬时体验和真实空间，二是对速度的社会想象，认为速度已经成为一种生活方式，因而我们已经进入了速度消除

---

① 见 Notes and References，Chapter 3，37。

空间的时代。

为了充分说明“事件决定论”，维利里奥真实再现了当代个人体验的全貌，而且“超越历史时空”，体现了“现在即永恒的时间范畴”。[①]而他最近关于此领域的著作则着重研究和剖析速度敌托邦的结构和意义。维利里奥提出了“不受时间影响的视角，即过去和以后同在”，因此，个人体验无需贴上历史的或未来的标签，而是像电影一样，是保存在胶片上的永远无法磨灭的存在。[②] 但是，这种个人化的体验并非像电影情节一样有俗套的开头和皆大欢喜的结尾，而是始终“将开头和结尾置于视野范围”；因此，展现的画面中，“事件是主角，会突如其来地取代本应出现的安慰观众的结尾情节”。[③] 换而言之，对速度乌托邦的批判和速度敌托邦的概念皆说明了这样的现实：曾经属于“历史”或“未来”范畴的已经变为“事件的风景”。也就是说，“过去和未来合二为一，同时存在，不分彼此。”[④] 实际上，我们正处于“这样一个阶段，事情再无先后，一切都不会终结，而时间不可分割，现在将永远存在，历史将周而复始一再上演相似剧情。”[⑤]

“事件决定论”的重要性就在于成功地转移了人们的注意力，使大家不再关注比尔·盖茨所说的未来之路，也不再关注詹姆森对空间进行的后现代研究，而是将目光转向以速度敌托邦背景下的个人化体验的极端事件为重点的超现代研究视点。比如，维利里奥在《疯狂纽约》（*Delirious New York*）一文中详细分析了发生于1993年的对世界贸易中心的第一次袭击。作者用近乎挑衅的口吻描写了处于底层的弱势阶层的化身——恐怖分子，以及他们对超现代性所做出的“爆炸性”反应。（1993年2月26日，恐怖分子在世贸中心的地下车库发动一次爆

① 见 Notes and References，Chapter 3，38。
② 见 Notes and References，Chapter 3，39。
③ 见 Notes and References，Chapter 3，40。
④ 见 Notes and References，Chapter 3，41。
⑤ 见 Notes and References，Chapter 3，42。

炸袭击，伤亡一千多人。——译者注）对于维利里奥来说，这次袭击并非“对于电影《火烧摩天楼》的简单复制，就像那些注重形象的媒体所说的，这是一次有预谋的战略事件，再次提醒我们关注世纪末军事秩序的变化”。① 维利里奥的文章告诉我们，虽然这次摧毁世贸大楼的阴谋没有得逞，但是恐怖活动不断升级，危害巨大。而这篇文章更大的价值在于向似乎得到公认的“速度决定论”和超现代理论提出质疑。由此，维利里奥提出了超现代个人化社会的“嘈杂的”研究视角。

维利里奥关于“事件决定论”的最新讨论围绕2001年9月11日再次发生的恐怖袭击展开。这一次，世界贸易中心遭到毁灭性打击，曾经独一无二的双子塔轰然倒塌，而这也意味着在速度空间领域占据绝对优势的一方被弱势的一方以恐怖手段击败。维利里奥认为，在该特定速度空间内，要想改变“事件决定论”规则，当务之急并非“挑起战争，而是造成混乱”。② 他还认为，在“9·11”之后，事件的混乱造成急剧变化，不仅没有带来和平，反而导致了日常战争的频繁发生。维利里奥进一步对这种混乱提出质疑，并重点探讨了在当代这些时而冷酷时而温馨的速度空间内因为个人化体验的不同而引发的貌似“偶然”的日常战争，并指出“敌人躲在我们看不见的地方，随时随地可以发动自杀式攻击，而无论是行迹还是姓名，我们都无从知晓”。③ 因此，速度乌托邦所涉及的速度空间无论在本质上还是内在表现都极不稳定，且充满变数，需要我们严阵以待。但是，同样重要的是对“事件决定论”的错综复杂进行进一步分析，比如过剩经济，因为这是我们接下来讨论“灰色隔离带”的前提。

---

① 见 Notes and References，Chapter 3，43。

② 见 Notes and References，Chapter 3，44。

③ 见 Notes and References，Chapter 3，45。

灰色隔离带

尽管速度乌托邦的观点存在明显漏洞，不免令人疑窦丛生，但仍然不能否定它的价值，尤其是对于我们理解关于赛博空间的当代通俗商业文学中涉及的社会想象提供了有益的帮助。另外，速度乌托邦还给我们提供了一根魔法棒，使我们能拨开层层迷雾，看到隐居幕后的“全球网络精英”们正精心整合各种赛博空间以及社会政治理论，推出连篇累牍的不朽大作，并最终导演了专属于他们群体的速度乌托邦的华丽登场。这些精英们执著于清除“模糊”疆域，并引领一种“无不同声音”的思潮，即我们所说的“速度乌托邦主义”，同时也是一种有关未来发展的社会想象，畅想着随着超现代纪元的开启如挣脱束缚的鸟儿一样无拘无束地飞翔。

当然，无论是速度乌托邦，还是超现代性理念，迄今为止尚不能在人类学或者社会学领域争得一席之地，因为后现代性理论仍然独占鳌头，地位不可撼动。但是我们认为，通过采纳大量关于“事件的风景”的后后现代观点，超现代性已然在一定程度上站稳了脚跟，并形成了自成一派的理论体系。而所说的后后现代观点则涵盖了超现代、加速、过剩等方面。比如，在如何对待“历史时期”这个问题上，超现代性便以其特有的理性冒天下之大不韪采用了全新视角，认为它既非固定不变的存在，亦不可人为随意更改。任何历史都是现在，而现在则映射未来。那么，当代社会将何去何从？未来命运又将如何？这些问题的答案其实一目了然：时间的脚步匆匆，不会停止于空间乌托邦，建立理想中的美好世界，而将最终走向超速敌托邦，堕入由速度控制的万劫不复的深渊。显然，我们借用了维利里奥的观点。他批判分析了未来考古学，即有关周期性重复现象的考古学研究。

在很大程度上，以上观点正是我们抨击比尔·盖茨的《未来之路》和《未来时速》以及詹姆森提出的空间化后现代主义的最有力武器。而我们的主要抨击目标是未来可能发生的灾难性后果，尤其以超速、嘈杂和超现代为主要特征。这些灾难性后果在一些作家以社会想象为主题的著作中都有所涉及，其中就包括鲍曼。鲍曼认为：今天的“社会分化”既是不可回避的社会状况，也是新的特权阶层玩弄权术的结果，而他们采用的主要手段便是脱离各种束缚，可谓将逃生之术运用到极致。因为权力不再受到时间地点的约束，可以随意在任何领域出入，因此，这个世界将消除一切障碍、藩篱，也不再有防卫森严的边界、关卡。任何亲密无间的，尤其带有明显地域特征的社交网络都将被毫不留情地铲除。这些特权阶层将致力于摧毁这些网络，从而获得更持久、更强大的权力。而权力是他们主要的力量源泉，也是他们无坚不摧的保证。只有现实的人际关系和社交网络脆弱不堪，摇摇欲坠，甚至分崩离析，这些特权阶层才能为所欲为。①

以上分析给我们揭开了这个畸形社会的冰山一角。但是，作为超现代社会理论家，我们对“过剩经济”的看法与鲍曼有所不同。从本章介绍的与赛博空间相关的一些著作中可以看出，网络空间严重缺乏自动化规则和社会控制。因此，我们认为，数字过剩政治与速度敌托邦的个人体验有不可分割的联系。而鲍曼提出的“个人化社会”的形成原因则可以归咎于速度敌托邦。在这样的社会里，“全球网络精英”们致力于消除阻碍其发展的一切障碍，但同时却筑起了新的障碍。这些新的障碍一般人不易察觉，因而更具隐蔽性，而能否越过这些障碍则完全取决于资本的多少。因此，富者可通天下，穷人寸步难行。

接下来，我们将通过分析维利里奥的“暮光之地”，即当代速度空间，来一步步导出结论。与维利里奥一样，我们也把超现代时代的特征归纳为“对空间迥然不同的看法”。在现代性时代，空间不仅是支撑一切生产活动的不断发展变化的场所，而且是可触碰可感知的真实存在。而今天，在超现代性时代，空间却成了速度所控制的空间。因此，速度乌托邦的社会想象可以概括为“生存在速度空间成为主观需求”。但这样一来，个人体验将不仅是可触碰可感知的真实存在，而且将不

---

① 见 Notes and References，Chapter 3，46。

得不被禁锢在速度空间的范围之内。速度乌托邦曾信誓旦旦地表示将使人们超越时间和空间的限制，但事实上这些誓言已成为泡影，所以个人化社会的本质特征将不可避免地表现为速度敌托邦的迅速扩散和不断恶化。因此，本应传播福音的速度乌托邦摇身一变，化身为速度敌托邦，给人们带来无尽折磨。作为个人体验的一部分，这种折磨不仅如附骨之疽，让你时刻感受到痛苦的存在，而且将长期潜伏，间断性发作，如难以治愈的慢性顽疾，又如梦魇般挥之不去。因此，我们将加入鲍曼的队伍，坚定不移地进行“流动敌托邦”或超现代性敌托邦的研究。

我们在一定程度上沿袭了鲍曼的研究，但是力求走得更远更深入。我们认为，个人“被孤立”的感受不仅仅是因为被剥夺了“流动现代性”的地图而失去了前进的方向。事实上，个人化社会的敌托邦就是速度敌托邦，尤其是对于处于底层的弱势群体更是一场灾难。一方面，他们时时处处受到全球速度空间的影响而受制于人；另一方面，他们又无法摆脱区域限制而偏居一隅。就像维利里奥在《暮光之地》里面指出的那样，人们置身于速度敌托邦的荒漠，无人知晓何时开始，也无人知晓何时终结。因此，“地球上居住空间的日渐萎缩”导致人们如同“行走在高速公路”，以加速度不断接近“世界的沙漠化”。① “技术和政治领域的进步”已无法促使人们变得亲近，也无法促进不同文化的交流，仅仅使得“空间距离和时间范围无限缩小，直至接近于零”。②

“速度-空间”这样的字眼曾经意味着像“9·11”那样的巨大灾难，但现在已经穿过正常世界与恐怖黑洞之间的临界点，形成了“灰色隔离带”。一个由脱离了空间现实和社会责任的速度统治的世界正在形成，而作为新的社会现实的先行者，灰色隔离带缺乏一切规则的约束，因此不得不面临这样的现实——处理突发紧急情况不再是偶然，

① 见 Notes and References，Chapter 3，47。

② 见 Notes and References，Chapter 3，48。

而是惯例。[1] 但从今往后，任何形式的紧急突发情况，无论是零地带发生的所有未知事件和突发事件，还是需要紧急行动或进行补救的新型危险，由于频繁发生皆已成为惯例，而且表现出的最重要特征都是——速度统治空间。所以，在灰色隔离带，个人置身于各种事件的疯狂包围之中，个人存在便是与各种突发事件共存，而速度不仅决定空间的性质，还决定两个极端之间的距离以及它们的关键要素。

在充分考虑后“9·11”时代的灰色隔离带之后，不难得出这样的结论：使用“ground zero”来指代地面爆炸点或暴力事件发生地已不合时宜。（ground zero：零地带，先前指核爆炸区域，后用于描述极端和暴力事件发生地，现常被用于美国纽约遭“9·11”恐怖袭击的世贸中心遗址区域——译者注。）现在，我们只能使用“atmospheric zero”（空中零点）的说法，意思是由各种速度矢量组成的绝缘体，构成我们个人的发射台，而攻击目标是灰色隔离带的全球领空中任意一处人口密集之地。因此，在灰色隔离带区域内，速度的社会现实最终吞噬了空间。但在此过程中，速度也引发了无数突发事件，伴随着不间断的大肆宣扬和炒作，以及道德体系的矛盾冲突和分崩离析，和各种各样被幕后操纵的恐怖袭击。凡此种种，无一不会影响到我们的现实世界，影响到每个人以及每个社会空间。所有人的生活都将笼罩在阴霾之中，无一幸免。

在本章中，我们首先探讨了速度乌托邦，然后分析并批判了全球网络精英们倡导的所谓无噪音的世界，又以事件的风景作为过渡，直至到达最后讨论的终点——速度敌托邦——过剩经济的超现代竞技场。孤独的岛屿，荒凉的暮光之地，一切唯速度空间马首是瞻，灰色隔离带中各种突发事件争先恐后，速度在空间横行成为不可一世的统治者，空中零点取代地面零点成为新一代霸主，个人和公共空间皆以速度为终极追求，难道这就是人类世界的最终归宿吗？

---

① 见 Notes and References，Chapter 3，49。

第二部分　赛博文化

绪　论

当历史发展到今天，曾经横亘在各学科、专业之间的鸿沟已逐渐消失，控制论、文化研究、政治学、国际关系、传媒学、哲学等纷纷进入跨学科交叉发展的时代。对控制论和文化的研究考虑到更多的政治、国际、传媒因素，因而似乎有越来越形而上的趋势。一些传统的政治领域如国际关系研究则开始关注控制论和文化方面的发展。本书的第二部分由三章内容组成，分别从不同角度论证了上述现象，详尽分析了当代控制论和文化与日常生活、赛博空间、科技和社会之间的密切联系。

但是，在赛博空间的背景下考察控制论、文化、政治等领域之间的关系首先必须确定一些研究主题。在接下来的部分，我们将讨论的主题包括：第一，在某种意义上，赛博空间已经变成了“作战空间”，而文化的转变对此功不可没，这二者的结合引起了美国在军事、传媒、娱乐等领域的一系列巨大反响；第二，文化的“解码”研究日益重要，尤其是“赛博空间”和“生物空间”两大领域之间的交叉碰撞以及科幻题材的文学作品和电影之间的关系；第三，“动画”的普及使得电脑自动化与动画文化之间的联系日益紧密，同时对于“自动机器”、“机器人”、“动物机器人”的哲学探讨也日益激烈。

本部分第一章，即全书第四章的作者是美国政治学家和国家关系专家詹姆斯·德·德里安。他认为美国“军方正准备迎接电子领域的战争”，这种战争发生在“实时网络空间”，因此“既真实又虚拟”。因此，美国军方正被卷入由“虚拟战争”引发的“新型网络战争”。① 在这样的战场上，屠杀变得“距离遥远而目标明确，准确高效而符合道德规范”。但是，这场网络战争还关系到新结盟的两方，一方为美国军方的领军人物，另一方为美国传媒界和娱乐业的“虚拟公司”，如“维亚康姆-哥伦比亚广播公司-音乐电视网-派拉蒙电影公司-百视达租赁公司-爱旺公司”（Viacom-CBS-MTV-Paramount-Blockbuster-Iwon）。德里安将这串由连字符连接而成的超级文字长龙称为“军事-行业-传媒-娱乐网络”，简称为 MIME-NET。他认为，这体现了“地缘政治”向“速度政治”过渡的趋势，并且反映了赛博空间的高速网络政治正促成空间与权力的强强联合。在探讨速度政治的过程中，德里安提出这样尖锐的问题：“人类像网络一样冷酷无情”是否将成为“未来虚拟世界的外在表现和内在特征”？对于这个问题，他给出了肯定的回答，但这并不是草率的决定，而是深思熟虑的结果，根据就是刚刚在洛杉矶成立的创新技术研究所（the Institute for Creative Technologies）揭晓的“良性战争网络测试版”。德里安以此为例是因为这是一个“令人瞩目的合作项目”，其目标是“集各方之力，建立最尖端的军事模拟系统”，而涉及到的方面包括“专家队伍、财政资源、虚拟现实工具等”。

第四章从后结构主义视角全面探讨了赛博文化。其关注的范围十分广泛，具体包括以下方面：一些看似孤立的“事件”，比如创新技术研究所的成立意味着“良性战争已经像幽灵般悄悄潜入人类世界”，并且体现了美国的传媒界、娱乐业、军队和高校之间的合作越来越紧密。德里安还指出，MIME-NET 的为正义而战的勇士们正致力于完成一些原本属于传媒和娱乐业的半喜剧化兼具黑色超现实特征的计划。比如，其中一项成果便是在创新技术研究所的发布会上展出的“斯蒂夫”

---

① 见 Notes and References，Part 2，Introduction，1。

(Steve)。他是一位“智能教育代理”，当然只能“在仿真训练环境下由程序操纵运行”。德里安形容“斯蒂夫”的外表与电视节目“周六夜现场”（Saturday Night Live）的“汉斯”（Hans）极为神似，而声音则与电影“2001太空漫游”（2001）中的超级机器人HAL十分接近。但是，对于已退役的前美国空军中将鲍勃·斯普林格（Bob Springer）来说，创新技术研究所的成立还反映了在军事思维的事件景观中的另一幅画面。研究所的诞生承认了这样的事实：今天在军队服役的年轻人成长于电脑和网络环境，用斯普林格的话来说，“早已习惯于仿真技术”。让这些所谓的“网络一代”投身于军事计划也标志着军队从传统的“实际作战”技术向“虚拟战争”转变。比如，战争游戏对美国军方顶级电脑专家和传媒娱乐业的管理层都有深远的影响，也标志着双方的合作进一步升级。而这也是德里安的重要结论之一。

第五章着重讨论在赛博空间和生物空间双重作用下的计算机和其他编码问题。本章的作者是澳大利亚传媒和文化学家麦肯基·沃克（McKenzie Walk）。他在看过威廉·吉布森的“赛博朋克”（计算机科幻）小说《神经漫游者》① 和安德鲁·尼克尔（Andrew Niccol）的未来主义电影《变种异煞》（GATTACA）之后，因为两者情节的离奇巧合而深感不安。② 他着重探讨了人类的“血肉之躯”在“变异”中的角色，以及这一切对我们的外表、文化、适应“赛博空间的生存之道”的能力将构成怎样的影响。而本章的重点则是在分析电影《变种异煞》的基础上，揭示将转基因生物体纳入艺术虚构将激发怎样全新的文化创意灵感，同时反映了人类环境、动物生态以及这两者与赛博文化之间的关系。沃克的研究填补了赛博空间和生物空间之间关系研究的空白：“赛博空间已经延伸至生物体构造”。沃克没有将目光仅仅局限于克隆羊“多莉”，而是试图通过观察赛博空间和人类克隆等方面的具体实例证明如下观点：正是这些有重大影响力的艺术冲动造成了当代由

---

① 见 Notes and References，Part 2，Introduction，2。

② 见 Notes and References，Part 2，Introduction，3。

信息和通信技术主宰的文化竞技场的繁荣发展。因此，第五章利用电影《变种异煞》说明了与《神经漫游者》一样的主题，即这些艺术作品“凭直觉感知生物世界潜在的可能”。沃克认为大量的科幻文学和电影作品忽略了它们应该具备的揭示“当今世界的各种可能性”的重要性。这种指责不无道理。但是，这样的情况在很多电影作品中已经有了转变，越来越多的电影人意识到了他们肩负的责任，比如《变种异煞》便表达了沃克所强调的主题，因此沃克认为这部电影的制作人“看到了密码背后的秘密”。沃克认为这部电影是一部经典的艺术作品，同时带有蕴含一切可能的浪漫主义激情。他的这种解读方式在他所说的“解码工作”（codework）领域具有重要地位，获得了广泛的认同。所谓“解码”是指揭开密码背后隐藏的可能性，而这些可能性是否存在是不受任何密码制约的。

沃克关注与赛博空间和生物空间有关的问题，而第六章的作者，来自澳大利亚的哲学家凯瑟琳·瓦斯路则深入剖析了动画（animation），即“赋予卡通角色生命力的艺术”。他的分析从介绍动画以及审视“生命的文化重组”的生物学意义开始。就像很多当代生物学家的写作围绕 DNA 或“生命科学”在自动化或文化领域的含义一样，瓦斯路首先用语言学和通信理论“破译”了与生物学领域的最新发现相关的一些稀奇古怪的想法。但是，对于瓦斯路来说，这一“新词汇”对于“生物学和控制论喜结连理”起了特殊的推动作用，而文化、艺术、工程学、计算机科学等学科却对这一结合展开了激烈的争论。接下来，第六章试图解答与动画相关的问题。在她的论述中，不仅阐述了从哲学角度探讨动画的初衷，而且解释了不应该“赋予无生命物体虚幻的运动能力”的重要性。她在接下来的内容中还通过分析控制论和生物学的结合强调了动画是“使生命复杂化的方法”。所以，作者认为动画是一种“用技术进行转变的力量”，而且“转变完全天马行空，突破想象的极限”。

第六章的上述观点是为了使我们认识到，“为了使动画突破现有认知”，必须从具体的动画制作技术（animatics）方面来考察这一特殊的艺术形式。正如第四章将赛博空间看成作战空间，第五章考察了解码和生物空间，第六章采用了同样的分析方式，将动画制作技术归结为生产动画的“机器设备”。因此，不同的动画制作技术可以被用于制作动画的不同方式，包括手工操作、机器加工、电子手段和自动化机器。比如，第六章通过回顾动画制作的历史，认为动画制作技术不仅推动了动画的普及，而且是电影技术演变的核心。同样，今天的动画制作经历了全方位的技术革命，不仅制造出更先进的自动机器（比如“自动程序”和机器人）和“数字虚拟人”（阿凡达），而且完成了人工生命实验。

总之，在赛博空间生存必然导致很多自动控制和文化领域的问题。本部分的三位作者从不同角度入手探讨了这些问题，其共同的主题思想可作如下归纳：赛博文化创造的技术化世界之新，带来的生存和死亡方式之多，超越了现有的一切哲学理念，突破了政治哲学、国际哲学、人类的狭义想象哲学、文学和电影中包含的哲学的范畴，更超出了与动画制作、自动机器、机器人、动物机器人等相关的新兴哲学理念。

第四章　赛博空间成为作战空间：军方、传媒界、娱乐业结成虚拟联盟

詹姆斯·德·德里安

美国军方已做好准备迎接战争，只不过地点不再是传统的炮火连天的战场，而是兵不血刃的电子世界，借助电脑或电视的实时视频，并通过实时网络实现，既达到真实战争的目的，又具备电子世界的虚拟特征。全球监控系统、精确制导武器、计算机辅助物流和全新人道主义原则构成了新型的网络化战争，即“良性战争”，具有科技含量高、风险系数低的特征。如果你确实相信那些关于海湾地区、波斯尼亚、科索沃的战争片花，便会发现这种新型战争具有完全不同以往的杀伤力——距离遥远而目标明确，准确高效而符合道德规范。

我们了解这些战争的渠道是通过不同的媒介。它们的名字通常很长，由不同传媒机构的名称通过连字符串联而成，比如：Time-Warner-CNN-WB-AOLABC-Disney-Go，GE-NBC-MSNBC-Snap，Viacom-CBS-MTV-Paramount-Blockbuster-Iwon，等等。这些霸占了黄金时段的网络不断地合并，瓦解，并结成新的联盟，组建“虚拟公司”，互相窃取商业机密，甚至引发激烈冲突。“甲骨文”（全球大型数据库软件

公司）的主席劳伦斯·埃里森（Lawrence Ellison）承认他们确实雇佣商业间谍试图购买微软公司的“垃圾”，但最终事情败露。（2002 年，甲骨文派私人侦探到竞争技术协会翻找垃圾桶，试图找到微软公司向这个组织行贿以便影响其反托拉斯案审理的证据。——译者注）①埃里森认为窃取商业情报属于“公民的义务”，根本不值得大惊小怪。2000 年 4 月 30 日，有线电视供应商时代华纳和美国广播公司（ABC）电视网谈判失败，这导致美国数个主要城市无法观看 ABC 的电视节目。迪斯尼（ABC 的最大股东——译者注）的总裁罗伯特·伊格（Robert Iger）说，他当时“马上联想到了 1983 年的电影《浩劫之后》（*The Day After*），其中最经典的场景是遭到核导弹袭击之后的堪萨斯城”。②后来，时代华纳在《纽约时报》刊登整版的致歉广告（向所有电视用户），并免费提供两天的基本有线电视服务，同时承诺将尽快与迪斯尼- ABC 电视集团回到谈判桌上。③

而就在同一天，在同一份报纸上，一家名为 Xdrive 的互联网存储和备份公司也刊登了整版广告，内容关于由一名菲律宾黑客制造并传播的“爱虫”病毒（据估计，因为对数据和生产的破坏而造成的损失高达 100 亿美元）。整篇广告用黑体字印刷，内容如下：

2000 年 5 月 4 日，一种伪装成情书的病毒在全世界传播。在短短数小时之内，它通过各种电子邮件终端感染并破坏用户的附件、文档、文件等。它损坏用户的重要信息。它使一些跨国公司停止运转。它使很多人的前程、事业毁于一旦。在这场可怕的劫难中，也有相当一部分幸运儿，他们的电脑系统和文件未被感染，工作和生活未受影响。④

上述的 ABC 电视信号丢失和“爱虫”病毒肆虐的事例，过程皆长达 24 小时。而今天的网络已经用“秒”来计算停机时间。当我们从地

---

① 见 Notes and References，Chapter 4，1。

② 见 Notes and References，Chapter 4，2。

③ 见 Notes and References，Chapter 4，3。

④ 见 Notes and References，Chapter 4，4。

缘政治转向速度政治，权力不仅仅受到空间的制约，还受到时间的制约。对于这些网络来说，最重要的坐标便是60/60/24/7/365。这些代指时间的数字出现在《财富》杂志最近的一则广告上，而且横跨整整两个版面。在整幅画面的上方是一只巨大的眼睛，映射出这些数字，同时俯瞰着画面下方的一排排平板电脑和呆若木鸡的操作人员。整个画面被蓝色的灯光笼罩，并配以文字说明："最终，人类将像网络一样冷酷无情"。难道这就是未来虚拟世界的外面表现和内在特征吗？人类在处理商界、政界、战争问题时都会像电脑一样冷酷无情吗？①

根据最近在洛杉矶发布的良性战争网络测试版，上述问题的答案是肯定的。这一网络的设计者雄心勃勃地表示将占领黄金时段，让用户们穿越到以刀光剑影打发时间的古代。这款产品的发布会同时也宣布了南加州大学（USC）创新技术研究所（ICT）的成立。研究所的名称平淡无奇，所选择的地点也十分低调，但这一切都掩盖不了背后的事实：这是一个令人瞩目的合作项目，其目标是集各方之力，包括专家队伍、财政资源、虚拟现实工具等，建立最尖端的军事仿真系统。政治领袖、军方官员、来自计算机行业和娱乐业的代表们济济一堂，出席此次盛会。参加签字仪式和新闻发布会的有南加州大学校长史蒂文·桑普尔（Steven Sample）、美国陆军部长路易斯·卡尔德拉（Louis Caldera）、洛杉矶市副市长"洛奇"·德尔加德罗（'Rocky' Delgadillo）、美国电影协会终身主席和首席执行官杰克·瓦伦蒂（Jack Valenti）。而加州州长格雷·戴维斯（Gray Davis）的出场方式十分令人意外。他从萨克拉门托（加州首府）通过卫星连接出现在现场的巨大屏幕上，完全突出了虚拟的主题。

这件看似完全孤立的事件实则意味着良性战争已经像幽灵般悄悄潜入人类世界。同时，发布会向现场媒体奉献了一场饕餮盛宴，告诉人们娱乐业、军方、大学之间的强强合作是多么令人不可思议。人工智能的展示则成为一厢情愿的强行推销（事实上一直如此），但这次的

① 见 Notes and References，Chapter 4，5。

结果令人失望，似乎既不“人工”，也不“智能”（没能像往常那样）。“虚拟直升机”与坦克和阿帕奇直升机内的智能体（agent）协同作战，进行了沙漠地区的三维任务演示。南加州大学的“先进技术研发教育中心”展示了名为“斯蒂夫”的“智能教育代理”，可在仿真训练环境下由程序操纵运行。斯蒂夫的长相与电视节目“周六夜现场”的“汉斯”极为神似，而声音则与电影“2001 太空漫游”（2001）中的超级机器人 HAL 十分接近。一些穿白大褂的人围在斯蒂夫身边，而他则躺在担架上，看上去似乎没那么智能，更像是服装商店里面的仿真模特，而且说话带有浓重口音，无法分辨是何种英语方言，因此没有人能搞懂到底是怎么回事。

而更古怪的事情发生在 CNN（美国有线电视新闻网）记者詹妮弗·奥瑟（Jennifer Auther）现场采访鲍勃·斯普林格的时候。斯普林格曾服役于美国空军，中将军衔，现就职于娱乐行业，担任 Novalogic（软件开发公司）的总裁。该公司推出了格斗类游戏“铁拳”以及相当受欢迎的“F－16”和“F－22”的仿真产品。正当斯普林格向奥瑟讲述 Novalogic 公司会为军方提供哪些服务时，身后传来的声音打断了谈话。声音的来源正是不甘寂寞的斯蒂夫。他用其特有的十分古怪的机器合成音努力地加入谈话，但由于斯普林格的谈话内容并没有按照程序进行，斯蒂夫只能勉为其难地随意作答，结果当然是答非所问，驴唇不对马嘴。以下便是这场超现实风格的谈话：

斯普林格：“现在入伍服役的年轻人都是伴随着电脑和互联网长大的，很容易就能适应仿真技术。”

斯蒂夫：“好，我将启动温度监视器的测试按钮。”

斯普林格：“我们的顾客平均年龄是 27 岁左右，因此他们肯定了解战争和游戏的区别。”

斯蒂夫：“我们需要打开报警传感器的开关。”

就在这时，奥瑟及时打断了他们的谈话。她说：“我们似乎遇到了强劲的竞争对手呢。”然后，她请南加州大学的展会工作人员关闭了斯蒂夫的电脑程序。显然，斯蒂夫的布尔算法和数据库容量离 CNN 的人物采访标准还差得很远。

相比较而言，新闻发布会则一切正常，完全按照惯例进行。在大礼堂的前几排三三两两地坐着一些重要来宾，身穿军装的是来自军方的顶级战争演习专家，西装革履的则是在娱乐业呼风唤雨的行业大鳄，双方正就合作事宜推心置腹地交换意见。在礼堂的后方是来自包括CNN在内的主要网络或平面媒体的工作人员，他们正蓄势待发，准备向全世界报道这次跨行业的全新合作。南加州大学校长桑普尔在开场白之后，便介绍了备受尊敬的重量级发言人——路易斯·卡尔德拉。卡尔德拉讲述了这次合作的目的及其带来的巨大潜力。他认为，新的联盟结合了LA高科技领域的最顶级力量、高校的最优质资源以及娱乐业雅俗共赏的受众普及面。他又接着说：

“这次合同的价值为4 500万美元，将用于各方合作进行的建模仿真研究工作，而研究成果在军队、娱乐、传媒、游戏、电影、终端主题公园、信息技术等行业和领域都有非常高的应用价值，并且对于加州的经济有至关重要的影响。这次合作将充分利用美国国防部的军事力量、娱乐行业的超凡智慧和创造力，以及双方致力于将新技术应用于最前沿领域的巨大投资。”

在简单介绍一些地方上的商界大鳄之后，卡尔德拉很自然地谈到了军方的需要。考虑到他在军界的特殊地位，这并不意外。卡尔德拉使用的一些带有军事色彩的语言在今天看来似乎已经司空见惯，而相形之下，《神经漫游者》则更像是一本过时的战地手册。他说：“ICT（创新技术研究所）将大幅提高为大规模战争演习准备的复杂交互模拟训练水平，使军队能够提升作战能力，适应未来由智能体广泛参与的虚拟战争环境，以应对任何可能出现的严峻挑战。”随后的几位发言人不过是将新闻通稿进行了简化，因而内容大同小异。像“协同作战”和“逼真”这样的字眼不厌其烦地被一次次重复。似乎在场的每个人都迫不及待地参与到这场伟大的合作中去，以成为尖端科技的一分子。

迈克·马其顿的父亲是美国陆军最优秀的战争演习专家之一。他本人毕业于西点军校，现担任STRICOM（模拟训练及测试设备司令部）的首席科学家和技术主管。ICT便是他的智慧结晶。STRICOM是美国最新建立的军事基地之一，坐落于奥兰多。从迪斯尼乐园出发沿高速公路一直前行便能到达此处。一座座钢筋混凝土和幕墙构成的办公大楼环绕着海、陆、空三军以及海军陆战队的总部，分别隶属于洛克希德马丁公司、硅谷图形公司、西屋电气公司、科学应用国际公司以及其他的军工企业。为了能给美国军方一个清晰的“未来视野”，STRICOM汇集了军方和其他行业的综合力量，开发“分布式计算机化的战争模拟系统”，使得“21世纪的战士能够应对真实世界的各种变故”。STRICOM的口号是：一切皆可模拟，只有战争除外。

马其顿的顶头上司迈克尔·安德鲁斯是美国陆军研究技术署的副署长助理。正是在他的鼎力支持下，STRICOM从原来的地点迁至LA。而最主要的原因是马其顿意识到这个地区的一些行业，尤其是电影、计算机、游戏等在技术研发方面已经超越了军方的实力。虽然这些非军方的个人电脑程序员们所使用的电脑主机是得益于军方曾经处于领先的技术，但是他们现在所设计的游戏和虚拟环境的先进程度足以令军方汗颜。马其顿来到好莱坞之后，便一直寻觅能够用于仿真的工具和技术。当然，必要时这些将应用于未来的实战。传统战争中以血肉之躯驰骋沙场的方式已经让位于比特和二进制，而曾经的钢铁战车也被网络所取代。在这样的背景下，马其顿认为ICT将会吸收仿真和娱乐行业的优势，早日实现人们期待已久的“军事变革”。在将ICT出售给五角大楼、好莱坞和南加州大学之后，他正准备首次向公众呈现其研发成果——带着一些惴惴不安。

但是，从签字仪式后的答记者问环节来看，马其顿的担心是多余的。最接近批评的声音不过是由最近的马伦拜恩中学的枪击案引发的关于电脑游戏暴力的一些讨论。有一位记者不知是否由于初生牛犊不怕虎，大胆地提出了这样的问题：好莱坞与五角大楼，一幻一真，原本无任何关系，但现在以制作电影为突破口实现了殊途同归，我们已分不清观看的是演习纪录片还是电影镜头，也不知娱乐和宣传孰轻孰重。这样的联姻到底是天作之合还是狼狈为奸？把二战之类的血腥历史重新呈现出来，是否要考虑不利的后果？是否有相应的道德标准进行约束，确保军事模拟不会变成掩盖真相以欺骗公众的工具？ICT 是否会像电影《摇尾狗》里面那样对所有人撒下弥天大谎以达到某种目的？桑普尔校长听完问题后迟疑了片刻，面无表情地看向另一侧，答道："请杰克来回答这些问题……"在此之前，桑普尔曾经毫不吝惜地夸赞 ICT 能够"以假乱真，带来异乎寻常的体验，使人欲罢不能，沉浸在感官和视觉的虚拟现实中"。他借用了柏拉图的诗人论来巧妙地回答这一问题，虽然没有原样照搬"mimesis"这个单词，但是他将 ICT 的职责等同于诗歌和剧院的传统功能——以"源于生活高于生活"的艺术手法戏剧性地反映现实生活。在他看来，享受艺术成果即可，而无需分辨哪个版本最能反映事实的本来面目，否则便是庸人自扰。

杰克·瓦伦蒂显然对桑普尔校长的立场心领神会。之前他在演讲时曾纠正 LA 副市长的一个观点："洛杉矶并非'世界娱乐之都'（短暂停顿），华盛顿特区才是（现场大笑）。"现在，他再一次站在台上，彬彬有礼但又绵里藏针地请那位记者注意到好莱坞与华盛顿的另一点相似之处："我要向这位先生说明另一个关键的事实——无论在好莱坞，还是华盛顿，一切都会泄露。你根本无法保密。你也无法愚弄公众很久，真相总会水落石出。"他稍停片刻，然后提醒那位记者要注意纠正自身的"哥白尼情结"。为了使自己的观点一针见血，他把那位记者的问题比作是向日本投掷原子弹。有人或许认为那件事"惨无人道，但是如果出兵占领日本，将要有 15 万美国士兵在战争中丧生。而这也是《101 个哲学问题》中的重要一课。"

有人也许对瓦伦蒂打出的这张原子弹牌不置可否，但他的观点确实有一定道理：使战争脱离假仁假义慈悲心肠的正是它与死亡时刻零距离的亲密接触。那一具具尸体——倒在战场上，埋在无名的墓碑下，留在大家的记忆中，甚至出现在电影荧幕上——正是战争的特有印记，超越了一切其他问题，包括我们现在讨论的这个问题。战士的遗体被装进裹尸袋，消失在赛博空间中，但它的意义不会随之消失，将永远提醒我们记住对战争中逝去生命的尊重。

瓦伦蒂和他在ICT的同僚们似乎没有意识到他们所带来的潜在影响：尸体消失，暴力被美化，战争变得干净卫生。历史或许比瓦伦蒂的《101个哲学问题》更能说明问题。电影和战争间的联系至少可以追溯到二战之前的19世纪，当时化学家利用炸药中含有的硝酸纤维酯进行试验，发明了能将影像固定于胶片的乳剂。从那时起，军事和电影两个原本陌生的领域开始亲密合作，在技术上你追我赶，一方面在战场上消灭敌人，一方面在后方保护并诱导国民。战略和商业手段彼此交错，缩短距离，提高准确度，并增加发行量。

电影是表现的艺术，战争是破坏的工具，这两者在历史上的分分合合在法国技术批判家保罗·维利里奥的著作《战争与电影》（*War and Cinema*）中有生动的描述。他在这本书中详细讲述了从美国内战到第一次世界大战期间战争和电影的发展历程，包括第一把手摇式机枪和多枪管左轮手枪是如何促进“快速拍摄来复枪”和“电影摄像机”的诞生的。① 在这本书中，维利里奥还讲述了现代战争对民用行业的影响，比如雷达的发展（电视）、瞄准定位系统（机械计算机）以及密码破译机器（软件代码）等。在这种视觉和武力相结合的双重经济模式下，维利里奥将现代性的起源定位于“感觉的逻辑性”（logistics of perception，也是这本书的副标题），即用另一种方式呈现战争，用艺术手段替代现实。②

战争对于现代电影来说，不仅是技术实验室，也是美学实验室。这一点在一战和二战之间的时期有最好的证明（即两次战争之间）。德国的社会评论家，尤其是那些对电影的政治功能特别敏感的，早就注意到那些早期的电影人通过外景场地和战场之间的切换，以一种亦真亦幻的手法赋予影片逼真的效果。③ 这样的做法可追溯到电影刚萌芽的时期。比如，被认为是现代电影之父的大卫·格里菲斯就进行了大

① 见 Notes and References，Chapter 4，6。

② 见 Notes and References，Chapter 4，7。

③ 见 Notes and References，Chapter 4，8。

量的尝试。他于 1915 年拍摄了关于南北战争的电影《一个国家的诞生》(*Birth of the Nation*),并因此功成名就。一战期间,他去了比弗布鲁克勋爵的“战争办公室电影委员会”工作。1918 年,他拍摄了电影《世界的心脏》(*Hearts of the World*),将爱情故事与战争镜头融为一体,其中还包括格里菲斯本人和英国首相劳埃德·乔治握手的真实画面(并非像《阿甘正传》那样虚构场景)。格里菲斯的摄影师是极具创新精神的比利·比泽(Billy Bitzer)。比利在给美国电影公司拍摄关于西班牙与美国之间的战争影片时磨炼了相当娴熟的技术,比如将摄影机安放在行走的火车上,在水桶里面放置玩具船来拍摄海战的画面,等等。

在以战争情节为主要电影素材方面,好莱坞可谓开了先河,但绝不是终结者。尤其是在越战之后,战争题材的电影一方面对原有的军事价值观构成了挑战,另一方面又进行了升华,因此我们常常能在同一部影片里发现其表达的不同意义,既有无限荣耀,又有无限苦痛。比如,汤姆·克鲁斯(Tom Cruise)主演的《壮志凌云》(*Top Gun*)和《生于 7 月 4 日》(*Born on the Fourth of July*)两部影片就很好地诠释了这一点。但是,这种好莱坞模板从那时起一旦形成,便一直延续至今。以格里菲斯的《世界的心脏》和金·维多(King Vidor)的《大游行》(*The Big Parade*, 1925)为例,常见模式有:主角为一位名不见经传的小人物,挥别心爱的姑娘,经历战争考验,克服内心的恐惧无助,与战友并肩战斗,经历生死,体验可歌可泣的英雄历程,忍受常人无法忍受的苦难,甚至是无意义的自我牺牲,在无人区自我放逐,体会精神家园的一片荒芜,最终寻找自我救赎的出路,等等。凡此种种,不过是电影为公众提供的宣泄情感的途径。这样类似的故事一遍遍上演,只是主角也许被换成了牛仔、警察、赛博格等。这样的情节已经成了好莱坞的常见套路。

二战期间的好莱坞在战争动员方面发挥了巨大的作用,机枪与摄像机似乎站在了同一战壕里面。在战争刚开始的阶段,关于军事准备的文件被重新修改编辑,成为一些粗制滥造的宣传片的原始材料,比如《到的黎波里的海岸去》(*To the Shores of Tripoli*)。但是，随着一些著名的好莱坞导演的加入，情况有了改变。他们拍摄了很多故事片和教学片，比如霍华德·霍克斯（Howard Hawks）的《空军》（*Air Force*，1943），约翰·哈斯顿（John Huston）的《圣彼得洛战役》(*The Battle of San Pietro*，1945)，以及弗兰克·卡普拉（Frank Capra）的《我们为何战斗》(*Why We Fight*)。战争似乎给很多人的演艺事业注入了强心剂。比如，罗纳德·里根便抓住机会在一系列空军训练教学片和征兵宣传片里面担纲主演。战争指挥部提供了人力、设备和资金，而好莱坞则输送了演员、导演，以及最重要的人才。在1939年至1945年期间，拍摄完成的影片多达2 500部。

如果说战争孕育了一切，那么好莱坞便是其中最为臭名昭著的产物。在长期混乱的合作之后，现在又诞下了ICT这样的不伦之子，再一次证明了LA除了引发更多的恐慌之外，而且离现实越来越遥远。当然这也有十分重要的意义。ICT有足够的能力创造出完全拟真的环境，可视、可听、可触，甚至可以与这些电子智能体进行情感交流，因此ICT打开了一扇大门，并且勇往直前，冲破了现实与虚拟世界之间的最后一道防火墙。而且，ICT在防止更大规模的技术战略阴谋方面也十分重要。无论在电影制作还是发动战争方面，它都可以称得上是名副其实的联合先锋派——至少在二战期间未来派加入意大利法西斯阵营之后尚属首次。

议古论今最是平常不过，然而，在讨论今日之事时触碰到法西斯主义却隐含某种危险，至少有可能激怒那些一向义正词严地认为在这片地盘上它不可能存在的人——在赛博空间里，“这片地盘”可能是任何地方。但是我们应该铭记在两次世界大战之间发生的事实，电影作为宣传手段是如何颠覆并取代民主政治的地位的。我们也不应该因为急于将法西斯主义一棍子打死，而忽视了这样的事实：它并不仅仅只是个历史上存在过的事件。它还是一个象征，标志着民主与电影技术的结合以失败收场。

我们不应该忘记1934年发生在德国的纽伦堡政党集会。当时，集会的参加者聚焦在莱尼·里芬斯塔尔（Leni Riefenstahl）的镜头前，表达对该党派的绝对忠诚。当天，莱尼有30台相机和120名工作人员可供调遣使用。当天最引人注目的是纳粹宣传部长约瑟夫·戈培尔（Joseph Goebbels）发表的演讲，它相当富有创意，而且有很强的煽动性：

> 我们热情的火焰永远不会熄灭。这团火焰将有足够的光和热，照亮现代政治宣传的艺术之路。这门艺术来自于人民，还将回到人民中间去，并且从中汲取到新的力量。武器赋予我们的力量或许很强大，但是，赢得人民的心并使之与我们紧紧相连才是更强大、更加令人欣慰的力量。

齐格弗里德·克拉考尔（Siegfried Kracauer）非常敏锐地捕捉到了两次世界大战之间发生的电影和政治之间的联姻。他认为戈培尔确实是位“天才”，具有煽动公众热情的才能，很擅长“用扭曲的现实文过饰非，而听众们的大脑被充斥了过多貌似真实的信息而失去思考的能力”。① 克拉考尔认为，这就是当时新闻纪录片占据相当大比例的原因：

> 为了将极权牢牢置于掌控之中，他们不得不向公众展示真实的一面。而新闻纪录片是唯一展示幕后真相的途径，因此纳粹分子不仅不能舍弃这种方式，而且还要依赖它们来传达那些虚构的战争画面。②

瓦尔特·本雅明也试图提醒人们注意在大众政治和大规模录制手段之间形成的一种新型乱伦关系。在他广为人知的代表作《机械复制

---

① 见 Notes and References，Chapter 4，9。

② 见 Notes and References，Chapter 4，10。

时代的艺术作品》的脚注部分，他特别强调了新的拍摄（representation）和感知技术产生的政治影响：

> 有一个技术特点十分重要，需引起足够的注意，尤其是在新闻纪录片方面，其巨大的宣传作用不容小觑。大规模录制的发展在很大程度上得益于对一些大型活动的摄制。如游行、汽车拉力赛、体育赛事等今天人们常见的很多活动，因为有了摄像和录音设备，一切画面和声音都难以逃脱，甚至连战争也是如此。参与其中的民众能够通过镜头看到自己的面目。这个过程的重要性不言而喻，同时也与拍摄技术的发展密不可分。与肉眼相比，摄影机能更加清晰地捕捉大型活动的场面。对于成千上万人参与的聚会，俯拍技术最能展现全景。即使肉眼同样能够看清这样的场面，但是却无法像摄影机的底片那样具备放大功能。这就意味着，包括战争在内的这些大型活动更青睐于机械设备。①

那么，接下来又出现了哪些新的技术手段，以愉悦大众，使他们获得感官享受和精神食粮呢？

> 雷德利·斯科特（Ridley Scott）为了拍摄电影《角斗士》（*Gladiator*）而重建了罗马竞技场。这部史诗般的作品生动再现了失去自由的勇士奋起抗争的历史画卷，并且在很多方面开了先河。虽然影片包含三个部分的故事情节，但只有第一部分是真实拍摄完成，而其余部分则完全依赖电脑特效，由专业人员千辛万苦一个字节一个字节组合而成。这部作品作为导演斯科特的代表作，在拍摄时运用了电视转播体育赛事的表现手法，给观众身临其境的逼真效果。比如，其中的“航拍”技术便是转播“超级碗”

① 见 Notes and References，Chapter 4，11。

时最常见的手段，摄影机似乎悬浮在巨大的竞技场之上。①

如果以上内容太过久远，那么最近的第三十二届“超级碗”则更能说明问题。当播放完美国国歌之后，全球 8 亿观众通过坦帕高通体育场上空的 B-2A“幽灵”隐形轰炸机上的镜头观看了现场比赛。这也使得一位主持人不由自主地发出感慨，认为自己非常幸运地逃过了之前的百威航拍。他所说的事件发生在美国之前的一次重大的体育赛事中。当时，安装在检票口的面部识别监测系统对入场观众进行扫描，然后对“他们的面部图像进行数字化处理，并且与坦帕警察局、FBI 和其他当地执法部门手中掌握的犯罪分子、恐怖分子以及诈骗犯的面部进行计算机比对。”②

当然，对民主产生威胁的罪魁祸首并非仅仅是技术。比如，在两次大战之间经历的人类历史上第一次民主政治的失败，便是在迷茫期对个人的极度崇拜所造成的。政治理论家和宗教学家莱因霍尔德·尼布尔（Reinhold Niebuhr）在 1935 年发表了著名的《封建主义的复辟》（*The revival of feudalism*），认为希特勒的崛起是由于自由主义误入歧途，拼命压制“社会的有机特征”，常常表现为过度的尊重传统、社群，推崇对民族的极度忠诚。尼布尔写道：“法西斯主义便是这种丧心病狂的现实对自身的报复。”他的结论是：若不是我们的文化落入愚蠢的深渊，追求一种“万能的”民族，从而完全背离了对家庭、种族和国家的忠诚，纳粹主义也不可能扩张到这样骇人听闻的地步。③

尼布尔关于纳粹的观点在最近的一项研究中找到了共鸣。不过，这种共鸣稍显牵强，结论似乎也有令人不安之处。这项内容广泛的研究由北卡罗来纳大学的三角安全研究所完成，④ 其中第一部分涉及对

① 见 Notes and References，Chapter 4，12。
② 见 Notes and References，Chapter 4，13。
③ 见 Notes and References，Chapter 4，14。
④ 见 Notes and References，Chapter 4，15。

军队和地方官员进行的调查，目的是发现“在地方和军队之间是否存在差距，如果有差距，这些不同的价值观、视角、观点、体验是否会影响军队的战斗力和军民合作”。这项调查内容包罗万象，十分复杂，因此不可能简化为三言两语的新闻报道。但是，在关于良性战争方面，我们可以明确地得出三条结论：

1. 军官精英们普遍“对地方社会的道德水准持悲观态度，认为军队能够帮助地方提高道德标准，而地方社会如果吸收军队的价值观和行为方式，则必定会有很大收益”。①

2. “与传统的地方控制论相反，这些军官精英们认为在如何使用武力方面，他们不仅应该提供建议，还应该具有主张和决策的权利，比如‘制定战斗规则’（83％的受访者支持），决定‘撤军方略’（80％的受访者支持），以及‘派遣何种部队完成任务（如空军或海军，重型或轻型装备）’（89％的受访者支持）。”②

3. “在一些非传统的任务中，这些军官精英们对伤亡的反对是平民（普通大众或精英阶层）的两到四倍。这种反对心理或许是高级军官们‘零缺陷’心理的一种表现。在他们看来，伤亡就意味着任务的失败。”③

在战争期间的和平阶段，在一些重大集会、所拍摄的影片、甚至“超级碗”这样的赛事上，都能看到军队所提倡的道德标准和地方的价值观之间的鸿沟。这种差距其实代表了一种民主空隙，需要各种良性的解决方案进行填补。

那么，ICT 能一马当先完成这样的任务吗？无论是在范围还是影响力层面，现在尚不能对它抱太大的希望，否则便显得滑稽可笑。但是，在新闻发布会之后的午餐会上，作为特邀演讲嘉宾出现的作家兼导演约翰·米利厄斯（John Milius）半开玩笑地表明了自己想拉近军

---

① 见 Notes and References，Chapter 4，16。

② 见 Notes and References，Chapter 4，17。

③ 见 Notes and References，Chapter 4，18。

队与电影行业之间的距离的强烈愿望。他打算为军队组建一支特别的制作团队，但不会交出《摇尾狗》那样的作品以示阿谀。那么，我们又该如何理解USC新闻发布会上的这句话呢："美国自从建国以来，便将建立一支强大的军队列为重要国策。USC将不遗余力地帮助军队实现其目标，即保卫国家和人民。"① 对于大多数爱国人士来说，这一点毋庸置疑。但是有一位前将军却认为在这条国策中隐藏着重大的风险。他就是艾森豪威尔总统。在1961年发表的离职演讲中，艾森豪威尔便警告人们注意"公共政策有可能变成科技精英的俘虏"。倘若他得知今天发生的状况，又会作何感想呢？这些新状况包括：大学、新媒体、娱乐业纷纷加入了他所说的"军事工业复合体"；大学所开发的仿真新技术促成了虚拟战争和现实战争之间的高度统一；从事娱乐和游戏行业的仿真专家正致力于以杀戮和战争为目的的赛博格计划的研究，等等。他大概不会浪费自己打高尔夫球的时间来思考这些烦人的问题吧。但是，在这一天结束的时刻，我们还是想问一下尊敬的艾森豪威尔先生，军事-工业-媒体-娱乐网络（MIME - NET）到底有没有联机运营。

一切裁定权依然掌握在ICT手上。迄今为止，它许下的承诺比其他任何一项计划都要多得多。但是瓦伦蒂却三缄其口，严守秘密，一直声称"无可奉告"。他不肯公开发表意见的原因是谈判依然在进行，协议的签订指日可待。谈判的另一方是"好莱坞最负盛名的导演"之一以及一些"全球最顶尖的计算机制图专家"。但是，仅仅有少数人被提及，包括执导过电影《青春珊瑚岛》（*Blue Lagoon*）和《亲爱的我把孩子放大了》（*Honey I Blew up the Kids*）兰德尔·克莱泽（Randal Klieser），以及电脑游戏"毁灭公爵"的开发商3D王国公司（3D Realms）（这款游戏的口号是：外星杂种只有在被消灭的时候才显得比较可爱）。

而另一位来宾迈克·齐达（Mike Zyda）则更为健谈。他在海军研

① 见Notes and References，Chapter 4，19。

究院担任建模、虚拟环境及仿真系的系主任，同时还作为1997年国家研究理事会的主席批准了ICT的建立，[①] 而且，还在1995年毫无意外地担任过迈克尔·马其顿的计算机科学博士学位的答辩委员会的主席。他很早便预测ICT将承担协调者和中间人的角色，为那些最富想象力且掌握最先进技术的建模和仿真领域的专家们服务。而最近，他提出这样的观点：ICT不应该盲目追赶好莱坞的步伐，而应该以现成的游戏技术为目标，因为这些技术十分先进，把包括硅谷图形公司在内的一些计算机制图企业远远甩在后面。齐达说道："国防部已经花费了数百万美元，但仍然没有达到虚拟城市的标准。"在此之后，商业游戏可以重新进行设计，用来测试入伍新兵的智力水平和心理素质，而一些衍生技术则可以用来帮助困境中的青少年寻找适合自己的潜在职业道路。

而最终被任命为ICT主管的理查德·林德海姆（Richard Lindheim）则持有不同观点。他曾经长期供职于NBC，后来又成为派拉蒙电视集团的执行副总裁，负责制作了电影《伸冤人》（*The Equalizer*）、《星际迷航》（*Star Trek*）系列、《下一代》（*Next Generation*）、《深空九号》（*Deep Space Nine*）以及《旅行者号》（*Voyager*）。他的早期工作经历也许可以解释为何在他的谈话中多次会蹦出"全息甲板"（holodeck）这个词汇，也同样可以解释为何《星际迷航》的艺术指导赫伯特·齐默曼（Herbert Zimmerman）被任命为ICT办公室的设计师。林德海姆说道："ICT承担着展望未来并做好准备的任务，而我们的圣杯就是全息甲板。"[②] 作家朱尔斯·维恩（Jules Verne）也给林德海姆提供了很大帮助，想出了让富有灵感的现代海底科学家把非现实变为现实。电影《旅行者号》也发挥了类似的作用。全息甲板并非只是个比喻，而是ICT的最后关卡。

尽管有全息甲板和圣杯，ICT仍然不可能拯救（或毁灭）这个世

---

① 见 Notes and References，Chapter 4，20。

② 见 Notes and References，Chapter 4，21。

界。我们尚不清楚它能否完成某一个计划，或者实现战场模拟，更不用说执行星际战争任务了。但是，具备领先技术并且敢于突破的 ICT 必然会成为好莱坞和五角大楼首选的虚拟战争实验室。这项以铜、硅、赛璐珞为原材料的全新炼金术能否制造出像《旅行者号》里面的“九之七”那样更加温柔、善良、性感的赛博格呢？ICT 的仿真技术会不会导致像《科学怪人》里的弗兰肯斯坦（Frankenstein）一样疯狂的科学家创造出一些怪物？无论最终以何种面目呈现，ICT 都将成为 MIME - NET 的第一个虚拟化身。①

① 见 Notes and References，Chapter 4，22。

第五章　解码工作：从赛博空间到生物空间，从《神经漫游者》到《变种异煞》

麦肯基·瓦克

肉体不过是生物形态的寒暑表①

在那部关于“与赛博空间共存”的伟大作品《神经漫游者》中，作者威廉·吉布森创造了“赛博空间”的术语，并且异想天开地以“树”为载体展开故事情节。“对于主人公凯斯（Case）而言，要区分松树和橡树或许很困难，但是他长久混迹于街头而形成的观察力和敏锐力使他确信神经系统完全像树的外观一样，具有非同寻常的吸引力。”② 当然，这些树并非自然生长，而是通过基因技术合成。

《神经漫游者》的诞生时间是1984年。从那时起，吉布森所幻想的关于赛博空间的一切离奇的现象都逐渐变成了可怕的现实。我们也许不会将网络嵌入后脑，但是转基因生物体在今天已经司空见惯。在一个名为“基因革命”的展览上，科学家们大肆推广着一种可发光的

① 见 Notes and References，Chapter 5，1。

② 见 Notes and References，Chapter 5，2。

转基因青蛙。[1] 他们的初衷是将这些青蛙放生到大自然中，然后再捕捉回来，并置于紫外线灯光下进行观测。如果被注入体内的萤火虫基因能够使它们发光，就说明它们曾经所处的环境含有某种污染物。这些小小的青蛙成了生态仪表盘上的警示灯。

但是，这并非赛博空间延伸至生物体构造领域所带来的最匪夷所思的结果。来自罗斯林研究所的伊恩·威尔穆特（Iran Welmut）和他的同事们成功克隆了"多莉"羊，同时意味着人类具备了克隆其他哺乳动物的能力。玛莎·努斯鲍姆（Martha Nussbaum）和卡斯·桑斯坦（Cass Sunstein）这样写道："多莉羊的问世意味着人类很快就将面临克隆人的可能"。[2] 如果说赛博空间意味着生活的各个方面都简化为对信息的操纵和处理，那么克隆便是其中最令人不安的衍生物。它来势汹汹，一步步逼近现实，其速度之快打败了这个诡异的世界上正在发生的其他令人目不暇接的新鲜事。

威廉·吉布森创作《神经漫游者》的时候，互联网还只是一些计算机爱好者和怪咖们施展拳脚的专属领地。他不是第一位对此产生灵感的艺术家，却是第一位以直觉感知到这些信息并付诸笔墨的小说家。他展现了一种全新的模式，一种异于传统的可能性。他是超前的听风者，捕捉到了最细微然而又最核心的信号。但是，接下来，我将重点探讨电影《变种异煞》。[3] 这部同样具有里程碑意义的艺术作品揭示了

---

① 见 Notes and References，Chapter 5，3。

② 见 Notes and References，Chapter 5，4。

③ 《变种异煞》：1997 年由哥伦比亚电影公司（Columbia Pictures）出品。作者及编剧为安德鲁·尼克（Andrew Niccol）；制片人为丹尼·德维托（Dany DeVito）、迈克尔·沙姆伯格（Michael Shamberg）、史黛西·舒尔（Stacey Sher）；电影配乐出自迈克尔·尼曼（Michael Nyman）；道具及布景设计为简·洛尔福（Jan Roelfs）。主要演职人员：文森特（伊森·霍克）；伊莲娜（乌玛·瑟曼）；安东（劳伦·迪恩）；杰罗姆（裘德·洛）；侦探雨果（阿兰·阿金）；凯撒（欧内斯特·伯格宁）；乔瑟夫（戈尔·维达）；黑人遗传学家（布莱尔·安德伍德）；拉马尔（亚历山大·伯克利）；玛丽（杰妮·布鲁克）；安东尼奥（伊莱亚斯·科泰斯）；基因贩子（托尼·谢尔博）；指挥官（林德西·李金特）。

蕴藏在克隆羊多莉等生物现象背后的无限可能。

其实，无论是小说还是电影，科幻题材的作品都不是为了“预测”未来，而是为了揭示现时世界的种种可能。如果说《神经漫游者》揭示了赛博空间的种种现象，那么，作为后来者的《变种异煞》可谓成功塑造了我们所说的“生物空间”——这一术语在这部引人入胜的电影中显得尤为吸引眼球。而这部电影的创作者们也像威廉·吉布森一样体现了某种与生俱来的街头智慧，以特有的敏锐力窥探到隐藏在种种表面信号背后的玄机。通过近距离解读这些以直觉感知世界的可能性的艺术作品，我们至少可以获得选择更适合我们的可能性的机会。这就是我们所说的“解码”，即解开密码中所蕴含的种种可能，并且不受密码的束缚而自由地存在。

在普通大众的眼里，基因是代表 DNA 密码的符号，就好比字母表里的字母，“拼写”出生物体的形态和构成。从这个意义上看，基因就像是由算式组成的程序。有两个生动的比喻能够充分说明大众对基因的概念及其运行方式的理解。第一个比喻来源于计算机编程，本体是计算机编码，而喻体是遗传密码，两者之间的联系显而易见。正如计算机编码中的缺陷会导致操作失误，并试图运行漏洞百出的程序，而生物体的基因程序中的缺陷同样会导致重大失误。

第二个比喻来源于符号学，本体是语言中的符号，而喻体依然是遗传密码。在这组类比中，由遗传密码构成的生物体被比作是文本所表达的意义。与第一个比喻不同的是，这组类比的美学意义更重于技术层面的意义。艺术家由于手艺不精而使得所创作的艺术品留有瑕疵，同样，基因程序的错误也会导致生物体的缺陷。

总之，公众对遗传密码的理解很大程度上来源于对其他密码或符号的理解。而公众对于技术手段干涉遗传密码的结果感到恐慌，很大程度上也是由以上的种种类比或联想引发的。如果有密码存在，那么，在这样一个特殊的时代，大家自然会认为控制了这些密码便意味着控制了一切。关于这个时代的特征，法国文学理论家吉恩·鲍德里亚这样描述：“信息无孔不入，已经影响到生活的方方面面，小到厨房用具，大到两性关系。”① 我们一度担心有人会控制人类语言和机器语言的符号，而现在，我们更害怕有人会控制生物遗传密码。当人们展望赛博空间或生物空间的未来前景时，这种恐慌变本加厉，达到了近乎偏执的程度。

电影《变种异煞》便恰如其分地展现了上述的公众恐慌。这部极其朴素安静的影片无论在形式还是内容上都带有向古典主义致敬的色彩。这种或许可以被称之为“形式纯正、比例完美”的艺术手法在电影史上并不多见。这部电影的故事背景设定在基因技术已经广泛应用于人类的“并不遥远的将来”，而人类已经控制了所有存在的空间，包括赛博空间、生物空间、天体空间等。在《变种异煞》呈现的世界里，人们控制微观世界的目的是为了最终统治宏观世界。

人们迷恋基因技术的原因之一是幻想着能够通过纠正遗传密码中的缺陷将生物体改造得完美无缺。《变种异煞》便投其所好，打造了一个虚构的世界，使得这一切都唾手可得。有人或许会想当然地认为这部在形式上可谓完美的电影自然会将人类通过改造基因而变得完美奉为影片所要表达的终极理想。但是，《变种异煞》实际想传达给观众的主题是：表面上完美的世界实质上缺少生气、没有人性、死气沉沉、行将就木。为了达到这一目的，影片并不满足于步古典主义后尘，用单一的手法呈现一个毫无生机的世界，而是整个艺术风格都冷若冰霜，使人不由得毛骨悚然。甚至连战争和性爱场面都如静物画般缺少生气。

整部影片以两段题记性质的文字开头，随后出现的第一个画面用近距离特写的方式向观众呈现了一些影响人体完美度的多余物质——被剪掉的指甲和丢弃的头发。② 接下来，银幕上出现了影片名，然后渐渐淡出。字幕马上切换为长串的演职员名单，而所有姓名中包含的四个字母 G、A、T、C 全部以特殊的背景光呈现，一方面使观众联想到影片名《GATTACA》，另一方面也提醒人们这四个字母来源于组成

① 见 Notes and References，Chapter 5，6。

② 见 Notes and References，Chapter 5，7。

DNA 的四个含氮碱基。

第一个画面中出现的指甲的主人正是这部影片中的讲述者杰罗姆（Jerome）。在电影的开头部分，他以一种神经质的专注卖力地清洗着自己，以尽可能去除身体表面的污垢。然后，他将这些肮脏的碎屑投入一个精美的不锈钢焚化炉，付之一炬。清洗工作完成之后，他戴上了一个假指套，里面藏有一份血液样本，而在他剪裁考究的深色套装里同样提前藏好了一份尿液样本。

接下来，我们看到杰罗姆驾驶一辆电动汽车抵达工作地点，随后一言不发地混杂在人群中进入大楼。每个人都衣冠楚楚、举止得体，但同时又面无表情、缺少生气。这是个精致、冷酷、表面上符合所有现代要求的世界。① 杰罗姆隶属于 GATTACA 宇航局，是那些身穿蓝黑色套装、死气沉沉的精英中的一员。而 GATTACA 实际上就是 NASA 的未来发展方向。

只有基因完美的精英才能飞上太空，零距离接触其他星球。他们每天上班都必须通过一扇进行血液检测的门，因此杰罗姆才不得不在指套中藏有一份别人的血液样本。他将指套放在机器上，被抽取了一滴血液，马上他作为“杰罗姆·莫罗”（Jerome Morrow）的身份便得到了确认。然后，杰罗姆的画外音响起：“杰罗姆·莫罗本人并没有发生任何变化，只不过我并非他本人而已。”

场景切换到一处阳光灿烂的海滩。杰罗姆的画外音开始讲述他生命的开端：“我母亲是在里维埃拉怀上我的，不是法国的里维埃拉，而是底特律的那个。”镜头慢慢平移向远处推进，出现了一个极具美国特色的停车场，最后焦点停留在一辆车上。安东（Anton）和玛丽（Marie）夫妇躺在车内，紧紧拥抱着，欢爱的激情尚未完全褪去。“人们过去常说用爱孕育的孩子长大之后会更加幸福，如今这种说法已经消失很久了。”浪漫已经退出历史舞台，失去了自己的最后阵地。这个世界不再需要生活的暴风骤雨，也不再宣扬迎难而上。因此，这部作

① 见 Notes and References，Chapter 5，8。

品完全遵循古典主义的理性，而摒弃浪漫主义的感性。同时，追求形式的完美就意味着压抑内心的情感，而浪漫主义（包括吉布森的“神经漫游主义”在内）则需要激情和与众不同。

“我永远也无法理解我母亲为何会选择信奉上帝而不是遗传学家”，影片中神秘的讲述者继续着这个故事。在他出生的地方可以看到一个显眼的十字架标志。护士从新生儿体内抽取了血液样本，然后放到机器上进行检测。接下来，她读取了这位尚在襁褓中的故事讲述者的未来命运：躁郁症、注意力缺乏症、心脏病，以及“早夭的风险——大概能活到30.2岁。”

而婴儿的父亲则不停地在手术室内来回踱步，表情焦虑。当要求给孩子取名时，母亲建议用父亲的名字“安东”。但是父亲认为这个孩子没有达到自己的期许，因此不值得使用自己的名字。他给孩子取名为文森特（Vincent）。文森特生下来就体弱多病，患有近视，而且常常惹是生非。在学前班时，他被学校开除了。老师解释道：“如果发生不测，保险公司无法做出赔偿。”

“就像那个年代的大部分父母一样，他们决定再生一个孩子，当然采用的方式也是那个年代常用的。”接下来，银幕上出现了被放大的胚胎细胞。这时，遗传学家出场，黑人，秃顶。他说：“你们已经给婴儿选定了淡褐色眼睛、黑色头发，嗯，白皮肤。”在说到最后的“白皮肤”时，他的语调带有明显的讽刺意味。安东和玛丽显得颇为踌躇，对这一切似乎抱有怀疑态度。这位遗传学家显然看出了这对夫妻的心理活动，又宽慰他们说：“不管怎样，这仍然是你们的孩子，而且是最优秀的孩子。在自然条件下，即使你们受孕一千次，也不可能有这样好的结果。”

在遗传学家的帮助下受孕的第二个孩子顺理成章地取名为“安东”。“我父亲认为这个儿子才值得继承他的名字。”安东一天天长大，很快就超过了文森特。八岁的他和十岁的哥哥一样高。“有一天我们一起玩的时候心血来潮，想歃血为盟。就是那一天我明白了我们的血管里流淌着不同的血液。”

但是，安东并不想玩歃血为盟这样的游戏。当文森特割破自己的手指时，他却独自冲浪去了。然后，兄弟俩又想出了游泳比赛的主意，看谁能在游到最远处的时候以最快速度返回。当然，每次都是文森特落败。安东的这种优越感与日俱增，渐渐地使得兄弟俩之间的隔阂越来越大。他要不断地证明，自己才是那个货真价实的可造之才。

自然而然地，文森特对自己所处的星球充满了厌恶。他梦想着有朝一日能飞向太空。但母亲却说："你得现实点。"而他的父亲则更加一针见血："你能登上飞船的唯一机会是以清洁工的身份进去清扫。"因为文森特是由子宫孕育的信仰上帝的产物，因而身份无效，低人一等。而弟弟安东则是由试管培养的人工制造的产物，因而身份合法有效。这就是世界的新规则。

"我在简历上说得天花乱坠也无济于事，因为真正的简历就在我的细胞里。"当然，法律规定了不得歧视。"这样的歧视被称之为基因主义。但是没有人把这条法律当回事。"影片中文森特参加一个工作面试，而面试官并没有提问，只是把一份尿液样本放在桌上。"他们用这种合法的药物检测手段达到非法窥探一个人未来职业生涯的目的。"

耐人寻味的是，文森特的面试官是黑人。《变种异煞》试图让观众畅想这样一个世界：人们不再因为外形而受到歧视，而是因为基因。当然，即使在群众演员的队伍中我们能看到不少非洲或者亚洲面孔，甚至连 GATTACA 的精英群体也不例外，但是影片的主要演员仍然是白人。在这种白人社会进化论的最新演绎中，我们不难发现某种讽刺意味：基因技术取代了原有的人种决定论，而这种更弦易张的矛头实际上正是指向原有的最具优势的受益者——白人。

《变种异煞》在表达自己的信念时并不十分坚定，而演员们虽然试图表现另一种由基因的不同而形成的等级制度，但是他们由于身处这个以外形取胜的时代而难以摆脱某种局限性，因为蓝眼睛的白人显然处于等级的最上端。而该影片想表达的另一个主题则更加令人费解：即使有不同于仅仅存在于意识形态领域的某种等级制度真的存在，我们也不应该推崇这样的制度，更不应该为那些处于等级顶端的命运的宠儿摇旗呐喊。事实上，这部电影并不像它表现出来的那样冷静和无动于衷。它有思想，有灵魂。在它不动声色的单一形式之下，有某种不屈不挠的力量。可以说，在它看似拒人千里的厚重外衣之下，包裹着对浪漫、激情、机遇、生命的无限渴求。

《变种异煞》利用的播放载体是在今天看来已经略显古老的形式：银幕。与 20 世纪后期的其他科幻电影不同，它没有使用大量的数字特效。因此，这部影片不像《银翼杀手》（*Bladerunner*）和《黑客帝国》（*The Matrix*）那样表现出对“数字热”的过度追捧。另外，虽然电子屏幕是 GATTACA 重要的工作平台，但是在这部电影中出现的次数寥寥无几。或许在电影出品方看来，电子屏幕所代表的含义并非他们想表达的重要主题。《变种异煞》想告诉观众：赛博空间的未来不会终结于数字热，而是有别的出路。其中一种可能便是电影中表达的对传统自然方式的回归，比如在身体的基因组成方面。这儿所说的“身体”不是由科技手段操纵而诞生的怪胎、杂种，或者“赛博格”，而是纯天然的基因有序排列的人体。

在电影中井然有序、层级分明的未来世界里，文森特根本没有出头之日。直到有一天，他在游泳比赛中打败了他的弟弟，“一直游到大海深处”。文森特太需要这样的机会了，因为他只有挣脱这个秩序井然的世界去探索未知的天地，才能获得重生。“那是一个创造奇迹的时刻。”文森特的获胜搅乱了这个完美世界的道德秩序。在这部古典主义的作品中，作为男主角，他身上体现出鲜明的浪漫主义色彩。

他与自己的家庭决裂，厮混于那些跟他一样无合法身份的自然人中，并开始从事低等的服务行业工作。“全国几乎有一半厕所都是我打扫干净的。”他去 GATTACA 上班，不能走大门，只能走服务生通道。“我属于一个新的下层阶级，不是因为社会地位或者肤色。我们面临的歧视完全是科学的产物。”这就是“密码”的意义。数字技术对于建立全新的社会秩序举足轻重。因此，破解这些密码或许不会止步于杂乱无序的赛博空间，而是会进一步走向规则严密、秩序井然的生物空间。

文森特的顶头上司是凯撒（Caesar），由欧内斯特·伯格宁

(Ernest Borgnine）扮演。虽然名字如此霸气，但实际上他十分清楚自己的地位。他说："文森特，擦玻璃别擦那么干净，容易让人胡思乱想。"文森特回答道："你说得有道理。但是如果我擦得足够干净，玻璃另一边的人就能看到我了。"凯撒对他的想法嗤之以鼻。在这样一个纯粹由基因决定的柏拉图式的世界里，这样的事情绝不可能发生。玻璃两边是永远格格不入的两个世界。

当 GATTACA 终于近在眼前，文森特不由得萌发了孤注一掷的念头。他想："除非我能有相匹配的血型，否则不可能通过世界上最严格的检测。"而要做到这一点并非不可能。"对于那些基因幸运儿来说，成功确实唾手可得，但概率并不是百分之百。毕竟，并没有哪种基因能完全决定某人未来的命运。如果某位这样的幸运儿因为某种原因一败涂地，那么他的基因身份便会成为一些不法分子牟利的工具。"而作为影片的主人公，文森特的任务便是以自己的命运为赌注，去对抗原本已注定的结果。

文森特通过一位地下基因"贩子"找到了协助他伪造基因的拍档，以实现进入 GATTACA 工作的梦想。"他的身份完美无缺。而且有效期长得超过你的想象。只要在胳膊里注入这家伙的 DNA，你去任何地方都将畅通无阻。"文森特担心自己跟杰罗姆的长相完全不同，但是那位贩子觉得根本不足为虑。"你回想一下，我们什么时候仔细看过别人的照片？"在这个新的世界上，身份已不再是与照片或者指纹相关的外在符号，而是取决于内在的独一无二的基因排序。

还有一个问题，杰罗姆是英国人。但是，基因贩子认为这点同样不足为虑。"没有人在乎你出生在哪里，只会在意你出生的方式。血型是没有国籍的。只要你获得了他们需要的基因，就意味着你拥有了万能的通行证。"文森特拜访了杰罗姆的家，一座抽象风格的公寓，中间最醒目的位置横亘着螺旋状的楼梯。两位拍档就在这风格迥异的不锈钢楼梯下达成了协议。杰罗姆在车祸中受伤之后只能以轮椅代步。当然，影片后面有交代，这次事故实际上是一次自杀行为。他因为行动不便，平时只能待在一楼。而从这一刻起，楼上便成了文森特的地盘。

“杰罗姆具备了进入 GATTACA 的一切条件，除了他本身的意志力。”他曾经是游泳冠军。在他家里，他向文森特展示了自己曾经获得的银牌：“我竭尽了全力，但只得到第二名。”虽然他外形完美，身体健康，似乎无任何缺陷。但是，与文森特相比，他缺乏意志力。而这部影片正是借助主人公文森特的故事突出坚定的信念最终将打破基因决定论的主题。如果说文森特的痛苦是因为他“不甘于接受命运的安排”，那么，杰罗姆恰恰“承受着另一种因为完美而导致的压力”。

这一天终于来了。文森特将要去参加 GATTACA 的面试，因此他必须提前在腿上藏好杰罗姆的尿液样本。但是，杰罗姆的所有尿液样本检测结果皆为阳性，因为“里面除了尿之外，还有伏特加”。影片中，“基因低等生物”文森特向负责身体检查的一位官员发表着长篇大论，试图说服对方。接下来，镜头转向假扮成杰罗姆的文森特和负责检测的拉姆医生。拉姆将尿液样本倒进检测用的机器，随后便显示出杰罗姆的身份信息。他说：“祝贺你!”文森特问：“面试呢?”医生说：“这不就是面试吗?”

在以后的每一天，文森特都会一次次地擦洗身体、修剪指甲、去除死皮，以防止在 GATTACA 留下关于自己真实身份的痕迹，“我必须尽可能不在这个强调合法的世界上留下非法的证据”。而杰罗姆则必须每天准备血液和尿液样本。有时，甚至需要准备一点头发或皮肤给文森特故意遗留在 GATTACA 的工作站内。一切似乎都风平浪静，唯一的威胁来自其中一位主管。他怀疑文森特根本不是他表现出来的样子。

有一天，当文森特正卖力地打扫自己的工作站时，由戈尔·维达尔（GoreVidal）扮演的另一位主管约瑟夫（Josef）正好路过看到了。他说：“杰罗姆，你很注意工作站的干净卫生啊。”文森特答道：“人们常说嘛，清洁仅次于圣洁。”这个回答实在是差强人意。而且颇具讽刺意味的是，他对于完美外在的追求带有不可告人的目的，可以说是机关算尽，与圣洁根本不沾边。但是，他的努力最终有了回报。约瑟夫告诉文森特，一周之后，他便可以飞去土星的六号卫星泰坦星了。文森特观察到泰坦星被云层包围，完全是不同于地球的另一个未知世界，一个不存在三六九等的世界。

但是，在飞向太空之前，还得经过最后一次检测。拉姆医生一边看着文森特的尿液样本，一边说："我有没有告诉过你？你的条件太好了。不明白为什么我的家人没有为我定制一个像你这样的孩子。"拉姆很随和地聊起了自己的儿子，而机器则很快确认尿液样本的主人正是杰罗姆·莫罗。

一切似乎都按照既定计划进行。但是意外突然发生。那位一直怀疑文森特身份的主管突然遭遇了不测。文森特惊慌失措。"Hoovers 设备将出现在整个工作场所进行调查取证。"所有的侦破工作都归结为搜集犯罪现场的有机物颗粒。这些设备被称之为 Hoovers 的原因是：第一，它是前联邦调查局局长的名字（胡佛）；第二，它是一个著名的吸尘器品牌。

还有一个人也在怀疑文森特的身份。乌玛·瑟曼（Uma Thurman）扮演的伊莲娜（Irene）小心翼翼地从文森特留在工作站的梳子上找到了一根头发，并且进行了"基因排序"。这项服务带有强烈的浪漫色彩，通过显示基因组成来帮助人们筛选心仪的对象。但是在我们看来，这个排序中心一点不浪漫，因为它只能显示检测对象在基因等级中的位置，并不能确定他们的恋爱能力。

幸运的是，伊莲娜找到的头发属于杰罗姆，是文森特故意放在那儿的。但是，Hoovers 在犯罪现场发现的睫毛却是文森特本人的，这给他带来了大麻烦。不过，警方在如何执行下一步计划上产生了分歧。有一位警察似乎来自基因精英队伍（由 Lauren Dean 扮演），意图进行其他方面的调查。而另一位名为雨果（Hugo）的侦探（由阿兰·阿金 Alan Akin 扮演）则有不同意见。但由于人微言轻，这位"小警察"说话似乎并不管用。

那位精英侦探以好奇的目光打量着整个 GATTACA 体育馆。他向身边的约瑟夫询问招聘人员的标准："你们这儿到底需要的是什么样的人?"约瑟夫的回答明显闪烁其词："我们的标准一向高于普通人。有时候我们也会接受一些略有瑕疵的候选人。但是现在这种情况已经没有了，因为我们能找到足够多的符合最新条件的优秀人员。这些人不仅有完美的外在，还有与之相匹配的内在，而这些对于我们未来事业的发展至关重要。”

GATTACA 的员工们正在一排排的跑步机上锻炼身体。精英侦探边向他们挥手致意，边对约瑟夫说道：“看来你们平时也很注意监督他们的表现啊。”文森特就在锻炼的人群之中，努力做出健步如飞的样子，但实际上他正强忍着心绞痛发作的痛苦。约瑟夫说：“我们确保每一位员工的表现都能与他的潜能相匹配。”“能做到超越吗?”“没有人能超越。”“如果有呢?”“那就说明一开始我们就没有能准确测量出他的潜能。”或者，换句话说，对所有的主管而言，标准实际上是十分随意、因人而异的。

但是，尽管存在这样的随意性，这些标准已经成了文化规范。对于生活的各个方面，包括爱情和事业，一切都只与密码有关。披着杰罗姆外衣的文森特多次与他的老上司凯撒擦肩而过，但从来没有被认出来。对于等级间的隔阂，凯撒早已习以为常。你根本不可能到玻璃的另一边去。凯撒在影片中一直强调文森特的与众不同。并非每一个这样低等基因人都能像文森特那样发起反抗。相反，他们会逆来顺受地承认自己的基因“缺陷”，并甘心居于社会等级的下层。或者，至少表面上是这样的。

在 GATTACA 的员工中，基因“略有瑕疵”的便是伊莲娜。杰罗姆身体条件完美，但是内心十分软弱。而伊莲娜则有着和文森特一样强大的内心，但是也同样存在基因缺陷。就像影片所反映的那样，每个人都或多或少偏离了自己原有的生活轨迹。也许就连凯撒也不例外。

伊莲娜向文森特坦白了自己的行为：“我曾经给你的基因进行排序。我也看过你的档案。非常抱歉。似乎他们说的都是真的。也许事实上更严重。”文森特说：“那你呢？你就像我们其他人一样，一切都被提前设定。”但是，密码并不能决定一切。她给他一根头发去做基因排序，以便发现她的内在本质。事到如今，她仍然固执地认为事实就隐藏在这些密码之中。但是，文森特完全不这样想。他认为密码不过是掩盖真相的另一层面纱。他把手松开，她的那根头发便随风飘走了。

那些 Hoovers 找到了文森特的头发，并且发现了他的真实身份。很快，到处贴满了揭露他非法身份的布告。文森特变得惶惶不可终日。“他们会认出我来的。”但是杰罗姆反驳道：“我压根就认不出你！”这一次，这位一辈子都在逃避的懦夫却坚决不让文森特放弃。我们都知道，杰罗姆曾经因为故意撞向汽车而落下残疾。但是，现在他却从自己的扮演者身上间接地获得了勇气和力量。在这个由基因密码主宰的复杂世界里，不同的密码不仅造成人与人之间的巨大差异，从而构成新的等级制度，而且可以通过追踪密码来发现被通缉者的行踪，但是反过来，被通缉者也可以利用改变密码来重塑自己的身份，从而摆脱追踪。

伊莲娜和文森特的关系日益密切。终于，他们以恋人的身份出现在一场钢琴演奏会上。就在约会进行的同时，不知疲倦的 Hoovers 正在对那些低等基因人进行逐一排查和身份核对。演奏会可谓美轮美奂，但是优美的音符中似乎缺少了一丝温情。钢琴家同样是基因定制的产物，因而拥有 12 根手指。但是文森特不以为然。“无论手指多少，演奏的方式才是关键。”有的钢琴曲或许只有 12 根手指才能演奏，但是对文森特而言，追求形式的完美必然导致肤浅的等级制度，而严格的等级制度将使人们安于现状不思进取，人类将失去创造力、机会和制造惊喜的能力。

这个场景无论是从美学角度还是从道德角度都是主人公的一次奋起反抗。GATTACA 是建立在固定的完美模式框架内的世界，禁锢了由两性的自由结合所带来的一切自然结果，包括多样性、差异性，以及新形式的随机出现。艺术、爱情和事业等方面的浪漫主义正是文森特向狭隘的密码世界提出挑战的重要宣言。超越数字世界的道德规范的核心便是承认各种差异性的存在。而这些差异性体现在一切未知的、不可量化的、无需刻上身份烙印的领域。当有朝一日密码真的如同电影中的情节一样肆无忌惮地占领微观世界，那么能逃出像 GATTACA

这样的围城的可能性微乎其微。

警方对文森特真实身份的怀疑给他的生活带来了极大困扰，也阻碍了他追求伊莲娜的步伐。但是，功夫不负有心人，终于还是盼到了单独相处的机会。他们在伊莲娜位于海边的房子里融为一体。镜子里映射出一对缠绵的身影。窗外，海浪呼啸着，拍打着沙滩。一切都那么和谐美好。镜头里的画面是上下颠倒的，而实际上，空气中似乎也充满了某种令人不安的味道。大海预示着机遇、危险、变数等种种不安定因素，而这些都是与 GATTACA 的透明世界截然相反的。为了进入 GATTACA，文森特差一点就失去了与大海亲密接触的机会。而影片多次暗示，大海才是他力量的真正源泉。激情过后的文森特在枕头上发现了一根头发。他从床上一跃而起，试图洗去身上沾染的所有尘埃。同时，画面切到海边，一枚鹅卵石正接受海水的洗礼。

Hoovers 的调查结果一步步逼近文森特。那位精英侦探决定亲自登门拜访。文森特赶紧给杰罗姆打电话，请他“扮演自己”招待那位不速之客。也不知道是哪来的力气，杰罗姆竟然挣扎着爬上了旋转楼梯，并且让侦探抽取血样以核对身份。但是，侦探并没有解除怀疑。他试图顺着楼梯往下看，而楼下正是他们用来伪装身份的所有设备。就在千钧一发之际，侦探的手机响了。原来，他的搭档雨果已经破案。真凶不是文森特，而是约瑟夫。他杀人的目的是为了确保泰坦星飞行任务的顺利进行，因为受害者一直想取消这个计划。雨果在死者的眼睛里发现了约瑟夫的唾液。

虽然被排除了杀人的嫌疑，但是文森特仍然要向伊莲娜坦白自己的一切。“他们就想让你吹毛求疵，长此以往，你的眼中便只有这些瑕疵。你或许不相信我的话，但我可以保证这是真的。”其实，瑕疵或者缺陷绝不是美的对立面，而是美存在的前提条件。在其古典主义的外表之下，这其实是一部浪漫主义电影。只不过，在经历了种种压抑和挣扎之后，浪漫主义的本性才突破古典主义的外壳喷薄而出。真正决定人和人之间差异的因素不是数字，而是模拟；不是离散，而是重叠；不是有限，而是无限。只有挣破社会等级的束缚，人类才能焕发创造力。

在被解除杀人嫌疑，并且与伊莲娜重归于好之后，文森特的飞天之路上还矗立着最后一道屏障。那位精英侦探正在文森特的工作站守株待兔。其实，他便是前面提到的文森特的同胞弟弟安东。自己的哥哥没有杀人，安东自然感到如释重负。但是，他仍然不能容忍文森特以假身份招摇过市。然而，时过境迁，文森特早已走出了当年的阴影，不再因为弟弟更年轻、更强壮而耿耿于怀。“你或许还不明白，我根本就不需要拯救。事实上，你才是那个曾经需要被拯救的人。”

兄弟俩再次来到海边，一头扎进惊涛骇浪。他们选择了儿时的方式来一决高下。这一次，又是文森特赢了。“安东，你知道我为什么能赢吗？因为我从来就不会想着游回岸边，也不会节省体力。”而文森特与伊莲娜的和好过程也与前面的内容遥相呼应。他给她一根头发去进行基因排序，看两人是否合适。但是，她也把它抛在风中。而风跟大海一样意味着动荡不安。

另外，他跟杰罗姆也和好如初。杰罗姆表达了自己的感激之情：“其实我比你得到的更多。我只借给你我的身体，而你却借给我你的梦想。”这位曾经的游泳冠军已经成为文森特的生死兄弟。他认为既然文森特能够完全取代他的位置，那么他的存在就显得多余了。因此，他打算再一次结束自己的生命，而且不能像第一次那样半途而废。而这一次，他抱着为文森特牺牲的信念。只有他死了，文森特才能真正成为他。他还在冰箱里放满了尿液和血液样本，以备不时之需。

就在观众们认为文森特面前的障碍都已清除，而他自己也在为太空之行做最后准备的时候，意外再一次发生，打乱了他探访那颗被云层笼罩的泰坦星的计划。拉姆医生突然出现，要求他再做一次检测。文森特明白，自己离成功只有一步之遥，决不能功亏一篑。他向拉姆直言不讳地坦诚了自己的内心世界：“您知道的，我不比任何人差，甚至比大多数人更优秀……”拉姆医生一点也不意外，因为他早就知道了真相。“我不得不提醒你，右撇子在撒尿的时候是不会用左手握着的。”而拉姆一直帮助文森特伪造基因的原因是“不幸的是，我儿子跟他们之前承诺的不一样，但谁知道他以后会有什么惊人的成就呢……”

有人也许会产生疑问：约瑟夫也知道真相吗？凯撒呢？或许，文森特从来就不是孤单的。或许，即使在精英阶层防范最严密的GATTAC内部，都一直有一股反抗“基因主义”的力量在暗暗流动。就在搭载文森特的火箭点燃升空的同时，杰罗姆也费劲地跳入了一座熔炉并开始焚烧自己，而他的脖子上还挂着那枚游泳比赛的奖牌。第一次，电影画面上同时出现了这两位游泳高手。最后，画面定格在熊熊燃烧的火焰，就像影片开头出现的水一样，象征着变化、动荡、差异、可能。而那枚银牌则是对杰罗姆和文森特的最后肯定，象征着两个偶然相遇的年轻人克服命运的安排并实现各自梦想的精神。无论是在艺术层面，还是道德层面，电影《变种异煞》想表达的主题是一致的：在差异存在时，应寻求合作，而不是制造分裂。

从科学的角度来看，《变种异煞》对基因密码领域的恐惧和想象都超过了现实情况。但这个主题对于电影行业的意义不可谓不重大。基因主义——这部电影首次提出的一种偏见——是“以科学手段”武装歧视的最后一次努力。它的实质是被完美化的社会达尔文主义。基因主义或许只存在于幻想中，但其实在真实生活中不乏它的拥趸。《变种异煞》想告诉观众，即使基因主义有可能出现，也是错误的。但是《变种异煞》不仅仅是一部传达信息的电影。它还想告诉人们，社会达尔文主义的梦想其实是对永恒不变的等级制度的推崇，只不过披着美学或古典主义的外衣。无论是古典主义，还是基因主义，都采取了厚此薄彼的歧视态度，因而都是不道德的。

然后，颇具讽刺意味的是，这部反古典主义的作品采用的依然是古典主义的媒介——电影。它把古典主义看作是数字世界的代言，抨击了其中包含的道德问题。《变种异煞》将很多新的术语带入我们当代的语言体系，并且在很长一段时间内存在于赛博空间。这些数字代码在任何时代任何空间，都意味着等级和次序。从那个等级森严的世界逃离，便能看到新世界的曙光，并发现未来的无限可能。《变种异煞》讲述了一个故事，告诉我们一位英雄式的人物在面对生物空间的种种可能时如何做出正确的选择。而电影没有告诉我们的是，如果有一天我们面临的问题比搭乘火箭逃离那样的鬼地方严重得多，人类该做出何种选择。

第六章　动画和机器人（自动机器、仿真机器人、动物机器人）

凯瑟琳·瓦斯路

动画片制作最令人津津乐道的莫过于将那些卡通人物栩栩如生地呈现出来，赋予它们逼真的生命力。但是，一直以来，人们仅仅把这种技术视为大众娱乐的一部分，忽视了其文化参与的重要价值。事实上，它已经成为新的文化构造格局中不可缺少的一部分。比如，虽然“达菲鸭”① 在屏幕上展示了一系列令人眼花缭乱的追逐场面，但是生物学家并不会认同这是对真实生活的反映。这只鸭子有着橡皮管一样伸缩自如的躯体，而且常常匪夷所思地翻出自己的内脏，完全无视生物学和解剖学的存在。在所使用的词汇方面，生命科学逐渐向语言学和通信理论靠拢，而疏离了机械学、物理学、化学等领域。比如，消息、信息、程序、密码、指令、解码等词汇已经作为重要概念加入生命科学的大家庭。②

这些新的词汇不仅仅在生命科学领域得到发扬光大。它们还为生

① 见 Notes and References，Chapter 6，1。

② 见 Notes and References，Chapter 6，2。

物学和控制论的强强联合奠定了基础。今天，包括艺术、生物、哲学、工程、计算机科学等领域都在讨论“什么是生物”，但是他们好像都忽略了一个事实——无论是科学家，还是艺术家，纷纷将研究的触角伸向动画片制作领域，从而探求上述问题的答案。他们这样做的目的并非仅仅为了赋予那些无生命的物体、图片、材料以活灵活现的生命力，而是为了寻求一种方法，以模拟或再现生命的复杂性。

生物学与控制论联手之后，接下来要讨论的便是将动画片制作当作一种技术转变的手段，而且其力度之大，涉猎之广，超过所有想象。为了使“动画片制作”这一概念突破大众的理解范围，我将在下文中使用“animatics”一词取代“animation”，表示“动画片制作”或者“动画片”。首先必须明确的是，这一术语表示动画片的制作手段，包括人工手段、机械手段、电影手段、电子或控制手段等。不同的手段只有时代的差别，并无高低之分。另外，我还将讨论动画与机器人之间的关系，以及动画在电影领域的核心地位。本章的第二部分将介绍自动程序、机器人、虚拟人、人工生命实验等与机器人相关的重要领域，以及与它们的电子机械前身之间的区别。第三部分将借助于19世纪末出现的女性虚拟机器人来探讨两大主题：一是使用动画技术赋予人工生命各种动态行为并且予以视觉呈现，二是使用动画技术使生物具有全新的人工动画效果。

动画和机器人

无论使用何种技术手段或设备，作为一个艺术门类，动画片制作的核心就在于创造性地使用各种方法，通过不同的现象或感觉，以呈现不同的“动态”。[1] “动态”与“动力”紧密相关，而“动力”所形成的“动作”往往不能用已有的固定原则进行预测或解释。这种动态系统青睐于复杂、多变、偶然结果、转瞬即逝等，因此所呈现的世界充满了活力、运动、互动、混乱、变化，而不是平衡、静止、可预测事件或表现。

鉴于与动态的紧密联系，动画片制作的目的便是以生动活泼的形式全方位展示充满活力、动感的物体和事件。也正因如此，动画片制作还常常与另一个概念不可分割——“创造性的精神动力”。同时，动画片制作通过其特有的技术手段对上述概念的文化重构发挥了积极的推动作用。而多方面的动画片制作实践都已表明，促使其快速发展的内在动因之一便是机器人技术的发展。

人类对机器人的想象和使用由来已久。[2] 作为自发的创造性力量的典型代表，机器人在人类现代史上的地位至关重要，同时，也因为所造成的双重影响而毁誉参半。雅克·德·沃康松（Jacques de Vaucanson）对这一点深有感触。他早在1738年便在巴黎公开展出了三台自动机器。其中，有一只机械鸭子不仅能嘎嘎叫，能吃鱼，还能在消化后将残渣排出体外。当时，这只鸭子名声大噪，成为欧洲最负盛名的机器人。沃康松的机械鸭子是18世纪机械自动控制技术的杰出产物。它由精密机床加工而成，内置一千多个机械零件，并且通过重力原理运行。它也是有史以来第一只非常直观地展示消化系统工作过程的鸭子。而构成其消化部位（即鸭胗）的橡胶管则来自遥远的亚马逊地区。在当时，这是一种来自异国他乡的罕见材料。沃康松发明这些自动机械的主要目的在于其对于科学的追求，比如用机械装置展示生

---

① 作为一个术语，此处的animatic（动画）是指一系列的动画脚本，详细说明摄像机的工作过程以及基本图像效果。animatic也可以指完成的动画作品，但通常是指故事脚本，用来控制画面的呈现时间以及最终动画作品的动作效果。

② 见Notes and References，Chapter 6，4。

物的骨骼，但另一方面，因为展出所引起的轰动，也带来了巨大的经济收益。这些有趣的发明似乎也验证了笛卡尔（Descartes）的机械唯物主义，从技术的角度使他的生物自动机理论成了现实。

有两种观点长期并存，一是机器可以被赋予生命，二是生物可以被机械化。这种现象存在的理论基础是一种与人类与生俱来的理性力量背道而驰的自然机械观。20世纪关于机器人、赛博格、人工智能等领域连篇累牍的文献都已证实，这种所谓的背道而驰对我们来说毫无影响。① 但是，对康德（Kant）以及笛卡尔来说，这种分裂无疑是致命的。在他们眼里，沃康松的鸭子简直如洪水猛兽一般。这只可恶的禽类恰恰证明了自发的内在动力（无论是机械驱动还是精神驱动）不过是一种谬论，会导致理性的严重缺乏。而造成这一切的根本原因是对所谓的“自由效应”的盲目追求，意图摆脱事物运动过程中固有的因果联系。② 当这种对自由的追求一旦达到极致，人类的思想意识就会像那只由机械操纵的鸭子一样被预先设定，而思维也将进入自动化模式。③ 那么，人类便会如同受重力驱动的机械一样，一切行动和意识都将不由自主地按照既定程序进行，最终将走向“大脑指挥双手”的对立面。④

沃康松通过科学的奇思妙想创造的这些神奇的玩意儿告诉我们，机器人不仅体现了自主性思维的存在，而且还揭露了另外一个事实：被剥夺了独立思维能力的生物将会如行尸走肉般地任人驱使。德勒兹

① 见 Notes and References，Chapter 6，5。

② 见 Notes and References，Chapter 6，6。

③ 见 Notes and References，Chapter 6，7。

④ 可以说，这只“鸭子”是对康德思想的巨大打击。康德认为，自动化在某种程度上是指纯理性占据统治地位。这本身就是一种谬论，与自动化的概念背道而驰。运用结构主义对康德进行批判的包括：《从一种文化到多元文化》，沃纳·哈马赫尔（Werner Hamacher）著，刊载于亨特·德威斯，亨特·韦伯以及萨缪尔·韦伯主编的《暴力，身份和自主》，斯坦福大学出版社，1997年出版于加州，314-315页。

将电影看作是一种灵魂机器人，以一系列不断移动的画面为依托，通过有象征性的各种物体，使观众能够理解影片所要表达的内容。德勒兹认为，电影的这种“精神机械”特征直接导致了一个自相矛盾的境地——动作机器人（各种机械装置和马达）提供的种种影像和符号虽然没有演变成电子、自动控制、计算机化的思维机器人，但是为后者的诞生铺平了道路。①

尽管德勒兹并没有以动画本身为研究对象，而是强调了电影中符号化物体的使用，但是他所提出的“时间影像”却歪打正着地预测了电影的另一种发展趋势：从移动影像向动画鼻祖的回归。对于这种趋势，德勒兹还提出了另一个问题：“主宰电影世界的新力量以及入侵银幕的新符号到底是什么？”② 这个问题其实也是导致电影向动画回归的幕后推手。动画，既兼备了电影的幽灵气质和精神机械特征，同时又带有与生俱来的叛逆，因此吸引了众人去看，去听，去参与，去付出，去体验。人们在电影中投入的不仅仅是物质，还有心血，而电影也给人们回报了一个风光旖旎的世界。菲利普·布罗非（Philip Brophy）认为，虽然身临其境的动感的确是动画一贯的追求，但绝非唯一的追求。动画实质上是“一把钥匙，引导我们进入光怪陆离的动态世界”。③

动画技术在20世纪最大放异彩的领域无疑是动画片的制作。诺尔曼·克莱因（Norman Klein）认为，很多美国早期的卡通片，尤其是弗莱舍工作室（Fleischer Studios）的作品，其实就是对工业机器使用过程的一种模拟。④ 而这些动画作品与真人拍摄的传统叙事电影的最

---

① 见 Notes and References，Chapter 6，9。

② 见 Notes and References，Chapter 6，10。

③ 菲利普·布罗非（Philip Brophy）就电影中的动画机械的使用提出此观点。参见：《声音的动画》，菲利普著，刊载于阿兰·克罗登科主编的《生命的假象：动画论文集》，权力出版社，1991年出版，第73页。

④ 见 Notes and References，Chapter 6，12。

大区别就在于对技术的毫不掩饰的膜拜。当然，这儿所说的技术并非仅限于电影领域，而是广义的技术范畴。在弗莱舍工作室制作的动画作品中，或者以时不时地插科打诨表现出这种膜拜，或者是通过机器和自然之间的夸张对立，以滑稽可笑的形式表现出对改造世界的非自然力量——人为力量——的赤裸裸的推崇。

克莱因认为，观众喜爱这些动画片的原因是因为里面的卡通人物都是“苦苦挣扎的机器人”的形象。虽然他们看上去活力十足，但是却无法挣脱主人（动画师或摄像机）的魔爪。① 作为制造笑声的工具，这种大众娱乐形式还具有更广泛的文化效应，即有助于塑造现代工业技术的新形象——与人为善，甚至令人心动。因此，这些表面上由电影机器制造出来的令人发笑的卡通形象还担负了替工业资本主义的利益摇旗呐喊的使命。在现代主义理论和异化策略的背景下，克莱因认为对这些利益的保护就体现在“被电影机器所包围，从而毫不怀疑地接纳其观点，并且心甘情愿地放弃原有的信仰”。②

从我个人的角度来看，一方面，克莱因主要着眼于弗莱舍工作室的动画作品——挣扎的机器人的卡通形象 对技术的极度依赖；另一方面，他对早期美国动画行业的解读从一开始便完全站在意识形态的立场。动画是一把双刃剑，不仅造就了那些卡通人物，还使他们大受欢迎。由此可见，动画是一把钥匙，引导我们进入动态世界，并且从未停止对其母体——工业技术——进行歌功颂德。弗莱舍的动画作品是特殊历史时期的特殊产物。它也给动画技术在其他媒介的应用提供了经验。

---

① 喻示人与机器关系的话题还包括：动画师与其设计的角色之间的冲突，机器反客为主甚至毁灭其主人，等等。

② 见 Notes and References，Chapter 6，14。

动画和自动控制

随着时间的推移，那些“苦苦挣扎的机器人”并没有消失，而是循着历史的轨迹进入到赛博空间。正如弗里德里克·迪特勒（Friedrich Kittler）所言：“我们正置于机器的控制之下。随着机器的日趋网络化，控制机制日益严格，安全性也随之增强。”① 赛博空间催生了不同于以往的机器人产品。考虑到其具备的技术特征，我将它们命名为“自动化机器人”。这一看似简单的名词短语所涵盖的内容其实颇为复杂，既包括赛博空间内的真实环境和虚拟环境，更重要的是包括具备各种功能的机器人，如自动反应、程序系统、信息系统等。②工业机械机器人和自动控制机器人之间的区别显而易见。前者一直试图摆脱制造者的控制，以争取更大限度的自由，而后者则依赖于系统控制，因此不可能独自运行。换句话说，自动化机器人告别了机械网络，转而投入了远程监控的怀抱，整个过程看似波澜不惊，其实意义非凡。在赛博空间，动画也经受了重新洗礼，被赋予全新的生命力。曾几何时，动画不过是通过图像再现机械生产过程的动态，而现在，随着自动控制技术渗透到各个领域，动画也毫不例外地成为其中一员，无论是技术的先进性还是传播的广泛性都有了翻天覆地的变化和提高。

自动化机器人的自动控制机制无疑对自动化技术本身存在的矛盾构成了挑战，并且赋予了新的定义。迪特勒的观点简明扼要地阐述了这种矛盾，同时还揭示了机器人和自动化之间的某种颇具争议的差异。在里昂·巴格利特（Leon Bagrit）看来，机器人或自动机器所具备的自动控制机制使其可以执行某种特定的功能，而不受人为的干预。这种功能的执行完全是预先设定好的机械化过程。而自动化（automation）与机器人（automata）虽然字面上仅仅差之毫厘，但本

---

① 见 Notes and References，Chapter 6，15。

② 见 Notes and References，Chapter 6，16。

质上却千差万别。里昂认为，自动化是一个系统，建立在反馈机制的基础上，其运行原理是用程序化的机器操控取代人为操控。①

对于这样简明扼要的解释，厄基·胡塔莫（Errki Huhtamo）认为恐怕连巴格利特本人都无法完全认同。他的定义始终围绕自动化和机械化进行，但是却透露出这样的讯息：自动化不过是无思维能力的重复性劳动罢了。显然，这样的说法对于自动化的终极产物——拥有人工智能的工业机器人——是不适用的。胡塔莫建议巴格利特用自动控制（cybernation）取代自动化（automation）一词，以表达包括通信控制系统在内的更全面的含义。②

自动化从脱胎的那一刻起便被烙上了矛盾的标签，核心便是“行为控制”。一方面，自动控制机制支持的变化始终发生在可控范围之内，因此，人类始终凌驾于机器之上，控制对方的一举一动。另一方面，用程序化的机器操控取代人为操控又要求机器在不依赖人为干预的前提下自发完成一系列动作，并作出相应变化。操作人员则退居一旁，监控并调整自动化机器设备的上述自发行为。

自动化与生俱来的矛盾的焦点并非体现在控制的多少，而是谁担任控制的主体。换句话说，“量”不重要，“质”才是关键。这一说法来自胡塔莫。在他看来，对于人与机器的交互作用中自动控制媒介的重视并不是新鲜事物，而是由来已久。从20世纪50年代起，关于自动化的某种说法不胫而走，渐渐变成了“真实的谎言”，其核心观点便是“自动化可以脱离人为作用”，或者“人不应该主动控制机器”。胡塔莫提出这样的观点：“人为干预在交互系统中的作用不应该是偶尔为之，而应该是瞬时的反复的控制和干预。”③ 因此，他认为操作者在整个交互系统中应该始终占据主导地位，时刻保持警觉，积极发挥作用，以控制整个局面。

---

① 见 Notes and References，Chapter 6，17。

② 见 Notes and References，Chapter 6，18。

③ 见 Notes and References，Chapter 6，19。

一些交互系统的设计者强调，交互性还体现在以下两方面：一是在与环境互动的过程中操作者可以随时改变自己的行为①；二是在人为操作过程中，环境也可以作出相应的变化或调整②。同时，交互性既支持命令和控制模式，又会提出异议。因此，交互系统是基于机械化和自动控制技术的体现人机关系的复杂混合体。为了贴合本章与动画相关的主题，可以从另一个角度讨论交互性。在交互系统中，操作者和系统之间在同一时刻相互作用，赋予对方以新的生命力。

传统的工业机器生产以“静止”和“封闭”为主要特点，自动化则利用人工生命（ALife）研究成果，结合简单基因技术的循环再生能力，制造出具备自我组织和交互发展功能的系统。人工生命与人工智能研究强强结合，推动了新一代机器人的诞生。它们不仅具有灵活多变的行为功能，而且配备内置的动力作用系统，具备自我意识和学习能力，不仅能自主表达和自由移动，还能自发创造出新的功能。③ 上述的种种功能需借助多个相互作用的机器人组成的网络才能得以实现，同时也意味着没有任何一种作用力能够堂而皇之地占地为王，或者默默无闻地隐居幕后。④ 这些自动控制的系统、界面、软件等所构成的种种作用力的综合体将使得任何一位具备足够计算机技能和资源的用户都能瞬间成为一名合格的动画师。

弗莱舍工作室在创造卡通形象时以发电机为灵感源泉。这种机器能在瞬间产生源源不断的动力，保证自动化机器的顺利运行。后工业时代的自动化技术则是借助于信息技术的发展，并参照其发展变化的模式。保罗·维利里奥曾经把信息的威力比作原子弹。在他所给出的等式中，“交互性”对于信息的重要性就等于“放射性”对于原子能的

① 见 Notes and References，Chapter 6，20。
② 见 Notes and References，Chapter 6，21。
③ 见 Notes and References，Chapter 6，22。
④ 见 Notes and References，Chapter 6，23。

重要性。① 动画技术步维利里奥的后尘，使用了“信息炸弹”（建立在信息通信技术基础上的新型武器）这一说法。动画制作借鉴了交互技术的研究成果，融合其本身特有的动态特征，将信息函数转变为动态媒质，最终锻造出炉火纯青的效果。

动画领域一直努力奔走在实现自动化的道路上。为了达到这一目标，动画吸取了交互技术，在现有设备能力范围内实现了运动和变化的自由最大化，带来了令人愉悦的体验。在此过程中，人们创造性地运用了很多方法，一方面使得与自动控制系统的互动成了一种动态的感觉体验，同时还能控制该系统的自动化程度。因此，动画可谓是最佳代言人，将自动控制技术从幕后推向台前，以栩栩如生、通俗易懂的形式向大众展示了其动态的一面。一旦失去交互界面，整个机器系统便会陷入完全的自主状态——变成一台名副其实的发电机，只不过产生的不是动力，而是无人能破解的密码。但是，如果有正确的理论指导，再加上合理的控制手段，人们便可以在逼真的三维空间内自由来去，纵横捭阖。而作为其中的典型代表，三维交互式电脑游戏给用户带来的超运动感恐怕已颠覆了任何一位物理学家的力学方程。② 由此可见，抛开时间滞后和程序差错等问题，信息的加速和碰撞已转化为形式各异、包罗万象的在线和离线娱乐。

动画有机体

自动控制机器人已经全面入侵我们的生活，扮演着各种迥然不同的角色，或者是人们使用的工具、娱乐的玩伴、谈话的对象；或者是人类的一面镜子，映射出另一个自己；又或者是间谍、外星生物；还

---

① 见 Notes and References，Chapter 6，24。

② 虽然赛博空间是物理学无数分支的衍生物，但就其本质而言并非只属于物理学领域。参见：《赛博空间的璀璨之门：从但丁到互联网》，玛格丽特·沃特海姆著，双日出版社，1999 年出版于悉尼，228 - 229 页。

可能作为某人的后代，弥补无法繁衍的缺陷；更有甚者，可以成为人类的科研实验室、寄托幻想的空间、实现美好愿望的载体等等。这些变幻万千的图景虽然近在眼前，但很多人对此依然有些难以接受，甚至心怀恐惧。而当时间的齿轮回到19世纪末，包括电影在内的各种新鲜事物同样令当时的人们大跌眼镜。尽管如此，上文所讨论过的与人工生命和人工智能相关的技术对于动画制作来说已不算陌生，只不过是完成动态效果的一些新方法而已。在此，不得不提到一位优秀的动画师杰弗里·温特里拉（Jeffrey Ventrella）。他用“动画机器人”技术（animat）创造了很多具有进化功能的二维和三维的动画人物。所谓“动画机器人”是指具有自主意识，并且能够在特制建筑场景内根据外界条件作出相应调整，从而完成某些仿真行为的机器人。① 在温特里拉的进化型人工生命系统中，所有仿真动作的设计和完成都是基于这样的目的：“在设计今后的赛博空间时，所创造的机器人不仅能够活动，表现出应有的生命力，而且具备自主意识，能够自动作出反应。”②

在温特里拉众多的作品中，值得一提的是一个名为“性感游泳者”的仿真实验系统。虽然名字听上去极具诱惑，令人浮想联翩，但其实整个系统无论是外在形态还是内部构造都与“性感”二字相差甚远。③与他的其他成果一样，这个实验的神奇之处就在于通过遗传算法和动画制作技术的联姻促成了无字幕实时动画的诞生。“性感游泳者”是一个虚拟的生态系统，重现了某个水体的物理环境。栖息其中的是一些二维的关节型火柴人。他们通过内置程序的驱动完成觅食、寻找配偶、繁殖后代的任务。这些包括物理性能、运动控制能力、对颜色的偏爱等在内的程序能够帮助游泳者演化出吸引其他同类的运动能力和外在形态。只有完成“觅食”和“繁殖”任务的游泳者才能成为幸存者。

① 见 Notes and References，Chapter 6，26。

② 见 Notes and References，Chapter 6，27。

③ 见 Notes and References，Chapter 6，28。

当两位游泳机器人（swimbot）相遇，一旦发现对彼此的颜色心存好感，便会用天线一样的触角去触碰对方，如果能量充足，便会完成交配，并且在这样一个类似于精液的环境中完成极其简单的自然繁殖。

温特里拉将“性感游泳者”描述为一部角色和环境都可以进行“自我设计”的进化互动电影。① 他认为自己的动画设计方法有极其鲜明的特点。在他之前，无论是机械机器人，还是其他形式的机器人，基本上都采用了“自上而下”的设计理念。而温特里拉的动态交互环境则采用了“动画机器人”设计方法，不仅在技术上更为复杂，而且所设计的机器人能够根据环境的变化做出相应的调整。他提出的这一设计理念在今天已经广为人知，同时也代表了机器人研究的发展方向。

温特里拉将遗传算法和动画技术的结合戏称为“迪斯尼遇上达尔文”。同时，他又强调，尽管受到进化论的指引并且机缘巧合地进行了相关的仿真实验，但是他本人从未对生物领域的研究产生任何兴趣。他创造的动画机器人不过是用喜剧方式表现了生物进化的基本原理，演绎了周而复始的生命轮回：出生，成长，繁衍，死亡。温特里拉将他的人工生命仿真研究看作是对传统动画中的运动形式的革新与进化。② 当去掉那些令人眼花缭乱的计算能力，回归到最纯粹的图形本身，动画师真正想看到的其实是那些“游泳者”在时空中展示出的最本质的物理性能。当然，如果没有了运动，这一切都是天方夜谭。因此，“真正重要的是让观众看到确实存在的东西，而不是一片虚无。化繁为简，去伪存真。不做表面文章，才能看到本质。不被那些花里胡哨的东西蒙蔽双眼，动画所蕴含的动态本质才能破茧而出，完整呈现。”③

温特里拉在动画机器人方面的成果对后来的系统和软件如何使动态行为视觉化方面有极大的启发：应该以已有的动态为蓝本去创造更

---

① 见 Notes and References，Chapter 6，29。

② 见 Notes and References，Chapter 6，30。

③ 见 Notes and References，Chapter 6，31。

多形式的表现手法，而不是试图将虚幻的东西呈现出来。对于“性感游泳者”，温特里拉这样评价：“很重要的一点是，在这个仿真实验中，基因进化完全依赖于模仿生物运动形态的物理模型。”① 无论自动控制机器人表现出怎样的生命力和智能（包括运动能力、适应能力、进化能力、自我组织能力等），也不论我们对于这些是否早已熟悉，可以肯定的是所有这些特征都是由机器人系统的物理性能、体系结构、设计风格等因素决定的。

温特里拉的动画机器人所具备的自主运动能力和繁殖能力显然具有生命的象征意义，但仅限于进行实验的小范围动态环境之内。为了赋予这些机器人逼真的生命力，通信和控制自动系统功不可没，不仅提供了理论框架，使机器人的一切行为有据可循，而且提供了组织原则，使整个过程有条不紊、科学合理，充分体现了有机或无机的生命形式皆具备的自主性。而这些组织原则到底是什么？也就是说，在机器人运行过程中，最显而易见的动力因素到底是什么？或者说，如果将机器人与大自然界的动物进行比较，那么，两者之间到底有何相似之处？以上问题不仅在科学领域引起广泛关注，在与本章内容相当密切的其他领域同样十分热门，尤其是文学界和艺术界。比如，一些科幻小说便探讨了一些十分相似的问题。其中，比较有代表性的包括以机器人哈达丽（Hadaly）为主人公的《未来夏娃》（*L'Eve future*）。

《未来夏娃》出版于 1889 年，作者是维里耶德利尔·亚当（Villiers de l'Isle Adam）。② 书中描写了一位与爱迪生同名的发明家为了帮助一位陷于困境的老朋友而制造机器人的故事。这位老朋友便是出身高贵的埃沃德爵士，他爱上了年轻貌美的阿里西亚·克拉里（Alicia Clary）小姐。但是，在阿里西亚迷人的外表下，却隐藏着自私庸俗的本性，这一点让埃沃德难以接受，并饱受折磨。为了拯救老朋友于水火，爱迪生挺身而出，决定发明一位与阿里西亚的外表完全一

① 见 Notes and References，Chapter 6，32。

② 见 Notes and References，Chapter 6，33。

样但内心温柔善良的机器人。这位机器人便是哈达丽。不出所料，哈达丽一露面便成功俘获了埃沃德的心。但真正引发我兴趣的并不是这部小说中哈达丽的出现，而是后来安妮特·迈克逊（Annette Michelson）对这部小说的解读。她将《未来夏娃》与电影的出现联系起来。[①] 一方面，她认为哈达丽的角色塑造是对女性从属地位的又一次美学解析，也是对女性角色的叛逆与回归的全新剖析。阐释的内容虽然似曾相识，但角度却十分新颖。爱情是面对爱人深情的眼眸时那一低头的温柔，而不是以美貌作为筹码，盛气凌人的颐指气使。另一方面，迈克逊认为机器人哈达丽的形象代表了对电影的文化屈服："小说以女性身体的复制品作为未来夏娃的象征，而电影正是各种机械复制手段的集大成者，代表了世界对于人类未来的集体认同。"[②]

雷蒙德·贝卢尔（Raymond Bellour）认为，这部小说的重点并非爱迪生如何复制出与真人一模一样的机器人，而是埃沃德爵士提出的疑问，"我怎么才能信任这个复制品?"[③] 爱迪生这样回答："我相信，无论遇到什么困难，你都会竭尽全力去爱她，去赋予她生命，因为她是你梦寐以求的。即使她不能孕育后代，也不能改变你对她的爱。"哈达丽比阿里西亚更具女性魅力，但是又与人类有所不同。这样也验证了迈克逊的观点。一直以来，很多人认为爱迪生以女性为模板复制机器人是出于男性对女性天然的生育能力的嫉妒。对此，迈克逊持反对意见。他认为，埃沃德对女性形象的执著代表了人类对电影的文化认同。哈达丽是阿里西亚的复制品，而电影是对现实生活的另一种复制。

《未来夏娃》描写了如何用机械灵魂替代人类意识，用温柔善良的机器人哈达丽替代控制欲极强、有男性化性格特征的阿里西亚。这一切都源于对原有生物机制的颠覆，"能够自由移动"已不再局限于有机体。当然，以女性身份出现的机器人似乎更容易被当代读者接受。同

---

① 见 Notes and References，Chapter 6，34。

② 见 Notes and References，Chapter 6，35。

③ 见 Notes and References，Chapter 6，36。

时，哈达丽的角色设定也继承了美学传统的一部分，尤其是关于自主性方面的观点。需要强调的是，这里的“自主性”的主体不仅仅指女性，而是指所有人。作为科幻小说中里程碑式的人物，哈达丽的形象到了“性感游泳者”时代已经司空见惯。而“性感游泳者”之所以能突破前人的成果，主要应归功于其形式的新颖：一是采用了信息交换的原理，二是以无思维能力和生殖能力的虚拟概念生物为载体。智能并不是孤立的智力表现，而是不断进化的遗传算法的组成部分。而繁殖也同样并不孤立，而是基于外在形态和择偶偏好等因素对下一代有选择的传递。

在《未来夏娃》问世一百年后，“性感游泳者”以全新姿态彻底颠覆了人们对于电影现实主义的看法。我们对于实景拍摄的电影早已习以为常，同样也不难接受对真实生活的实时动态呈现。但是，这些还远远不够。就像埃沃德爵士用哈达丽还原自己的梦中情人一样，我们可以通过角色和环境皆能“自我设计”的交互式电影来表达人类在赛博空间的挣扎和欲望，而不仅仅是反映生命的进化过程。本章中所提及的所有机器人都不约而同地反映了这样的趋势：将模拟动态系统和生物体进行创造性的有机结合并开展深入的研究必将成为赛博空间研究的重点领域。目前，这一趋势在全世界已获得广泛认同。而在上述研究中，生物以及维持生物运行的内在动力都被认为是动态的。总之，如同动画一样，生命本身便是不断变化的动态过程，生生不息，循环往复。

第三部分　赛博政治

绪 论

“赛博政治”涵盖了各种各样与赛博空间的权力相关的事物和问题，如“电子民主”、万维网、“网络宣传”、女性在赛博空间的“调和行为”、“技术权力”的出现及其“赛博未来”等等。在这样一本讨论与赛博空间共存的书中，赛博政治的重要性显然不应该被低估。主要原因体现在两方面。首先，比较重要的一点是，网络权力在赛博空间可谓无孔不入，其辐射范围之广不可小觑，同时，反过来，也会受到赛博空间其他方面的影响。其次，权力在赛博空间的作用力是瞬间产生的。这一点与现实政治十分不同，因为后者的操作常常需要较长时间，无论是实施的过程还是结果的产生都更加迂回曲折。正因如此，在某种程度上，我们可以尝试着去揭开网络政治的面纱，看清其隐藏在网络技术背后的真面目，发现其游走在我们日常生活各个角落的神秘身影，并最终确定其产生的影响力。但是，这个过程不仅需要诠释推动赛博政治崛起的网络力量，还需要指出网络权力与“赛博社会”的文化、经济的结合方式。

对于赛博空间内的调和行为而言，赛博政治有举足轻重的地位，因而任何对赛博空间进行革新的尝试都需要经过赛博政治的检验。这些革新包括力图扩大民主的受惠面，以及提高女性在网络的职业机会等。赛博政治不仅为某些特定领域的研究提供了理论方法并创造了条件，而且推动了一系列概念框架的建立，同时又阻止了网络权力在固定模式下运行。由此可见，在广义的赛博社会中，赛博政治对探讨赛博空间有至关重要的作用。借助于对赛博政治的研究，我们既能了解网络空间内发挥作用的一些主要力量，还能描绘与个人以及社会团体相关的网络权力的基本轮廓。因此，赛博政治不仅有助于我们更透彻地认识网络权力，而且，通过分析其对赛博社会内各种社团的影响，进一步确定了其对于理解个人社会关系的重要性。这样的解读可能引发人们关注以下现象：第一，"数字草根阶层"遭受到网络民主压制的不平等待遇；第二，阿米蒂奇和罗伯特在本部分的第三章中提出的"全球网络精英"们利用手中的数字权力和影响力从而达到他们的某种目的。综上所述，无论结果如何，至少有一点不容置疑：对赛博政治的本质、重要性、影响力进行进一步深入的研究是十分必要的。

威廉·达顿和林婉莹在第七章的开头写道："最近几十年来，我们越来越相信，信息通信技术（ICTs）有望使人们参与政治事务时有更多的民主形式可供选择。"达顿和林还谈到了"群体动员"现象，并认为这种现象是"多元化制度的基础"。这些现象导致了一系列问题的出现。比如，既然"信息通信技术能够支持多对多以及群体间的交流，比如电话会议，并且这项技术已经成为人们研究的核心"，那么，"互联网和万维网的普及也导致了大量趣闻轶事的出现，并促进了实证研究的开展"。达顿①和他的搭档林婉莹以及其他一些研究人员在探讨这些问题时不约而同地提出了这样的观点：政治科学家们也应该熟知控制论领域的知识，以发现信息通信技术和政治团体形成之间的关系。另外，随着网络政治学不断渗透到日常生活的各个方面，对"网络宣传在政治运动中的作用（尤其是草根阶层）的研究"也日益迫切。

达顿和林婉莹进行了一项案例研究，主要考察加利福尼亚洛杉矶西部地区的一次"反电话区号叠加运动"。这项运动发生于 2000 年。

① 见 Notes and References，Part 3，Introduction，1。

当时，大众媒体给它贴上了“公众暴动”的标签并认为它最终促成了公共政策的形成。达顿和林婉莹提出了一个十分合理的问题：“为什么这次所谓的‘暴动’会紧紧围绕电话号码位数而展开激烈的技术争论呢？”因此，他们的研究目的是解释网络在这次运动中的作用，同时，还试图阐明将来可能发生的与之类似的一些运动的主旨。这些运动以网络宣传为主要手段，而组织机构可能是当地社团或者女性团体等。

事实上，从赛博空间诞生之日起，女性便一直处于其发展的最前沿，不断提出与文化、经济、政治相关的“赛博女权主义”阐释。一些女性研究者着眼于网络文化和经济行为等范围越来越模糊的领域，并且从女性视角提出了与赛博空间相关的各种问题。比如，在本书的第四部分，维丽娜·安德马特·康利重点探讨了赛博经济。对于这些作家来说，评价赛博空间并非只考虑网络范畴，或者仅仅围绕信息通信技术对女性文化和女性经济的影响。她们研究的理论前提是：赛博空间及相关技术绝对不是无水之源无土之木，而是根植于文化和经济的土壤，在多种因素的影响下一步步发展而成的产物。对于一部分人来说，以上观点仅仅是一种假设，但对于其他很多人来说，已然是板上钉钉的结论。

在本书的第八章，萨斯基亚·萨森通过典型案例说明了女性是如何借助于赛博空间重塑一度被认为约定俗成的社会和政治间的相互关系的。通过上述分析，并借鉴她本人的近期研究成果①，萨森发现赛博空间具有高度的社会和政治“根植性”（或“嵌入性”），并引发了两大重要结果。第一，“因为‘根植’于某种社会政治环境，赛博空间必然受到其价值观、文化、权利制度、制度秩序等方面的影响”。在探讨了这些价值观、文化、制度、秩序的“性别化”之后，萨森提出这样的论断：“赛博空间的根植性在某些方面依然具有性别差异，因此，不得不说，这也是赛博空间的重要特征。”

---

① 见 Notes and References，Part 3，Introduction，2。

萨森认为，女性和赛博空间之间的关系之所以成为重点研究对象，在一定程度上是因为“性别化”在多重因素的影响下往往表现得千差万别。这些因素包括地理、人口统计、收入、种族、族群、国籍，等等。但是，她也承认：“确实在某些地方，对于某些人，或者在某些情况下，并不存在性别化的现象。”因此，她所认为的赛博空间根植性的第二个后果是：赛博空间和个人之间的相互联系——包括社会、政治、经济三个方面——是以“调解文化”的形式建立起来的。所以，第八章提出这样的论点：“调解文化的形成既可能是性别化的结果，也可能受到其他重要因素的影响。”同时，这一章还关注了由于性别化以及女性和男性的赛博主体性等复杂概念而引发的相关问题。

在本章的第三部分，即全书的第九章，蒂姆·乔丹重点探讨了赛博空间的权力问题。他主要借鉴了两位前人的论著，一位是古典社会学家马克斯·韦伯，另一位是后结构主义文化政治理论家米歇尔·福柯。因此，在他本人潜心研究的基础上，乔丹借助于前人的肩膀实现了理论上的飞跃。一方面，他深受韦伯观点的影响，即权力意味着对个体的囚禁，另一方面，他又吸收了福柯论著的精华。由此可见，乔丹的研究对于从社会政治角度理解赛博权力有特别重要的意义。

从广泛的层面上来看，乔丹在第九章中不仅对权力进行了理论上的解释，而且表达了对于人类有能力在全世界自由来去的不安。乔丹认为，韦伯和福柯对于个人和社会权力方面的定义虽然在一定程度上“晦涩难懂”，但是依然可以沿用到赛博空间领域。但同时他又指出，为了更明确地表达其观点，韦伯和福柯对于权力的阐释必须“以真实存在的赛博空间为背景”，而且“必须从属于对赛博权力的阐释”。因此，乔丹所探讨的概念和问题包含了人们在赛博空间的日常行为，如目前已普遍被人们掌握的技术，即通过“登录”或“点击”与赛博空间相连。同时，第九章还解决了一些概念难题，如网络个人主义、个人身份、等级制度、集体主义、信息超载、数字草根、精英关系等。在第九章的结尾部分，作者围绕 RealPlayer 进行了案例研究。作为一款音乐播放器，RealPlayer 被广泛应用于赛博空间，使用户可以通过互联网播放音乐。但是，不为人知的是，这款产品能够在不知不觉间窃取用户资料，严重侵犯依赖于该产品的用户隐私，使他们在网络上再无机密可言。

第七章　电子民主：对一场精心策划的网络宣传的案例研究①

威廉·H. 达顿　林婉莹

最近几十年来，我们越来越相信，信息通信技术（ICTs）有望使人们参与政治事务时有更多的民主形式可供选择。② 信息通信技术能够支持包括电话会议在内的多对多以及群体间的交流，并且这项技术已经成为人们研究的核心。③ 互联网和万维网的普及也导致了大量趣闻轶事的出现，并促进了关于网络宣传在政治运动中的作用（尤其是草根阶层）的实证研究的开展。④

在本章中，达顿和林婉莹进行了一项案例研究，主要考察加利福

① 本章内容是作者在已取得的研究成果基础上进行的拓展和补充。这些研究成果包括：林婉莹在 2000 年 7 月 17 日至 21 日于新加坡举行的国际传媒研究大会上提交的论文《网络中心政治：基于互联网的政治宣传及运动》；达顿和林婉莹合作完成的《在民主活动中使用网络：基于网络进行的“反区号覆盖”运动》，发表于《欧洲评论》2001 年 9 月第 2 期，185 - 199 页。

② 见 Notes and References，Chapter 7，2。

③ 见 Notes and References，Chapter 7，3。

④ 见 Notes and References，Chapter 7，4。

尼亚洛杉矶西部地区的一次“反电话区号叠加运动”。大众媒体给它贴上了“公众暴动”的标签①并认为它最终促成了公共政策的形成。为什么这次所谓的“暴动”会紧紧围绕电话号码位数而展开激烈的技术争论呢？因此，他们的研究目的是解释网络在这次运动中的作用，同时，还试图阐明与之类似的一些网络运动（如网络宣传）的主旨。②

反电话区号叠加运动

所谓“反电话区号叠加运动”的目标是阻止在当时已经使用的电话区号 310 之前再附加一个新区号 424。加州的公共事业委员会（PUC）没有采用常规办法将使用 310 区号的洛杉矶地区进行地理区域的划分，而是在同一区域的区号之前直接附加新区号 424。这一做法使得可供选择的电话号码的数量加倍。但是，所有电话用户都将不得不拨打多达 11 位数字（1＋区号＋电话号码）的号码，哪怕通话的对方是近在咫尺的邻居。

洛杉矶地区电话区号变迁史

1992 年，为了缓解洛杉矶地区电话号码不足的问题，在原有电话号码之前加上了区号 310（见表格 7.1）。该区号的使用范围包括比较富裕的一些城市，比如比弗利山、马利布、圣莫妮卡等，以及南部地区的一些海滨城市和帕罗斯维德斯半岛。在此之前，当地的区号是 213。因此，新区号 310 的使用就使得一部分用户不再使用原有区号 213，同时也使得洛杉矶西部大片地区与市中心在电话号码上有了明显的区别。很多年来，由于传真、寻呼机、调制解调器、移动电话等各种线路使用的快速增长，不时会出现电话号码短缺的现象，电话公司便会相应地增加新的区号，以适应市场需要。

---

① 见 Notes and References，Chapter 7，5。

② 见 Notes and References，Chapter 7，6。

区号310投入使用五年之后，电话公司又根据新的需求推出了另一个区号562。两年之后，即1999年，当地电话公司据说又面临着电话号码短缺的难题。但是，这一次他们没有采取以往的办法，而是在区号310之前直接叠加另一组数字424。对于这样的做法，他们给出了如下解释：很多家庭和企业可以继续使用原有号码，因此企业将无需重新印制办公用品，也无需更新客户联络数据库，从而避免了因为老客户不知道新区号而给企业造成损失的风险。

除了洛杉矶之外，很多其他地区也采用了这样的做法来增加电话号码的数量，包括马里兰、纽约、德克萨斯、乔治亚、弗罗里达、科罗拉多，等等。除了一些非常固执的用户之外，几乎没有人对此提出异议。当然，加利福尼亚无论是区号的数量还是更新的频率都远超其他地区。从1947年到1992年，加州的区号从3个增加到13个。到1999年，这个数字几乎翻了一番，达到25个之多。除非履行节约措施，公共事业委员会计划到2002年再增加15个区号。①

电话号码不仅存在于个人的记忆中，还可以为一些技术的实际应用提供平台，包括通讯录和快速拨号功能等。这些号码可能成为个人身份的一部分，甚至是某种社会地位的象征，比如某地的长期居民身份。号码的变化给消费者和企业带来诸多不便，影响日常生活，并增加使用成本，自然会令人大为恼火。在洛杉矶西部地区，虽然很多电话用户十分不满，但大部分人由于逆来顺受将不得不接受这一现实。

表7.1　关于“反叠加”运动的重大事件

时　　间	事　　件
1992年5月2日	将一部分使用区号213的用户改为区号310
1997年1月25日	将一部分使用区号310的用户改为562

① 见 Notes and References，Chapter 7，7。

续　表

时　间	事　件
1999 年 4 月 16 日	宣布将在 310 之前叠加新区号（电话号码将增至 11 位）
1999 年 5 月 1 日	StopOverlay. com 网站开始运行
1999 年 6 月 10 日	州议会请求 PUC 停止叠加新区号的做法
1999 年 6 月 24 日	PUC 暂停该计划
1999 年 9 月 9 日	通过"加州议会 406 号议案"和"1999 消费者电话区号免除法案"，但并未特别提到该事件
1999 年 9 月 15 日	州长敦促 PUC 终止该计划，撤销 11 位电话号码
1999 年 9 月 16 日	陪审团否决区号叠加的做法
2000 年 6 月	加州电话公司请联邦通信委员会在该州强行推行 12 个区号，其中有 6 个在洛杉矶地区使用

跨越整个洛杉矶的传真

"反区号叠加运动"的导火索是由当地电话公司统一寄出的内容完全一样的套用信件。其中，有一位用户对这封信大为恼火。他叫斯蒂芬·提特巴姆（Steven Teitelbaum），是圣莫妮卡的一名整容外科医生。根据信件内容，在接下来的"特别许可的过渡"阶段，他还可以继续使用原有的 7 位电话号码，但不久之后他将不得不使用叠加新区号之后的 11 位号码。让提特巴姆①不满的不仅是信件的内容，还有字里行间流露出的居高临下的语气，似乎电话用户们在整个过程中既没有知情权，也没有发言权，只能被动接受。于是，他在信件的最上方挥笔写下"胡扯"（BULL）两个大字，然后将这封信传真给了他朋友，鲍伯·希尔（Bob Sheer）。他是《洛杉矶时报》本地版的一位专栏作家，同时还在南加州大学担任教授。提特巴姆还在信上给希尔留言，

① 见 Notes and References，Chapter 7，8。

询问整个事情的始末，以及他是否会展开调查。作为一名在全国报刊皆有作品发表的专栏作家，希尔还同时给《洛杉矶时报》的西部版《我们的时代》定期撰写专栏文章。

鲍伯·希尔①曾经专攻过工程学，对远程通信有比较透彻的了解，因此能够提出比较恰当的问题，也能给出合理的答案。他通过电话进行了一些采访，结果使他更加确信一点：整个区号事件完全没有考虑公众的利益，而是行业会议的私自决定。那些参加会议的人认为电话号码短缺，因而需要进行区域划分或者叠加区号。PUC（公共事业委员会）的人员也可以参加这些行业会议，但是没有投票权。而且，为了保护企业的专有信息不被有竞争关系的同行利用，电话公司已使用号码的比例不能告知PUC，虽然这些号码是由PUC无偿分配给电话公司的。没有这些信息，公众就不可能知道电话号码是否真的存在短缺现象。而且，也没有任何一项机制能够迫使电话公司退还没有使用的号码。

鲍伯的坚持帮助他接触到了很多重要人物，如律师、议员、行业专家、PUC的关键人物等。他们也证实了他的结论：电话公司在暗地里“囤积”号码。据他推测，在分配的号码中，只使用了六分之一而已。② 因此，导致号码短缺的主要原因是每次分配号码必须以“10000”为单位。希尔认为，在今天的数字交换技术和号码移植技术已经相当成熟的背景下，这样的分配方法根本没有技术根据，因为这些技术足以保证用户在不更换号码的前提下自由地在供应商之间进行切换。所以，这样的做法不过是为了应对远程通信行业内的竞争而采取的过时的措施。

---

① 见 Notes and References，Chapter 7，9。

② 据公共事业委员会的一份报告估计，以310为区号的电话号码中至少有三分之一未使用的号码（总数大约270万个）控制在运营商手中。参见：加州公共事业委员会通信部于2000年3月16日于旧金山发布的《加利福尼亚公共事业委员会关于310区号的报告》。

希尔开始在《我们的时代》上发表与该事件相关的专栏文章，告知读者所谓的电话号码短缺完全是“胡扯”，而这一切的背后隐藏着电话号码的分配和管理方面存在的并不高明的技术阴谋，也隐藏着对公众责任的逃避和忽视。① 他认为，“加州目前可使用的号码达到1.8亿，而投入使用的不过3500万而已。”在讨伐完号码短缺完全是“胡扯”之后，他在文章的最后附上了一些当地经选举产生的官员的电话号码，目的是鼓励读者拨打这些电话并说出自己的想法。

阵地转移到网络

提特巴姆医生还专门在他的“美国在线”（America Online）的账户 No2Overlay@aol.com 上重新建立了用户名，目的是为了给他的专栏读者提供更多更详细的信息，帮助他们获取相关官员的联络方式。这些官员有的经由选举产生，有的来自于上峰的直接任命。提特巴姆呼吁当代居民给这些官员写信，哪怕只有几句话。除了发邮件和打电话之外，居民还可以采用发传真的方式与官员沟通，表达自己的想法。

希尔的一位年轻同事，乔舒亚·福茨（Joshua Fouts）也加入了反对运动的队伍。他在希尔任教的南加州大学的安南堡通信学院（Annenberg School of Communication）承担网络设计、电脑咨询、项目活动等工作。另外，作为安南堡学院的“在线新闻评论”（Online Journalism Review）的副主管，福茨熟知网络的使用方式和巨大威力。

抛开他的工作性质，福茨也是洛杉矶西部地区的一名普通电话用户。刚开始，他便对叠加区号的做法有些不满，也因为希尔撰写的那些专栏文章而有所触动，但并没有发现这件事的严重性，只是觉得给自己的生活带来了某种不便。福茨的妻子杰姬·韦伯也是一位电脑咨询师。与她的讨论使福茨意识到这件事已经威胁到了公众的利益，因为公众给电话企业和PUC支付了费用，但并没有获得预期的便利和安逸。于是，福茨义不容辞地投入了这场运动。

---

① 见 Notes and References，Chapter 7，11。

福茨主动请缨为这场运动建立专门网站，提特巴姆慷慨解囊提供资金，而希尔贡献了自己的专栏文章和相关新闻报道。经过 24 小时废寝忘食的连续奋战，福茨夫妇成功创建了网站 www. stopoverlay. com。

随着运动的不断深入，公众的参与热情日益高涨，支持的呼声也越来越高。希尔在《我们的时代》开辟的与区号相关的专栏受到了读者强有力的回应与支持。他因此深受鼓舞，又写出了更多的粉碎电话号码“神话”的文章。[①] 网站 www. stopoverlay. com 也很快就获得了可观的访问量。首先，他们通过报纸向公众进行了网站的推广，其次，希尔持续不断地在专栏中给读者进行宣传，以扩大知名度和影响力。到了 5 月，网站的访问量达到了有史以来的最高值——9 000 人次。之后点击量有所下降，但一直维持在每月 4 000 人次以上，直至运动结束。

这个网站的主页担任了“新闻通报”的角色，随时向访客发布关于这场运动的最新进展，并在必要时呼吁他们伸出援手。因为网络的实时性质，讯息的发布与回应几乎同时发生。网站还负责搜集整理发布相关的新闻剪报，同时提供详细的事件描述。这些努力不仅能促使人们行动起来，而且教会了他们具体的行动方法。比如，网站列出了一些重要官员以及电话公司的官方代表的姓名和联系方式，以方便公众联络。另外，通过网站自带的超链接，公众只需点击鼠标便可向任何一位目标对象表达自己的诉求。

7 月份，网站的功能进一步升级。福茨创建了一个电子邮件通讯组，即邮件发送列表。任何访客都可以加入这个列表，以方便获取定期的网站更新信息。例如，在 PUC 投票决定是否将区号叠加付诸实施之前，网站通过上述通讯组及时向用户发布信息，号召他们采取行动。

除了通讯组之外，网站还提供了很多互动的途径，其中有代表性的是“留言板”或“论坛”。对于公众来说，“留言板”类似于一个“电子演讲台”，可用于发布公告、处理技术问题、监控立法过程以及

① 见 Notes and References，Chapter 7，12。

与电话行业或该运动有关的新闻，等等。同时，该“留言板”或“论坛”还提供了一个站点，专门用于发布八卦流言。

在西部地区居民采取行动的过程中，上述的网站和通讯组是最重要的宣传工具。网站于 1999 年 5 月正式运行，同时，当地居民也团结起来，将单独行动发展成了集体行动，人数众多，且声势浩大。很多人认为，网站的另一重要贡献是唤起了人们对该区号问题的意识，尤其是那些政治家们。从市政厅到萨克拉门托（加州首府）直至首都华盛顿特区，那些有决策权的大腕们先后听到了民众不满的呼声。

从另一个角度来说，网站的管理员也可以通过访问记录得知人们对该运动的关注程度和兴趣所在。他们可以看到新访客的登录，包括“美国在线”的用户、来自电话公司在圣弗朗西斯科总部的人员、萨克拉门托的政府官员、来自首都华盛顿的联邦通讯委员会的监管人员，等等。总之，一旦登录，任何人都无可遁形。

立法过程

州议员沃利·诺克斯（Wally Knox）来自洛杉矶，民主党人。他与同样来自民主党派的国会议员亨利·沃克斯曼（Henry Waxman）联手加州的监管机构于 1999 年 6 月 10 日向 PUC 提出停止区号叠加的请求。诺克斯担任了这次请愿行动的领袖。即使没有声势浩大的反区号叠加运动，仅仅是选民之间沸腾的抱怨声就足以令这些议员们坐立难安了。因此，他们采取行动是必然的结果。

诺克斯认为，移动电话、寻呼机、传真机的广泛使用并非区号增加的全部原因。在这个问题上，他和希尔的观点一致。他们都认为还应该考虑到其他因素，比如企业有意囤积号码，行业管理的松散无序，错误的用量估计等。他还发现希尔及其同事已经就此事结成联盟。怀着“顺民意得民心”的初衷，诺克斯提出了加州 406 议案（AB406），即后来广为人知的“1999 消费者区号免除法案”，其本质是对区号的使用进行改革。AB406 的目的是迫使州公共事业委员会和电话公司采取节约使用电话号码的措施，而不是通过区域划分增加区号或叠加区号。

1999 年 8 月 31 日，就在州议会即将对 406 议案投票之前，借助于反叠加运动组织的支持，诺克斯发起了“对电话说不”（Big Hang-Up）的抗议行动。居民们响应号召，从下午 3 点 10 分开始将电话切断一小时，以这种“沉默的”方式向电话公司叠加区号的行为抗议。该事件获得了包括《洛杉矶时报》和当地的四家主要电视台在内的媒体的广泛关注。而就在投票当天，希尔利用投票前的几小时打电话给州议会的几位成员，因为有小道消息说他们对 406 议案持反对意见。他能轻易地找到他们并顺利地沟通正是得益于其著名记者的身份。电话接通后，他便直截了当地说明自己的意图：“你知道，我在《洛杉矶时报》上有个人专栏。我现在就想问问你为什么反对这个议案。”一些议员对这样的问话显然没有思想准备，只好解释为对议案中某个“段落”的内容不满。于是，在投票举行之前的半小时，由诺克斯带头将他们提到的这个段落从议案中删除了。① 最终，1999 年 9 月 9 日，406 议案取得了压倒性的胜利，以几乎全票通过（79∶1）。

上升到联邦高度

与其他大部分国家相比，美国的州以及地方官员在有线网络和远程通信事务方面享有更大的权力。但是，在区号分配的问题上，PUC 对本地交换运营商（LECs，即电话运营商）的监管权受到了一定程度的制约。因此，这次反对叠加区号 424 的运动无形中对 PUC 的成员是有利的。1999 年 4 月 23 日，他们向 FCC（联邦通信委员会）提出了请求，希望能够得到更多的授权。

在提出请求 5 个月之后，FCC 宣布：PUC 在满足一定条件的前提下，有权强制电话公司在实施区号叠加之前先采取节约使用号码的措施。在此之后，PUC 在分配号码时以“1000”为单位，不再是以前的“10000”，同时设立使用门槛（比如要求运营商提交号码使用数据），

① 见 Notes and References，Chapter 7，13。

回收未使用或囤积的号码，要求按顺序发放号码，并且要求运营商在使用配给程序之外的号码资源前需提出申请。①

这样一来，PUC将必须就310/424叠加事件进行裁决。在五位委员中，有一位肯定是支持反叠加运动的，因为这本来就是他的建议；第二位支持第一位的观点。第三位委员明确表示过反对，因此不可能改变想法。因此，“反叠加”运动的组织者通过上述网站的通讯组呼吁用户集中精力联络最后的两位委员，因为他们始终没有表态。同时，他们还需要联络另一位关键人物，因为电话公司一直试图说服他不要签署406议案。他便是加州的州长。

面对着消费者有组织的反对运动，手握着FCC更大的授权，再加上406议案的压倒性通过，PUC最终于1999年9月16日否决了实施区号叠加的计划。“反叠加”运动网站将这次胜利称之为“草根激进主义在互联网时代的胜利”。②

斗争远远没有结束

在叠加计划被否决之后，stopoverlay.com依然吸引了大量的访客。他们想知道PUC决定的细节，并分享胜利的喜悦。③ 直到1999年的10月份，访问量才有所下降。这次公共暴动结束了，但是关于区号管理的改革还在继续进行。FCC随后发布了弃权声明，允许PUC在使用区号310的地区以“1000”为单位分配号码，而不是以前的“10000”。之后，FCC将这一节约号码的做法推广至全国范围。④

但是，事情并未结束。大约一年以后，加州的电话运营商给FCC写了一封信，请求其敦促加州PUC批准增加12个区号，其中有6个

---

① 见Notes and References，Chapter 7，14。

② 见Notes and References，Chapter 7，15。

③ 见Notes and References，Chapter 7，16。

④ 见Notes and References，Chapter 7，17。

将在大洛杉矶地区使用。[1] 到了2001年2月，州审计员建议PUC将使用区号310的地区一分为二，北部地区仍然使用原有区号，而南部地区将改为新区号424。在一部分人看来，这个结果对反抗叠加计划的居民和企业来说是一种“痛苦的失败”。[2] 至此，我们可以得出这样的结论：网络宣传的长期效果似乎值得怀疑，因为对于弱势群体来说，想打败组织严密、有成熟的工业化机制的公司几乎是不可能完成的任务。就像本部分分析的案例一样，取得短期的胜利尚属不易，遑论在长期斗争中稳扎稳打，始终保持自己在政治和公众决策方面的战斗力了。

网络宣传的动态研究

覆盖所有渠道的媒介网络

以上案例研究的核心主题是网络在多大程度上依赖于各种媒介的使用，而不是仅仅在于其本身。互联网和万维网对其他媒介来说起到了支持和补充的作用。这一点在斯蒂夫·提特巴姆通过电话公司向鲍伯·希尔发送传真的那一刻便已显而易见，但是整个网络策略在各种渠道的通信手段中都发挥了中流砥柱的作用。在上述案例中，网站的最主要功能便是通过网络给政治家们拨打电话，发送电子邮件和信件，以及提供登门拜访的途径。比如，运动的组织者们通过网络和电话系统促成了“向电话说不”的抗议行动，并且成功地获得了电视媒体对此事的广泛关注和报道。

绕过传统的障碍：非中介化和议题设置

尽管仍然依赖于各种媒介的传播，但是网络以其特有的方式通过

---

① 见 Notes and References，Chapter 7，18。

② 见 Notes and References，Chapter 7，19。

各种渠道将信息传达给公众，成功绕开了那些传统的障碍。比如，作为传统媒介的典型代表，《洛杉矶时报》直到“暴动”的后半段才开始报道公众反对区号叠加的消息。虽然希尔在《洛杉矶时报》的圣莫妮卡当地版上发表了相关的专栏文章，但并没有在整个洛杉矶范围内引发巨大反响。在成败的紧要关头，组织者们通过网络绕开了传统的障碍，以更现代的途径将信息传达给公众，对整个事件进行了重新定义，并且推动了传统媒介重新设定议题，从而扭转了舆论的方向。电话公司一度从自身利益出发，将事件定义为“通过划分区域或者叠加区号来增加号码数量”。而运动的组织者很快将局面扭转过来，将事件定义为“停止任何变化”，迫使电话公司保留原有号码，并且使 PUC 改变立场，最终为保护消费者利益起了决定性的作用。

网络宣传的空间延伸性

在最开始的阶段，反叠加运动不管是运动的目标还是范围都仅限于当地。这一运动的地理特征有悖于网络地理政治学，因为网络宣传运动有无限的空间延伸性，其覆盖范围取决于组织者和运动目标在地理分布上的性质——局域性或分散性。① 比如，不同于上述的反叠加运动，很多局域性运动恰恰由分散性团体组织进行，比较典型的是针对世界贸易组织（WTO）1999 年的西雅图峰会进行的抗议活动。网络宣传还可以将分散的组织者集中起来，共同完成涉及全国甚至全世界的某个活动，也可以帮助某个区域范围的活动在更大的范围内获得关注，比如反叠加运动就经历了从当地到萨卡拉门托直至华盛顿特区的发展历程。同时，网络还改变了对区号叠加事件的新闻报道模式。《我们的时代》只是一家当地的报纸，覆盖的受众面有限，而 Stopoverlay.com 却能够让电话公司的相关人员、萨克拉门托的政客们，以及 FCC 的委员们都能够亲眼看到希尔的相关文章。

---

① 见 Notes and References，Chapter 7，20。

速度和耐力政治学

网络还使得组织活动的速度有了质的飞跃。一方面，运动的步伐加快，可以在短时间内打动投票者，从而赢得立法上的胜利。当然，这一点如果没有公众的广泛支持是很难实现的。另一方面，网络影响的持久力有限，其时间长短取决于消费者对于某个问题的关注度，因而一般在到达制高点之后呈下降趋势。通常，有人进攻，必然有人防守，或者反击。因此，反叠加运动本应该与“反反叠加运动”短兵相接。但是，电话公司既没有组织某个运动，也没有建立相关网站，完全避免了与之正面交锋。然而，在似乎尘埃落定的几个月之后，电话公司卷土重来，以科学的组织和丰厚的财力成功游说了萨克拉门托和华盛顿的头头脑脑，打了个漂亮的翻身仗。由此可见，电话公司选择了更传统的方式，以更持久的战斗力避开正面，迂回前进，最终取得了胜利。这样的情节反转揭示了网络宣传的不足：从长远来看，其组织运动的持久力有限，即使取得阶段性成果，恐怕也难以保持。

重置访问方式——不仅仅是高效率

非中介化和地域延伸性仅仅是网络重置访问方式在两个方面的表现而已。信息通信技术的主要社会价值之一便是重新设置人们接触信息、其他人、服务、技术的途径。[①] 最普遍的说法是互联网相对低廉的成本将催生更多的在线交流和网民间的互动，从而导致更多集体行为的发生。上述案例研究表明互联网不仅改变了人们相互交流的方式和频率，而且重置了交流网络，改变了说话者、所说内容，以及听话者。

在这次运动的组织者使用网络之前，在当地电话公司和监管机构之间便存在着某种紧密的纽带关系。监管机构之间也存在联系，当然，一般只是常规的例行公事而已。另一方面，希尔与斯蒂夫·提特巴姆

① 见 Notes and References，Chapter 7，21。

以及乔舒亚·福茨之间有私交。但是，斯蒂夫与乔舒亚素无往来，而且这两位也从未与洛杉矶西部地区的居民打过交道。而希尔却可以借助于自己在媒体工作的便利，通过专栏与当地居民进行交流。但是，居民们与 PUC 或者 FCC 之间并没有任何互动。

正是互联网改变了社交网络。通过网络，西部地区的居民们，包括那些活动中的积极分子，紧紧联系在一起，结成了斗争的同盟。尽管当地的电话运营商与监管机构以及官员们之间的关系非常密切，但是这些积极分子同样可以不断地与这些官员进行有效的沟通，表达自己的诉求。换言之，互联网不仅有效地促进了这一通信网络的建立，而且促使其不断延伸，将各地的参与者联合起来，共同行动。

重新设定广义的游戏生态学

公众政策可以看作是“游戏生态学”的结果。① “游戏生态学”是一个十分敏感的概念，其主要研究对象是较长时期内某个活动中各参与方以及所做决定之间的相互影响。这些参与者既各自为政，又相互依赖。既然将这些活动比作“游戏”，那么参与者便是游戏中“目的明确的表演者”。这样的隐喻显然有其特殊的含义。所有的参与者通过一系列活动，意图达到某个特定的目标。而这些活动必须遵循他们提前设定的规则和假设。每位参与者参加一个或更多的“游戏”（可以设想成在一个竞技场内，为了确保实现某个目标而预先设定了一系列规则和假设，并在此基础上设计了各种竞争与合作的活动）。上述“游戏”与其他更多的游戏一起组成某个内容丰富、结构复杂的大型活动系统，而这些游戏既相互独立又相互依存。②

那么，在前文所进行的案例研究中，围绕区号事件形成了一个游戏，“反叠加运动”是游戏的参与者之一，而整个游戏正是广义游戏生

① 见 Notes and References，Chapter 7，22。

② 见 Notes and References，Chapter 7，23。

态学的现实反映。区号游戏与其他游戏有很多共同之处。首先，游戏有一系列目的和目标，比如阻止区号叠加的实施。当然，对于具体的某个游戏来说，计划达成的目标数量并不一致。有的目标单一，有的则更加多元化。比如反区号叠加运动除了最主要的目的之外，还要赋予消费者更多的权力，以及挫败电话公司的阴谋。其次，游戏的回报各不相同。有人是为了获得利润，有人是为了获得权力，有人是为了获得认同，而有人是为了某种成就感。比如，区号事件中的希尔、提特巴姆、福茨三人的目的就存在差异。第三，游戏必须有规则，以约束策略的制定，或者有公开的步骤，以指导参与者的行动。规则并非一成不变，随着时间的推移或许会有所不同。比如，当斗争地点从州议会转移到 PUC 的时候，大家对于游戏规则有了分歧，而希尔似乎采取了要挟手段，以向公众曝光为筹码取得了阶段性胜利。由此可见，游戏有不同的参与者，为了达成某个目标相互作用（竞争或者合作）。最后，游戏在大的生态背景下进行。比如，反区号叠加运动是消费者意图阻止或影响区号变化的行动之一，因此这个“游戏”便是与区号有关的更大的“生态”系统的组成部分之一。

通过网络强大的信息覆盖功能，反叠加运动改变了区号政策，从而重新定义了广义游戏生态学。但是，在洛杉矶西部地区的运动中，希尔和他的同事将区号“游戏”扩大到更广泛的领域。比如，他的种种努力并非只是为了阻止区号的改变，而是关系到民主问责、消费者权力，以及企业利润与公众利益的冲突。由此，希尔将区号运动上升到更广泛更有威力的公民（消费者）主权“游戏”。这一游戏涉及日常生活的很多方面，并引发了公众探讨问题的热情，尤其是关于消费者在制定政策和规则的过程中是否已享有足够的知情权和影响力。

另外，反叠加运动“游戏”十分幸运地与同一时间进行的其他“游戏”步调一致，从而加快了获胜的步伐。比如，另一场更加具有官僚联邦主义特征的游戏使得 PUC 的委员们打败了 FCC，并获得了制定远程通信制度的权限。这场司法阵地上的斗争与制定区号分配制度直接相关，是当地主权的一部分，因此是一场生死攸关的战役。同时，这场胜利也促使 PUC 的委员们和工作人员最终决定与西部地区的居民们站到同一阵线。

同样，与此相关的还有另一场更具党派性和意识形态特征的游戏。在这场运动中，隶属于自由民主党的很多 PUC 职员敢于公开反对趋于保守的共和党上司们。在这些职员们眼中，这些官老爷对于通信公司太过热情，而对于公众利益却漠不关心。因此，反叠加运动正好给他们提供了进行内部党派斗争的借口。

另一场既独立又与上述运动相关的“游戏”发生在互为竞争对手的电话公司之间，而政府公共事业监管机构和 FCC 则担任了仲裁的角色，同时提倡各公司间的公平公正，从而确保通信行业间的良性竞争。比如，如果用户因为选择新的电话公司被要求比其他用户使用更多位数的号码，则认为原来的电话公司拥有某种特权而限制了竞争，因此有垄断之嫌。① 但是，这场游戏的硝烟到 1999 年便逐渐散去，只剩下那些通信公司仍然在为各自的利益而战。

结论

通过全新的信息覆盖模式，反叠加运动改变了政治参与者之间的通信网络。这种改变不仅仅因为降低了通信成本而在效率、速度、有效性等方面有了飞跃。网络还改变了信息覆盖的地域范围以及通信网络，从而改变了政治过程的动态。如果将政治比作游戏生态学，则互联网和万维网重建生态系统的功能便成为其在公共政策制定中的核心价值。网络宣传并非仅仅通过网络，而是通过各种通信渠道达到以上目标。

---

① 见 Notes and References，Chapter 7，24。

第八章　网络调解：女性与赛博空间关系研究

萨斯基娅·萨森

研究新的数字技术与女性之间的相互关系有多种途径。其中，有大量的研究文献着眼于社会学视角，所涉及范围十分广泛，既包括以这些新技术对女性职业、女性就业机会、女性工作时间等方面的影响为核心的实证研究，也包括关于赛博空间和主体性方面的理论研究。①

本章的研究重心是女性在赛博空间的话语和行为，其中折射了怎样的文化意义，又体现了怎样的女性特征。因此，我的关注点不会局限于赛博空间的技术特点，也不只是探讨这些技术对女性的影响和意义。实际上，我的研究是从社会学角度探讨构建赛博空间和女性群体之间联系的中间地带。所以，本章内容奠定在这样的理论基础上：赛博空间绝非纯粹的技术存在，而是根植于社会土壤，与各个社会层面有千丝万缕的联系。由此，我们至少可以推导出两点重要的结论。首先，赛博空间受到它所在的社会的价值观、文化、权力制度、制度秩

① 见 Notes and References，Chapter 8，1。

序等方面的影响。当这些影响因素贴上性别化的标签，我们便可以假定赛博空间的社会根植性在某些方面必然也存在性别差异，而且这种差异将一直存在。基于上述分析，研究女性与赛博空间之间的关系十分必要①。当然，这种性别差异会因为地域、年龄、阶层、种族、民族、事件等方面的不同而千差万别。同时，在赛博空间，在某些地方，对于某些人，或者在某些情况下，并不存在性别化的现象。其次，赛博空间与个体之间的联系，包括社会、政治、经济联系，都建立在调解文化的基础上。这就意味着赛博空间并不只是信息交换以及学习如何使用硬件软件那么简单。在某种程度上，这些调解文化的形成受到了性别化以及其他典型因素的影响。

“性别化”概念近年来引发了颇多疑问，在本章中的使用更多地是出于表述的方便，用以代指纷繁复杂的一系列相关问题②。作为一种实际的过程或条件，性别化是一种多价态的存在，涵盖了女性的弊端以及女性主体价值的肯定。所谓的女性主体被定位为反对战争，保护环境，同时还具备其他很多主流优点。另外，女性主体性也有不同种

---

① 迄今为止，关于赛博空间的文献几乎都是关于某个特定的男性群体，无论内容专业还是通俗，区别在于是否明确说明这种倾向。这一点似乎无可厚非，因为网络的主要控制权便掌握在这些群体手中，而且他们同时也是赛博文化的主要缔造者。但是，这并不意味着我们不需要与这些群体之外的男性有关的信息。

② 关于性别和女权主义方面的文献可以用汗牛充栋来形容，其中有代表性的包括：《差异的产生：包容，排斥，以及美国法律》，玛莎·米诺著，康奈尔大学出版社 1990 年出版于伊萨卡；《女权主义与技术的对抗》，茱迪·沃克曼著，年创政体出版社 1991 年出版于剑桥；《无足轻重的女性：女权主义对于排斥的思考》，伊丽莎白·斯佩尔曼著，培根出版社 1988 年出版于波斯顿；《全球化与女性权利：亚洲范围内关于公民权和社群主义的辩论》，王爱华著，发表于《印第安纳全球法学研究：女权主义与全球化研讨会特刊（全球经济对女性及女权主义理论的影响）》，1996 年 4 月第 1 期；《女性的社会构成以及变化的可能：客观重温女权主义》（书评），发表于《加拿大女性与法律研究》，1992 年 5 月第 2 期，463－483 页。

类，包括因为阶层、种族、民族等主要社会类别导致的差异性存在。因此，只停留在“性别化”概念上是远远不够的。最后，从理论角度看，我们可以用生物性本质“雄性”和“雌性”来区分男性和女性主体。在这样的前提下诞生了一些职场文化，比如女性承担了男性的主体角色，或者男性承担了女性的主体角色。当然，本章的篇幅不足以阐释所有的差异，只能是泛泛而谈，并不能面面俱到。

网络分割

赛博空间不仅具有明显的技术特征和软硬件标准，还根植于特定的社会结构和权力动态①。它的领域超越技术范畴，一直延伸至非电子空间。世界上并不存在纯数字化经济，也不存在完全虚拟的公司。这就意味着包括权力、争论、不平等在内的等级制度已侵入电子空间，并且影响了软件的生产和使用。在很大程度上，赛博文化被塑造成男性文化。因此，尽管赛博空间给女性提供了全新的参与商务和政治事务的主动权，并不等于她们完全脱离了旧有的权力和不平等关系。②

如上文所说，赛博空间绝不仅仅是纯粹的技术存在，因此不能仅仅考虑其技术功能。这一点还可以通过区分个人接入网络和公共接入

---

① 尽管拉图尔使用了另一种说法，但是仍然能看出他其中蕴含的激进思想。他提出过这样的说法：“技术不过是长期化了的社会”（见 J. 劳主编的《怪物社会学》，劳特里奇出版社，1991 年出版于伦敦）。提出类似观点的还有：《当代社会学：信息技术的特殊问题》，苿迪·沃克曼主编，2002 年出版；《数字城市阿姆斯特丹：全球网络的使用》，吉耶特·拉文特和帕特里斯·李曼斯合著，发表于萨森主编的《全球网络城市》，劳特里奇出版社，2002 年出版于纽约和伦敦。

② 见 Notes and References，Chapter 8，5。

网络进一步得到验证。① 互联网空间与金融行业专用网络空间迥然不同，而有防火墙的企业网站和公共网站也有很大差异。作为专用赛博空间的典型代表，金融市场在很大程度上依赖专用的数字网络运行。数字网络具有三大特征：分散性接入、共时性、互联性。正是这些特征使得专业网络与公共网络之间存在天壤之别。虽然这些金融电子网络的权限依赖于一种分散性权力，即数以百万的投资人以及他们所做的决定，但实际上该权限仍然具有集中性特征。也就是说，最开始时专用网络或许跟公共网络一样以分散性权力出现，但随后的发展轨迹也许千差万别，最终导致与公共网络权力完全不同的结果。因此，网络权力很可能不会自始至终保持其分散性。干预机制会改变其组织构成。而保持其分散性的前提是始终处于某一种特定的模式中。综上所述，我们不能想当然地把分散性权力和数字网络的民主性看成是数字技术一成不变的特征，这样的观点或许只是乌托邦式的幻想罢了。

赛博空间在改变现有权力等级和特权结构方面的无能为力还体现在现有的网络分割现象很可能成为女性解放的绊脚石。毫无疑问，赛博空间给女性提供了更多的机会，无论在商界、政界，还是在家庭内部（见表 8.2 和 8.3）。② 比如，在一些数字化技术相当成熟的领域，职业女性享有了更多机会，并且可以通过自己的努力获得更多平等和回报，在一定程度上实现了同工同酬。但是，这一切并没有脱离现存的经济权力等级体系。从这个角度看，基于其本身的局限性，将解决性别差异的历史使命寄希望于赛博空间是不切实际的。

---

① 我在其他文章里曾经分析过这样的问题：我们关于赛博空间以及网络权力的观点在多大程度上受到互联网特性的影响？这个问题的前提是：不考虑公共数字网络和私人数字网络之间的本质差别。私人网络通常具有很强的排他性，一般情况下外人无法进入，比如一些金融服务企业以及大规模金融市场的私人专属网络。参见：《数字网络和政府：管理问题研究》，萨森著，发表于《理论文化与社会：全球化及国家主权特刊》，2000 年第 17 期，19 - 33 页。

② 见 Notes and References，Chapter 8，7。

在解决网络使用意向和使用技能之前，还必须面对另一个问题：网络的基础建设。① 电子空间在工业发达国家肯定比欠发达国家更普及，而即使在同一个发达国家，中产阶级家庭也比贫困家庭拥有更多的上网机会。但是，真正需要强调的关键问题是互联网的接入成本。与电话系统相比，上网费用要低廉得多。因此只要提供网络接入的途径，低收入社区和家庭的上网机会将会大幅增加，当然也包括女性在内。这一点我将在下文详细论述。

在我的研究过程中，首先承认了赛博空间的根植性，其次认识到软件是互联网空间建立的基础，也是其存在的重要标志。同时，软件还赋予互联网很多固有特征，并且推动了硬件的快速发展。② 互联网的这些特征表明，赛博空间和大的制度秩序之间的关系已经悄然发生了变化。此外，互联网软件开发重心的转变同样耐人寻味。一些位于前沿的软件开发商近年来侧重于设计具有防火墙功能的企业内联网以及企业之间的交易平台。③ 凡此种种都意味着本属于"公共"空间的互联网正在逐步走向"专用"。④ 另外，人们对电子商务日益高涨的热情极大地推动了与身份核实、商标保护、网上结算有关的软件行业的发展。这些软件的快速发展和在互联网上的广泛使用并不意味着赛博空间的公共化。事实上，用于推动网络的公开化和分散性的软件正日

---

① 见 Notes and References，Chapter 8，8。

② 见 Notes and References，Chapter 8，9。

③ 这样不但为企业节省了内部计算机网络的开发使用以及人员聘用和后续服务成本，而且节省了企业内网络连接（帧中继）和维持企业之间交易的网络通信成本。

④ 还有一点需要补充，即相关基础设施的私有化问题。参见：《全球化及其所引发的问题》，萨森著，第九章。自 20 世纪 90 年代中期以来，曾经由美国政府（即纳税人）出资建立的一些主干网便逐渐走上私有化道路。这样似乎改变了赛博网络的公共性质（至少部分地）。但是，即使使用者需要支付一些费用，也不会完全颠覆其公共特性。对于这样的公共资源，要求使用者付费也完全在情理之中。

益减少，甚至回到了互联网发展初期的水平，问题的严重性可见一斑。而且，那些最新开发的软件还为版权保护提供了支持，可用于有偿授权使用或接入，使用者既可以买断版权，也可以按此付费。在我看来，商业化不但没有给互联网带来那些自由主义或者新自由主义评论家们一直宣扬的民主前景，反而构成了严重威胁。同时，商业化还可能会影响包括女性群体在内的网民们以民主为前提的网络主动权。

但是，赛博空间仍然是公民参与的重要平台，并且参与的形式不断更新，尤其在公共接入部分。非商业化使用仍然占据互联网的主要阵地。商业化与非商业之间的斗争正如火如荼。电子商务和支付安全保障技术正全力以赴扩大自己的阵营。与此同时，非商业使用领域和用户群也在不断增长。一些由个人或无政府组织（NGOs）建立的民间团体也活跃在赛博空间，扮演着重要角色。

承认赛博空间的根植性有助于我们突破传统的将互联网和赛博空间归入乌托邦或敌托邦的二元对立。尽管赛博空间仍然存在男权文化和权力等级，但是它确实给女性提供了在政治、经济、个人等不同领域参与讨论、发挥主观能动性的机会。另外，在国际化的大背景下，这些主观能动性能够帮助她们突破国家和经济体的限制，走向更广阔的天地，在全球范围内发挥自己的聪明才智。

女性的网络参与和网络机会

赛博空间的根植性及其导致的更大层面上的社会反身性在女性的参与方面表现得尤为明显。迄今为止，尽管在互联网使用上女性的地位有了日新月异的变化，但是话语权仍然不足。这一现象也折射出女性在大的社会范围内所面临的矛盾境地。其次，赛博空间的特殊性使得赛博空间和大的社会秩序之间形成了全新的互动文化，也使得女性在参与网络时有了特殊的机会和形式。

汇总统计数据表明，在很多国家，女性在所有网络用户中的比例不断增长，但仍然没有达到一半。表 8.1 充分说明了部分国家互联网使用的基本情况。结果显示，至2000年，丹麦、澳大利亚、芬兰、匈牙利、新加坡、日本、立陶宛、泰国的女性用户占互联网用户的比例达到45%，而美国和爱沙尼亚的女性用户所占比例达到50%。这些数据暗示了某种特殊的发展趋势。比如，在美国，2000年首次上网的女性人数略微多于男性，而年龄在12至17岁的女性用户则增长了125%。由此可见，不同国家的情况虽然有所不同，比如韩国之于美国，但是女性互联网用户的数量同样一直在增长，这或许也体现了女性与时俱进、不断追赶潮流的心理需求。①

表8.1 部分国家的互联网使用情况（2000年）

国家	男性用户人数	女性用户人数	女性所占比例	女性用户占家庭用户比例
阿根廷	20	13	39.9	n. a.
澳大利亚	54	43	44.6	48.43
比利时	40	26	40.4	39.40
加拿大	60	40	40.5	51.00
中国	28	18	37.8	30.44
捷克	30	21	42.4	n. a.

---

① 对于女性使用何种网络并没有十分精确的数据，目前只涉及她们接触的信息种类。根据厄恩斯特和杨在2000年发布的统计数据，我们可以发现一些令人惊讶的趋势，比如女性网购的热情比男性低得多。在法国，只有五分之一的网购者为女性。在德国和英国，男性更愿意使用网络作为购物渠道。在波兰，女性占网购人数的20%，而在意大利，这个数字只有15%。不过，在美国情况正好相反，三分之二的女性使用网络购物平台，其中大部分为白人女性，并且超过半数为年收入在75 000美元以上的母亲。在英国，网络游戏玩家大多数为女性和儿童，其中22%的人表示，网络更安全、更有趣、更隐私。在花费30%的个人时间用于网络聊天的用户中，只有21%为女性。根据NetValue的统计，有43%的新加坡女性使用网络银行系统。同时，在香港和新加坡，女性网络用户占三分之一，而在韩国，这个数字达到38%。在美国，女性比男性更青睐使用电子邮件等网络交流方式与客户进行沟通。

续　表

国　家	男性用户人数	女性用户人数	女性所占比例	女性用户占家庭用户比例
丹麦	69	56	45.3	44.14
爱沙尼亚	35	31	50.4	n. a.
芬兰	49	41	46.8	46.06
德国	44	29	40.7	36.60
英国	40	28	41.9	42.83
匈牙利	19	15	46.5	n. a.
印度	18	7	26.7	n. a.
印度尼西亚	4	2	33.3	n. a.
爱尔兰	45	33	42.8	45.22
以色列	47	34	42.4	42.90
意大利	41	21	35.3	n. a.
日本	77	59	44.4	41.43
韩国	62	40	39.0	45.65
拉脱维亚	16	11	44.7	n. a.
立陶宛	10	8	47.6	n. a.
马来西亚	28	21	42.6	n. a.
挪威	69	57	45.7	42.05
菲律宾	12	9	43.1	n. a.
波兰	20	11	36.7	n. a.
葡萄牙	19	12	40.7	n. a.
新加坡	52	43	46.3	43.49
西班牙	32	20	39.4	39.12
中国台湾	45	36	43.2	44.20
泰国	21	17	45.5	n. a.
美国	58	54	49.2	52.18

备注：1. n. a. = not available（无数据）
2. 数据来源见书后“参考和注释”第12条

赛博空间的特殊性及其带来的全新互动文化在女性的网络参与方面同样表现得十分明显，主要体现在两方面：一是女性亲手创建的电子商务企业，二是以女性为服务对象的网站的快速增长。表 8.2 举例说明了 2000 年女性创建企业的情况。这些企业均由女性一手创办并亲自管理。当然，鉴于这些行业的不稳定，所有权或许会有变化，而管理权也有可能旁落。根据这些企业的特点，我们在表格中将它们分为四大类：1）门户和社区网站；2）服务型网站；3）电子商务；4）电子商务应用及技术。根据所列的网址可以搜索到更详细的信息。表 8.3 则列举了一些网络技术以及以女性为服务对象的电子邮件列表。有大量的网站是专为女性建立的，从健康知识到个人生活，内容可谓包罗万象。由于篇幅关系，非女性创建或管理的网站不在我们统计范围之内。另外，还有大量的网站专为某个年龄段的女性服务，并且同样由女性创建。①

表 8.2　女性创建的网站（有所有权及管理权）

种　　类	企业网站
门户和社区网站	Astronet
	AudioBasket
	eSampo
	Ivillage

① 这些网站包括：1）提供建议或信息的网络，内容包罗万象，从时尚到医药等多个领域，比如：Cybergrrl，Geekgirl，PlanetGrrl，MomMD. com，Jooly's Joint；2）从女性视角探讨科研、新闻的网站，比如：Feminews，women2women，Feminist Majority Foundation，WWWomen，iVillage，IGC；3）面向某些特定群体的网站，比如：H-Minerva（关注战争中的女性），Korelink Comfort Women（有韩文和英文两个版本，主要是关于日本侵略期间的韩国慰安妇问题），National Partnership for Women and Families，Sports-for-women，Home-Based Working Moms，Russian Web girls，Estrogen Music，Senior Spirit。

续 表

种　　类	企 业 网 站
	ThirdAge Media
服务网站	Desktop. com
	EDGAR Online
	E-Loan
	NetCreations -被第三方现金收购，已不复存在
电子商务	Della. com -更名为 weddingchannel. com
	Eve. com -停业后更名为 sephoro. com
	oneNest
	Petopia -被 petco 收购
	Sparks. com
	SuperVerticals
电子商务应用及技术	CoVia
	eCommerce Industries
	Marimba
	RightWorks

备注：1. 某些企业可能已被出售，但未注明；
2. 来源：Dotcom Divs，2000.

表 8.3　网络技术以及为女性服务的电子邮件列表（电子论坛）

名　　称	功　　能
AFRO - TECHIES	专为非洲女性提供技术服务的讨论组，包括实际操作和知识传授
ASIA - WOMEN - IT	专为亚洲女性提供信息通信技术方面的指导
A - WIA（American Women's Internet Associaltion）	专为美国女性及其支持者建立的组织，提供与互联网相关的服务
CONFERENCE - L	在女性互联网大会（1997 年 10 月 10 日—21 日）期间提供讨论平台

续 表

名　称	功　能
CYBORG－L	由“Women on the Net”创建，隶属于联合国教科文组织的项目之一，为国际通信系统提供跨文化性别研究视角
FACES	利用网络资源为女性服务的邮箱，尤其是对媒体和通信领域有兴趣并需要分享项目、展览、重要观点或文本的女性群体
FEMINAMAIL	由专为女性服务的搜索引擎 Femina 提供技术支持，每周由 Femina 数据库提供更新
FEMINANET	为女性提供与个人生活、职业、学术相关的网站，以获取帮助
GK97－GENDER	为“97 全球知识大会”服务，主要关注与知识和信息技术相关的性别差异问题
GRANITE	为女性服务的讨论平台，主要着眼于从女性视角出发并且与新信息技术相关的研究
GRRLTALK	探讨 FUN/Linux 操作系统、“开放软件资源”运动、“免费软件基金会”
ISOC－WOMEN－DISCUSS	探讨互联网接入和接收信息等方面
KNOWHOWCONF	为 KnowHow 大会服务
MAC－WOMEN	苹果电脑帮助论坛
MAIDEN－L	为女性新网民提供帮助
NOWA. INTERNATIONAL	为授课对象是女性的电脑培训人员（女性）服务，尤其是关于新技术的资讯，为女性量身定做的培训方案，网络媒介等
SPIDERWOMEN	为管理和设计网站的女性服务的论坛
UHURA	在线协作研究项目，为研究网络的女性服务
VS－ONLINE－START	为利用电子通信和出版技术的女性组织服务的论坛

续 表

名　称	功　能
WEBWOMEN - CHAT	为女性网民提供的非技术讨论平台，“使讨论重心远离技术”
WEBWOMEN - GRAPHICS	与计算机制图相关的一切领域
WEBWOMEN - HTML	为女性网站开发者服务
WEBWOMEN - TECH	为负责网站技术管理的女性服务
WISDOM	为澳大利亚及其他地区对网络阅览感兴趣的女性互联网网站开发提供帮助和在线指导
WOMEN - L	主要探讨女性在互联网及其技术方面的问题
WOMEN IN TECHNOLOGY	通过 Tropica 可在当地或全国范围内建立邮件联系
WOMEN OF KALI	以温和方式讨论女权主义政治，尤其是媒体和网络中的“贬抑女性倾向”
WOMEN SPACE	女性及女性组织如何使用网络

备注：除本表格中列出的网站之外，还有关于其他很多主题的网站，由于篇幅问题，一概略去。

这些网站不仅作为工具发挥了提供信息的功能，而且指引我们走进互联网，走进另一个多姿多彩的世界。而且，它们用自身的价值集体反驳了一直以来人们对赛博空间的误解，即网络减少了人们的社交活跃度和社区参与度。恰恰相反，网络建立了很多本地社区。同时，因为赛博空间的存在，这些本地社区有更多机会融入由大量相类似的社区交织而成的跨国网络，当然这个过程也许不可预料，也许身不由己。在接下来的部分，我将从女性激进主义者在赛博空间的表现入手继续探讨这一主题。

女性在赛博空间的斗争

研究女性在赛博空间的网络存在和网络使用的社会政治含义有不言而喻的价值。其中，最重要的便是揭示各种女性熟知的“本地”情况或者早已习以为常的领域可能发生的变化。在这些领域内，女性一直是通向“全球范围内的微环境”的关键因素。这些领域包括家庭、社区、邻里、当地学校、医疗保健中心等等。上文提到的“转变为全球范围内的微环境”是指网络连接技术能够跨越社区、城市、国家的地域限制，通过一系列结点将不同地区的当地机构连接在一起。这样的社区网络足以使人们进行全方位、立体化的交流与合作，进而团结一致，互相支持。对于那些在当地面临重重阻碍甚至长期遭受压迫的个人或团体（包括女性在内）来说，这样的网络无疑给他们提供了实现个人梦想的空间，有助于他们完成计划、追求成功。

这样的网络还预示着各种美好的前景。在此之前，女性的活动空间往往是以家庭为圆心，所涉及的领域也大多与家庭有关，因此很难接触到更大范围的公共领域，更不用说跨越国界了，因此女性的社会参与度一直维持在较低的水平。但是，随着网络技术的发展，正如表8.3中所列举的那样，很多网站都给女性提供了专属平台，使她们可以与身处异国他乡的同病相怜的姐妹们交流。因此，网络帮助她们跨越了社区、城市、国家，使她们看到了更广阔的天地。其次，在全球化背景下，跨国交易在全世界的每个角落都已屡见不鲜，并由此催生了很多非政府机构的产生。借助这样的条件，尤其是无政府组织的帮助，女性获得了前所未有的优势地位。① 曾几何时，即使女性有志于从事与国际关系相关的工作，也几乎无用武之地，因为当时的无政府组织既无影响力，也无话语权，处境十分尴尬。但今天的无政府组织已经摆脱了过去的阴影，在国际社会扮演着重要角色，也有足够的能

① 见 Notes and References，Chapter 8，14。

力帮助女性涉足之前根本无法想象的领域。赛博空间像一个纽带，将那些规模小、资源少的无政府组织联合起来，共同参与国际事务。这对于那些为了解决女性问题而奋斗的女斗士们来说，是非常大的进步，无论她们的后盾是女性组织，还是像“人权组织”那样范围更大的无政府组织。①

我们正处在数字网络发展的关键时期，无论是实力雄厚的企业，还是性能卓越的网络，都在不断强化专用数字空间的发展，同时改变公共接入数字空间的结构。数字空间已不仅是通信方式，而且是资本积累和全球资本运作的舞台。与此同时，组织形式各异的民间团体也在赛博空间发挥着越来越重要的作用。网络文化的多元化和参与群体的广泛性有助于平民群体获得更多的政治利益，也有助于抵制财力雄厚的企业设定不公平的标准。对全世界不同地区的平民阶层来说，互联网发挥了重要的桥梁和纽带作用，使他们能够互相交流，互相支持，无论是为了争取人权，保护自然环境，还是组织工人罢工，事无巨细，都可以通过网络使身处不同地区或国家的群体为了同一个目标共同奋斗。而且，无论这些群体规模如何，影响大小，覆盖范围是某个地区还是全世界，在互联网上都拥有平等的话语权。② 而比这些事实更重要的是其背后的意义：互联网突破了原有的国家与国家之间的严格界

---

① 这些活动范围覆盖全球的机构包括：“全球生存网”（网址：www.globalsurvival.net）；“反奴隶制和贩卖人口同盟”（网址：www.traffickedwomen.org）。相关的详细目录参见：《全球民间社会年鉴 2002》，牛津大学出版社 2003 年出版。

② 网络也许将继续为民主活动提供广阔的空间。但是，它也将成为反抗经济垄断和特权阶层的重要平台，而不是催生不受限制的自由的土壤，因为所谓的“无限自由”不过是一种理想化的存在罢了。我们在这个空间里会有争论，有抵制，有不同的声音，而不是某些人活得绝对的自由，也不是仅仅将网络用于彼此之间的沟通。参见：《交流，公民权和社会政策：反思福利国家之限制》，安德鲁·卡拉贝斯和吉恩·克劳德合著，Rowman & Littlefield 出版社 1998 年出版于牛津。

限，使得越来越多的声音能够在瞬间传遍世界每个角落。

另外，通过互联网，一些区域性运动很可能加入世界性运动的大家庭，成为全球网络的一分子，但同时又无需抛弃其特有的区域性。对于世界上很多地区的女性来说，这一点尤为重要，因为她们长期受到客观条件的限制，只能在某个区域活动，或者只能关注某个区域的事务。可见，数字技术打破了区域限制，互联网推动了跨国（cross-border）运动的发展。一些社会活动家或者积极分子通过网络既可以传播信息（比如关于环境、住房、收入等），也可以组织政治活动，商讨战略战策。关于这样的跨国社会工作有很多例子，比如由希拉·帕特尔创建的SPARC。该组织最初成立的目的是为了帮助孟买贫民区的妇女争取权益。现在，SPARC的组织网络已经遍布全亚洲，以及拉丁美洲和非洲的部分地区。在我看来，这就是互联网推动社会活动的典型例子。不同地区的区域性组织即使初衷不尽相同，也可以突破地区和国家的限制，在全世界范围内通过互联网进行沟通，互相支持。当然，全球性网络并不意味着所有的活动必须是全球性的，也包括一些围绕区域性问题建立的区域性网络。

数字网络既可以覆盖全世界，也可以仅仅为某个城市或地区的居民服务，促进彼此之间的交流，这是由它的内在结构决定的。通过交流，居民可以了解邻近地区的情况，并且通过比较不同地区之间的利弊，对当地事务有更清楚的认识。这些地区一般都处于同一城市，而不是远隔千里万里。当然，网络也可以促进远隔千里万里的不同地区之间的交流。通过这样的交流，人们可以了解在世界的另一头也存在与自己十分相似或者完全不同的另一个“当地社区”。总之，社会活动家利用数字网络既可以促进全球性的或非区域性的交流，也可以促进某个城市或乡村内部的交流。随着数字网络的日益全球化，“区域化”正逐渐消失，这似乎是不争的事实。但我们不得不承认，国际视野固然重要，但本土意识也不能忽视。同一个城市内人们的交流或许对个体来说更为重要。因此，重新认识数字技术在某个区域（如某个城市）内的作用尤为重要，主要体现在促进人们参与社会活动的积极性，以及提高人们的结盟意识。①

这条通向全球化的途径不过是众多可选择的道路之一。它的主要特征是将分散在各地的“地方区域”连接起来，彼此沟通信息，共同参与活动。在网络上，人们的一言一行，一举一动，看似平常，实则暗藏玄机，除了社会交往之外，还有可能是出于某种斗争的需要。另外，这些“地方区域”或者“地方区域”结成的网络既缺少必要的社会资源，又没有公认的社会地位，只有通过网络才能完成一些不可能完成的任务，如设立制度。因此，我们看到了女性地位和角色的转变，她们摆脱了家庭的限制，走向了国际大舞台，成为全球化网络中至关重要的一分子。但同时，她们又无需放弃自己的本职工作以及在社区中担任的角色。曾几何时，作为她们的生活重心和主要的活动场所，“家庭”意味着一个范围有限的物理空间。但现在，“家庭”已成为组成全球化大环境的无数微环境中的一员，她们虽身处一隅，却可以纵览天下。因此，她们无需背井离乡，四处漂泊，而是继续安居一隅，或者与家人其乐融融，或者为了某种权益加入社区斗争，但无论她们做什么，都已经成为全球社会网络的重要一环，不可或缺。

具有讽刺意味的是，就社会斗争而言，赛博空间或许比现实中的国家政治制度更实际、更可靠。它为那些通过正当途径无法参与政治事务的非主流群体提供了广阔的空间。对于国家而言，政治需求必须通过现有的合法制度才能得以实现，无论是选举政治制度还是司法政治制度（比如将国家机关告上法庭）。在这样的主流政治制度下，非主流群体几乎完全被忽略。而赛博空间完全挣脱了传统的政治制度的束缚，不仅能够容纳形式各异的社会斗争，而且促进了各种新型政治主体的出现。在赛博空间里，这些政治主体无需与现有的政治制度正面

① 见 Notes and References，Chapter 8，17。

交锋，而是可以通过非正常途径达到自己的目的。① 至于同属于非主流政治阶层的女性群体，她们以及她们的斗争都长期被排除在主流政治制度之外，因此赛博空间也必然成了她们组织斗争和发挥能量的最佳阵地。

① 作为政治活动的具体场所，一些城市，尤其是国际化城市，不得不纳入我们探讨的范畴。在为了达到某种目的而采取各种政治行动方面，赛博空间与这些大都市有异曲同工之处：与警察暴力执法以及城市中产阶级化的斗争，为无家可归者和移民争取权利的斗争，以及为同性恋争取权利的斗争，等等。我们常常可以在大街小巷看到这样的活动。因为直接由参与者完成，而非借助于大众媒介，因此发生在城市空间的政治更加具体可见。这些发生在具体空间（如大街小巷）的政治活动为很多政治主体创造了条件，因为他们摆脱了正规的政治体制的束缚，通过更简便的方式发表诉求，达到自己的政治目的。

第九章　技术权力和赛博未来

蒂姆·乔丹

在赛博空间绚烂的画卷上，我们可以看到浓墨重彩的一页，那便是虚拟世界的种种权力间的博弈。博弈的主角不外乎是赛博空间内的各个虚拟社会。他们根据自身的力量占山为王，割据一方，在政治、技术、文化等领域展开生死搏斗，虽无刀光剑舞，实则步步惊心。之所以在赛博空间的理论体系中植入赛博权力（网络权力）的讨论，是因为我们有必要发现虚拟世界中的暗流涌动，并揭示此消彼长的各种力量。而在此之前，必须先界定两大概念：个人的赛博权力和社会的赛博权力。① 如若不然，我们便不能透彻地理解虚拟世界内的个人、社会、技术权力、团体间的相互关系，也不能透过这种关系看清隐藏在迷雾背后的数字草根和数字精英两大阶层之间的相互对立和彼此制约。在界定完概念之后，作者将分析 RealJukebox 泄露用户隐私的案例，并详细阐述赛博权力的影响。

① 本章对于“第三方权力”不加讨论，而是将重点放在探讨赛博权力和赛博文化之间的关系上。参见：《赛博权力：赛博空间和互联网的文化及政治》，蒂姆·乔丹著，Routledge 出版社于 1999 年出版。

作为本章的关键词，“权力”的概念并不像表面上那样简单，而是有广泛的外延和深刻的内涵，因此要解释清楚十分困难。为了完成这一艰巨的任务，我们不得不将目光从赛博空间暂时移开，转向对“权力”进行界定的中心任务上。对本章的权力概念有重要影响的是一些在学术界有较高知名度并得到广泛承认的权力理论，主要包括马克思·韦伯、米歇尔·福柯以及巴里·巴恩斯（Barry Barnes）的研究成果，而对本章内容有直接影响的则是前两位学者。韦伯的权力体系以个人权力为核心，因而对我们理解个人的赛博权力有十分重要的意义。福柯则是将权力视作人们日常交往的一种策略，目的是获得支配权，因此对我们理解社会的赛博权力提供了十分有益的理论支撑。① 韦伯的个人权力理论和福柯的社会权力理论尽管存在很多差异，但也有共同之处。他们都认为对权力概念的理解对于认识人们在处理问题时的行为能力有很大的帮助。作者正是带着对权力的以上认知开启了本章对赛博空间另一个层面的探讨，但同时必须要说明的是，这些认知必须以“真实存在的”赛博空间为背景，而且必须从属于对赛博权力的阐释。接下来，我们将迈出探讨赛博权力的第一步，首先关注全世界的人们都已司空见惯并广泛参与的一种日常行为——登录。

个人，身份和等级

我们习惯于独自进入赛博空间，开始一个人的孤单旅程。当我们坐在电脑前，浏览着那些吸引我们眼球的文字，我们并不会主动去体会他人的喜怒哀乐，而是首先要面对自己在虚拟世界的形单影只。这种个人存在感有双重含义。第一，人们必须登录之后才能与赛博空间（网络）相连。在此过程中，他们通常要输入网名和专属个人密码，然后才能进入赛博空间的那个小天地（如电子邮件、个人钟情的网站等）。第二，当他们试图进入另一个小天地时，便需要重新登录，再一

① 见 Notes and References，Chapter 9，2。

次进行个人身份的确认，如输入网名，进行个人描述，或者提供个人简介。因此，这样的一次次重复性登录赋予了人们一种个人存在感，而这种存在感使得人们以为赛博权力便是个人所拥有的一系列权力。赛博空间似乎是不同于现实世界的世外桃源，人们在这个世界里可以尽情地为所欲为。人们的所有行为都可以归结为两点：身份的不确定性和被颠覆的等级体系。接下来将就这两点作简要说明。

“身份的不确定性”高度概括了网络身份的重要特征。众所周知，网络论坛可谓五花八门，令人眼花缭乱，但无论哪个论坛，都无法确切地知道登录者的真实身份。比如，有这样一个著名案例：一位虔诚的犹太教徒，男性，职业为精神科医生，生活低调有节制，滴酒不沾，远离毒品，身体健全，性取向正常，但在网络上却成功化身为一位无神论的神经心理学家，且生活糜烂无节制，吸烟酗酒，沾染毒品，男女通吃，有性虐倾向，虽身体残疾，却行事乖张，飞扬浮躁。这样一个将社会精英塑造成极品人渣的典型例子充分说明了网络身份与现实身份之间的巨大反差①。但是，并不能就此认定，现实身份在网络上完全无迹可寻。网络身份跟现实身份一样，都具有对个人进行限制、界定、分类的功能，但是所涵盖的内容并不相同。从广泛的意义上说，网络身份的建立有两大指标：身份标识和个人风格。但是，这两个指标并不意味着能够强制个人在网络上暴露自己的真实身份，尽管也许有多种方法可以揭示被掩盖的真实身份。

身份标识包括地址、姓名、自我描述，以及其他进入赛博空间时留下的痕迹。其中，最常见的莫过于电子邮件地址。假设，某一天早晨，你收到了两封邮件，分别来自以下地址：dark，knight@hacktic. nl 以及 billg@microsoft. com. 即使不打开邮件，你也可以初步认定写信人的身份。比如，从前一个地址中的 hacktic 和 nl 可以推测这是一封来自荷兰黑客的邮件，因为 Hack Tic 是一个著名的黑客团体，而 nl 则是 Netherlands（荷兰）的缩写。后一封来自微软的邮件则很可

① 见 Notes and References，Chapter 9，3。

能出自世界首富之手，因为众所周知，billg 便是大名鼎鼎的 Bill Gates。即使是同样内容的信息，如果来自不同的发件人，那么，对发件人身份标识的不同解读将很可能导致对信息内容的不同理解。身份标识包括发件人写在邮件最后的签名，一些角色扮演游戏（如 Muds 等实时的以文本形式进行的多角色在线游戏）中冗长的个人描述，以及用于 3D 虚拟空间的虚拟人。另外，一些论坛允许个人可以在不同的列表或讨论组中使用不同的名字。这些名字自然也属于身份标识。这些标识就等同于现实世界中人们的身材相貌，透露出他们的性别、人种以及年龄。身份的第二个指标是个人风格。如果某人长期活跃于某个网络空间，一定会通过自己的言行留下诸多痕迹，长此以往，还将形成独特的个人风格。那么，一旦他出现，其他人便可以根据他的活动规律（如语言特点）轻而易举地辨认出其身份。网络群体同样拥有独特的身份标识，“缩写”便是其中最有代表性的一种。比如，一些在线讨论组用 btw 代表“by the way”。有时，一些讨论组还会形成内部独有的缩写形式。多纳特（Donath）曾经发现有一个新闻讨论组在讨论怀孕事件时用“onna”代表“oh no not again”。① 这些缩写或代表个人风格，或代表群体风格，将其他无共同语言的个人与群体拒之门外。

在网络上，我们用不同于现实世界的标识来构建一个人的身份。比如，在现实世界中，我们根据某人的面孔推断其年龄，而在网络上，我们可以根据地址（如 . edu）判断其职业（与教育有关？学生？教师?）。在现实世界中，我们根据某人的衣着判断其社会特征，而在网络上，我们可以根据语言风格判断一个人的个性。赛博空间的身份的确存在，但是又不同于现实世界。人们很可能会得出这样的错误结论：在现实世界大行其道的权力在网络上消失了。而事实上，既然身份在网络空间依然存在，那么由此形成的网络权力也必将存在。

对于网民来说，除了身份之外，另一个比较显著的问题是网络虚拟对等级制度的影响。这种影响主要体现在三个方面：身份，多对多

① 见 Notes and References，Chapter 9，4。

的交流，以及反审查。首先，身份是构成现实世界中等级体系的最重要基石。因此，如果无人知晓你的身份，那么你将失去在等级体系中的位置。这一点似乎毋庸置疑。于是，有人便将自己的网络身份与真实身份完全割裂，以为这样便可以与现实中的等级划分脱离。然而，在网络上，身份并未完全消失，而是根据身份标识和个人风格重新得以确立。这也意味着等级体系的重新确立。布朗文（Branwyn）曾经举过一个著名的例子："在网络性爱中，打字速度快或者文字功底好都是绝对的优势，就好比现实中拥有美腿翘臀一样。"这段话最初出自一位性爱狂热分子。① 由此可见，构成网络身份的标识同时也是构成网络等级的标识。因此，我们可以很自然地推断，来自 billg@microsoft.com 的信件一定会受到特别的对待，因为发件人的特殊身份注定了这封信与众不同的命运。等级制度被打乱的第二个表现形式是多对多交流的普及以及由此产生的多人参与决策。在现实世界中，多人参与决策受到很多因素的限制，包括时间、空间、身份，等等，因此很难保证大家在同一时间聚集到同一地点，并且还要克服等级制度的严格限制。斯普劳尔（Sproull）和克莱斯勒（Kriesler）的研究表明，网络交流与传统的面对面交流相比有很多明显的优势，比如，包容性强，更平等，决策时间更长，持不同意见者更易交流等。② 等级制度被打乱的第三个表现是互联网对审查制度的破坏。任何试图被封锁的信息一旦在网络上发布，政府部门或者执法机关即使想阻止也来不及了。赛博空间的全球性在这一点上显得尤为重要。只要有一个国家透露某个信息，那么，全世界很快都将知晓。同样，现实世界的等级制度也将受到信息自由的冲击。比如，近些年在英国一直存在这样的争论：病人是否可以通过互联网了解疾病并且进行治疗？这样做是否会挑战医生的权威？即使没有这样的争论，我们也可以得出结论：在网络时代，赛博空间的交流如此便捷，任何人想控制信息恐怕都将是痴

---

① 见 Notes and References，Chapter 9，5。

② 见 Notes and References，Chapter 9，6。

心妄想。

既然身份的不确定性和被颠覆的等级体系是从个人的视角进行阐述的，那么这两者所涉及的权力也必然属于个人的网络权力。有人提出了这样的问题：赛博空间到底给个人带来了什么？我们的答案是：在赛博空间，我们可以重建个人身份，颠覆等级体系，并且拥有了各种权力。这些权力帮助我们去完成在现实世界不可能完成的任务。比如，病人可以从互联网获得信息，并且挑战医生的权威，提出不同的治疗方案。现在，我们可以理解为什么赛博空间既带给人们无限希望，又赋予人们无限责任，因为这个舞台的主角便是一个个普通的个体。他们运用赛博空间给予的种种权力发挥自己的力量，从而改变世界。而赛博空间的真正希望便在于此。这些普通的个体通过一次次的登录来找到存在感，并体会到个人的网络权力。这样反复的登录，进入赛博空间，确认个人身份，证明自己的价值，并不是滑稽可笑的行为，而是全世界数百万人每天不可或缺的生活的一部分。虚拟并非意味着虚无，而是“真实存在”的另一个空间。

技术权力：从个人到集体（以及从集体到个人）

很多人发现，自己对网络生活的认知有了彻底的转变①，最明显的莫过于从最初的困惑怀疑到现在的习以为常。在确立自己的网络身份之后，人们试探性地一步步踏入原本陌生的虚拟空间，结交志同道合的伙伴，进行推心置腹的交谈，了解彼此的独特魅力。人们同样变得习以为常的还有赛博空间的各种规则，从模糊到清晰，从无序到规范，日趋完善。但是，人们也越来越清楚地意识到，在各种群体出现之后，个人将不再是网络生活的终极动因。这种转变并非因为任何魔力的作用，而是符合社会学一般规律的自然结果。即使是那些曾经认为个人拥有至高无上权力的群体也很快意识到，由多数人确定集体责

① 我所讲述的故事关于从个人到集体的转变。但是，我要强调的并非这一转变本身，而是赛博空间的两种权力类型。

任和规则是必然的趋势，任何个人都无权控制。由此可见，个人网络权力和社会网络权力之间的区别并非是个人和集体之间的简单对立，而是二者在主次关系上的完全颠倒。在个人网络权力体系中，由拥有网络权力的个人创建集体组织，因而个人是赛博空间的根本动因，也是各个群体的有机组成部分。而与之相反的是，在社会网络权力体系中，由集体制定各项规则，以约束个人的行为。在这两种权力体系中，虚拟个人和虚拟群体皆同时存在，但是彼此的主次关系完全相反。社会网络权力的理论基础是个人只有在特定的社会条件下才能采取某些行动，而不是按照个人的意愿为所欲为。

我们在赛博空间的一举一动，无论是买卖股票还是更改网络游戏中的性别，都离不开各项网络技术与服务，所牵涉的包括互联网供应商、路由器、个人电脑、光纤电缆、调制解调器，等等。这些技术与服务不仅对于赛博空间的建立功不可没，而且始终如一地保证其正常运行。而那些由虚拟个人组成的群体在本质上也必须依赖某种技术才能实现。比如，著名的 Usenet 新闻网络便是由通过 Usenet 技术创建的新闻讨论组组合而成，而每个新闻讨论组又包含成千上万的讨论帖。此外，游戏玩家可以搭建虚拟房屋，网络用户可以完成制图。凡此种种，都是赛博空间赋予个人的网络权力，而技术是真正的幕后英雄。每一项技术都凝聚了集体的汗水和心血，也成了众多用户共享的集体财富。如果你认为赛博空间是任由各个社团和组织驰骋的天地，那么就不得不承认“技术权力”已然粉墨登场。

技术权力①是游走在赛博空间的行者，倏忽来去，行踪不定，却又与空间的两端藕断丝连。一端是冷冰冰无生命的各种硬件软件，如键盘、显示器、电子邮件程序等，另一端则是这些硬件软件中隐含的社会规则和道德规范。当然，这些规则和规范不可能自发产生，而是来源于设计、制造、管理这些硬件软件的人员。这两端既相互关联，

---

① 这一关于技术权力的论述不仅吸收了社会学关于科学知识和技术方面的观点，还体现了对于认识论的政治化解读。

又水火不容。比如，电子邮件确实为推动多对多交流做出了巨大贡献，但同时我们也产生了一系列疑问：为何要设计这一程序？谁是始作俑者？它还将导致怎样的结果？在提出疑问的过程中，我们实际上揭开了这些软件冷冰冰的外衣，试图去发现软件代码的字里行间透露出的道德原则或个人理想。技术权力在无生命的技术和充满生命力的价值观之间左右逢源，从而形成了赛博空间的社会结构。这种结构类似于中国盒子，每打开一层，会发现里面还有一层，层层套嵌，繁复无比，但是每一层的内容都大同小异，不外乎是各种技术以及相应的价值观。另外，技术权力同样存在于现实生活。从汽车引擎（为何这些玩意儿具有如此威力?）到冰淇淋，各种技术产物充斥着我们生活的每个角落，并且透露着各种道德讯息。技术权力在网络和现实中的区别就在于影响力的不同。赛博空间的社会结构几乎完全建立在技术权力的基础之上。当我们从社会视角观察赛博空间，会发现个人及其权力统统消失，出现在视野中的只有技术权力，因为它是赛博空间存在的关键前提。无生命的技术主导着人类的生活，如同有生命的人类创造了技术一样。在社会学的层面上，赛博权力就是技术权力。但是，虚拟的技术权力还包含其他层面，有待进一步发现。

技术权力的螺旋式上升和信息超载

因为计算机和网络技术不断的更新换代，人们对信息如饥似渴的需求也不断得到缓解。与此同时，对这些数量庞大的信息进行控制也成了迫在眉睫的问题。就目前来看，效果并不能令人满意。所谓的“技术权力的螺旋式上升”由三个时间段构成：信息超载，用各种手段控制超载，信息超载的复发。三个阶段循环往复，永无休止。首先，网络用户会一直面对信息超载的问题。在这个信息极度膨胀的时代，赛博空间成了产生并传播信息的最前沿阵地。① 一方面，赛博空间鼓励人们主动传递信息，而不是被动接受。另一方面，与其他空间相比，

① 见 Notes and References，Chapter 9，9。

赛博空间在信息传播的数量和速度上都更胜一筹。而与传统的传播方式相比，赛博空间最大的突破是在提升效率的同时降低了成本，使用户可以以最低廉的价格接收或传递最多的信息。由此导致的最直接的后果便是信息超载。每次登录邮箱，都会淹没在不计其数的邮件中，很多还来不及打开，便已被匆匆删除；每次搜索网页，都会发现浩如烟海的数据链接，结果要么在电脑硬盘下载数以百万兆的文档，要么面对桌上堆积如山的打印稿，但无论是文档还是打印稿都终将面临无人阅读的命运。你们难道没有发现自己每天都在经历这样的挣扎吗？难道没有意识到真正的原因就是信息超载吗？赛博空间在提高信息传播的数量和速度的同时，不可避免地导致了信息超载的一再发生。

技术权力螺旋式上升的第二个阶段是采用各种手段控制信息超载。通常，这些手段指最新的技术。为了应付赛博空间的信息超载，人们想出了各种解决方法。梅斯（Maes）列出了其中一些常见的软件，可用于帮用户安排会议，过滤网络新闻，推荐书刊杂志、音乐，以及其他的娱乐选择，等等。① 这些手段表现出一些共同的特征。首先，它们在用户和信息之间进行某种干预。也就是说，某些技术表面上是为用户提供信息，实际上是在控制信息超载。其次，这些干预手段本身也存在信息超载的问题，因为任何软件都需要进行安装并按照一定流程使用。无论该软件多么复杂，用户都不得不想方设法去理解其中的奥妙，否则就只能听之任之。第三，开发新技术的初衷是为了使用户更便捷地使用网络，但往往造成新的信息超载的问题。很多技术或软件的研发目的都是为了减少用户处理信息的压力，或者用自动化处理代替人工处理。但是，自动化处理的过程本身就包含了更多的信息，因为新技术使得人们获得信息更加快捷，因而会面对更多待处理的信息。比如，像 Yahoo 以及 Excite 这样的搜索引擎本来是为了帮助用户更快捷地找到所需的网络资源。但是，这些搜索引擎本身也承担着过多的信息处理的压力，因此只能对其中的一小部分进行分类，因而需

① 见 Notes and References，Chapter 9，10。

要很多这样的引擎共同协作，才能应付越来越多的网络信息。为了解决这一问题，人们开发了多元搜索引擎（meta-search engine），使用户可以同时搜索到其他搜索引擎的结果。可见，无论对信息的处理是否令人满意，用来解决信息超载的工具都将面临相同的难题。无论是单一搜索引擎，还是多元搜索引擎，只会导致赛博空间的网络超载日益恶化。

就是这样周而复始的信息超载导致了技术权力的螺旋式上升。出现信息超载、用技术手段解决超载、再次出现超载、用更新的技术手段解决超载……这个过程是赛博空间无法解决的死命题，也是技术权力存在的基础。换句话说，在个体追逐网络权力的过程中，他们不断地寻求更多的技术手段来控制似乎无穷无尽的信息。而人们对技术手段的追求直接导致了技术权力的不断膨胀，也使得赛博空间在技术上越来越复杂。反过来说，那些拥有专业技术能力的人便拥有了控制赛博空间的能力。从这个意义上来说，“数字精英”可以定义为拥有专业技能，并能够管理和创造他人赖以生存的虚拟空间的专门人才。这个群体可以分为两类：一类是自己拥有某种知识或技能，能够控制赛博空间的某个领域，比如黑客；另一类则能够指挥或控制其他拥有专门知识或技能的人，在某个领域作出卓越的贡献，比如开创了微软和Windows的比尔·盖茨，以及带领多位专家开发出Linux操作系统的莱纳斯·特沃兹（Lenus Torvalds）。这些数字精英控制着赛博空间的主要脉络，而随着技术权力的螺旋式上升，他们的控制力不断增强，赛博空间的技术也日益复杂。

如果社会网络权力占据支配地位，拥有专业技能的精英阶层将借此机会在赛博空间获得越来越多的自由，而个人用户对技术的依赖将越来越强，自然对赛博空间的控制力越来越弱。归根结底，技术权力的发展方向应该是将技术手段的使用权交给对技术并不十分了解的个人用户。如果个人网络权力有朝一日能够占据主导地位，即赛博空间能够给予个人更多的使用权和控制权，那么社会网络权力的前景将一片暗淡，因为它代表了拥有专业技能的数字精英阶层的利益，而忽略了个人的网络权益。

草根阶层和精英阶层：REALPLAYER 案例分析

个人网络权力和社会网络权力互为制约，此消彼长。个人用户经常通过解决信息超载的问题来寻求更多权力，并设法保护其既得利益。为了达到这一目的，他们试图在使用新的技术方面获得更多权力。但是，这些解决信息超载问题的技术通常是精英阶层控制赛博空间的重要手段，也是他们维持并拓展控制权的必要条件。这两种权力之间的博弈可以通过以下案例得到充分说明。该案例发生于 1999 年，主角为 Real Networks 公司推出的 RealJukebox 播放器，而事件的核心是窃取用户的隐私。

能够在网络上观看视频或收听广播无疑是对个人权限的拓展。这不仅仅是消费功能的拓展，比如身在澳大利亚的用户可以收听英国广播，而且标志着个人身份的彻底转变，因为用户可以很方便地建立自己的广播电台。也就是说，曾经是有钱人专利的电台或电视台对草根阶层也变得触手可及。这便是网络带来的权力的悄然变化。为了支持上述功能，一系列新技术产品被开发出来，同时也意味着新的技术权力的出现。在这些技术成果中，最重要的便是 RealPlayer 播放器。RealPlayer 支持用户在网络上观看视频，收听广播，而且几乎免费。另外一款支持在个人电脑或网络上播放音乐的软件是 RealJukebox。借助于这些技术产品，个人用户的权力得到了极大提升，因为他们不仅可以在网络上收听实时广播和录音文件，观看直播节目或视频，还可以亲手制作视频或音频文件，并在网络上与其他用户共享。

但是，1999 年，Real 推出的这些软件被爆出丑闻，它们的功能并非产品说明中的那么简单。爆料者名叫理查德·史密斯，是一位专门在网络上发掘隐私信息的技术人员。有一天，当他在寻找演讲素材的时候，专门搜集了 Real 在用户隐私方面的信息。通过分析 RealJukebox，他发现该播放器每天记录用户信息并发送至 Real 信息处理中心。这些信息包括存储在用户电脑硬盘中、在电脑上播放或者从网络上下载的歌曲，以及他们所使用的MP3的品牌型号。同时，用户使用或播放的频率也被记录下来。另外，史密斯还发现了加密信息。经过他一位朋友的解密，真相彻底暴露。原来，这些加密信息对应的是一些身份识别数字，即每个数字都对应一位用户。按照Real的要求，用户免费下载RealJukebox之前必须先进行个人注册，输入一些信息，包括姓名、地址、电子邮箱等。每注册一位用户，Real便自动产生一个编号，而每个编号便对应着特定的一位用户的个人信息。以这种方式，RealJukebox窃取了用户的个人资料，窥探了他们的个人隐私。后来，人们发现，RealPlayer的所有相关产品都存在这样的问题。归根结底，这不得不归因于网络用户对技术和软件的过度依赖。①

这些软件通过搜集用户的个人资料获知他们的身份信息以及个人喜好，功能不可谓不强大，并且对软件开发商有不可估量的价值。个人用户不得不继续依赖这些软件，包括RealPlayer和RealJukebox，于是数字精英们也可以继续窥探他们的隐私，迎合他们的喜好。因此，在个人拥有更多权力的同时，数字精英阶层对网络的控制也在增强。这些精英们将他们的社会价值观植入技术产品，比如Real对个人信息的监控，而个人用户则获得更多的使用权限。理查德·史密斯在对微软的调查中也发现了相似的问题。微软的很多软件将用户输入“元数据”的个人信息存储在一些特定文档内，而用户对此毫不知情。史密斯是通过调查微软1999年的年度报告发现这一问题的。根据他的分析，微软的年度报告是用专为苹果电脑开发的Word98录入MacintoshG3（苹果公司生产的一种微型计算机）电脑里的。也就是说，微软公司用竞争对手的电脑录入了本公司的年度报告，包括一些非常重要的文档。史密斯便是用这样离奇的手段揭发了数字精英通过技术手段对个人隐私的又一次侵犯。②

赛博权力的重要发展趋势之一便是数字精英和虚拟个人之间无休

---

① 见Notes and References，Chapter 9，11。

② 见Notes and References，Chapter 9，12。

止的斗争。这一趋势意味着双方都希望对方放弃一部分权力，做出一些让步，还意味着草根阶层可以依赖技术手段获得更多的使用权限，但也蕴含着更多风险。这场斗争并不是两种权力之间的温柔对峙，而是毫不留情的针锋相对。或许我们可以期待精英阶层和草根阶层之间能够形成合作关系，达成共赢，但就目前来看，随着技术手段的日益复杂，数字精英们对赛博空间的控制也在日益增强。在今后很长一段时间内，合作共赢的局面恐怕只能是我们的美好愿望。

赛博权力

对赛博权力的追逐并非为了直接控制赛博空间的政治、文化、权力，而是为了掌控能够左右这三个方面的重要影响力。个人赛博权力和社会赛博权力是本章内容的核心。这两者之间的博弈一方面使得精英阶层对赛博空间获得了更大的支配权，另一方面也使得草根阶层获得了更多的使用权限。精英阶层掌控的技术手段是赛博空间存在的前提条件，决定了赛博空间发展的高度。但是，他们的掌控也受到虚拟个人的需求和权力的影响。RealJukebox案例便充分说明了技术权力在未来网络生活中的重要地位。只有采用非正常手段才能发现数字精英们的秘密勾当，才能知晓他们通过技术手段支配着赛博空间的主要脉络，才能用铁一般的事实反戈一击。这两种权力之间的博弈是推动赛博空间不断发展变化的重要力量。生活在赛博空间，就意味着生活在不同阶层争夺赛博权力的硝烟中。

第四部分　赛博经济

绪 论

现代和后现代资本主义与控制论产生交集在很大程度上是传统经济体制发生重大转变的结果。其转变轨迹和特征体现了在技术反馈系统、经济生产、空间分布等方面蕴含着无限变化的可能。而推动这一系列变化的幕后力量便是“赛博经济”。正是这一新兴力量将人们在经济领域的诸多想象变成了现实。同时，“赛博经济”的出现还带来了社会政治与文化的一系列重大转变，尤其是女性作为消费者以及“网民”在与赛博空间的互动中所建立的全新关系。因此，关于“赛博空间”研究的最重要课题之一便是重新审视“空间”这一地理概念的起源及其意义。然而，通过探讨赛博经济，并结合本书第四部分（即本部分）的内容，我们不难发现这样的主题：人类对经济、组织、空间、社会等领域的认识将随着时间的推移和历史的发展而不断深化，任何企图将人类的认识限制在某个范围之内的做法都将以失败而告终，无论这种企图是以技术的局限性为幌子，还是明目张胆地辅以某种条条框框。如果这样的企图能够得逞，那么与赛博空间共存便意味着人类的认识将始终被限制在某个范围之内，而赛博空间便成了囚禁人类意识的牢笼。

在本部分的第一章，即全书的第十章中，伊恩·迈尔斯（Iran

Miles)研究了赛博经济与权力及其反馈、互动模式以及各种经济行为之间的关系。为了探讨"赛博经济"这一概念，迈尔斯一方面深入分析了信息通信技术（ICTs）在社会经济生活中的作用，另一方面重点考察了商业流程与控制论的结合过程。在他本人研究的基础上，结合与安德森（Andersen）以及其他人合作完成的研究成果①，迈尔斯认为赛博经济的出现验证了学术界最近的两个重大发现。第一，在"知识经济"的环境下，"知识密集型"企业及其员工在推动传统商业经营模式的转型方面发挥了重要作用；第二，在"信息经济"的框架内，信息通信技术被广泛应用于重建经济联盟和重新规划商业流程。

赛博经济的主要发展当然体现在赛博空间，而实现途径则是曼纽尔·卡斯特尔所说的"网络企业"② 之间借助网络形成的全新沟通方式。但是，对于赛博经济未来发展方向的设想却不断地遭到各种质疑。在第十章中，迈尔斯描述了近年来在技术和社会方面取得的巨大进步，足以令一些高瞻远瞩的企业家和组织机构为之瞠目结舌。比如，在网络资本主义迅速崛起的背景下，产业组织利用技术进步推动商业发展的行为常常被消费者横加干涉，并转变为对产业组织不利的局面，最终使得生产商饱受困扰。信息通信技术已不再是生产商的专利，而是消费者在网络上根据其自身利益不断对企业行为进行干涉并使其作出调整的工具。由此看来，赛博经济生产的主导者已从传统的生产商转变为有创新精神的消费者。因此，迈尔斯在第十章重点考察了对赛博经济的现阶段发展有重要影响的政治团体、无政府组织，以及各种政治力量。

为赛博经济的理论研究作出贡献的学者颇多，其中最值得一提的包括肖恩·丘比特（Sean Cubitt）。他提出了"赛博自然"的大胆设想。根据他的解释，"赛博自然"是除了传统意义上的"大自然"之外

---

① 见 Notes and References，Part 4，Introduction，1。

② 见 Notes and References，Part 4，Introduction，2。

的“第二自然”，即人类和机器共同构成的特殊领域①。赛博自然是由“赛博格”（CYBernetic ORGanism，即电子人）主宰的国度。赛博自然既不同于丘比特所说的“反自然”，即被技术完全控制，与传统意义的大自然截然相反的超现代化模式的“后自然”阶段，也不同于“超自然”，即由迷信、魔法，以及宗教等超自然力量构成的后现代世界。赛博自然之所以引人关注，其概念体系的建立不容忽视，比如唐娜·哈拉维（Donna Haraway）对于“赛博女权主义”的定义和解读②。丘比特指出：“赛博格的出现意味着人类不管在自然界还是技术领域都脱离了原有的性别束缚，进入到一个全新的空间。人类的身体不再是生理构成固定不变的牢笼，而是可以按照主体意愿不断变幻身份的自由乐土。”③ 哈拉维设计的赛博格形象既有源于生活的真实可信，又有高于生活的天马行空，既符合人们心目中的既定形象，又带有超现实的虚拟特征；既反映了当代技术的发展高度，又对人类生理构造和社会体系的发展前景作出了大胆想象。与其说这一赛博格的设计师是哈拉维，倒不如是一些赛博女权主义者，因为这一形象所反映的赛博自然是建立在全新的女权主义经济和文化政治的基础之上的，包括已占据主导地位的全新欲望模式和虚拟身份理论。作为女权主义者的杰出代表，A. R. 斯通（Allucquere Rosanne Stone）或许也是美国当代最杰出的赛博女权主义者。她的代表作有《欲望的战争》（*The War of Desire*）和《机械时代的技术》（*Technology at the Close of the Mechanical Age*）。④

在第十一章中，维丽娜·安德马特·康利并没有沿着丘比特的足迹继续前行，而是在哈拉维提出的“赛博格体的”赛博女权主义基础上对赛博自然进行了更深入的研究。并且，在研究过程中，康利将哈

① 见 Notes and References，Part 4，Introduction，3。

② 见 Notes and References，Part 4，Introduction，4。

③ 见 Notes and References，Part 4，Introduction，5。

④ 见 Notes and References，Part 4，Introduction，6。

拉维的“赛博宣言”和“社会主义女权主义”与政治经济领域的最新研究成果结合起来。康利重新评价了哈拉维于20世纪80年代中期呼吁广大女性踏入赛博空间的宣言，并进一步解读为“挣脱父权枷锁，将传统束缚抛之脑后”。但是，康利同时指出，赛博空间经济学以及赛博权力和财富网格对任何人都有不可避免的影响，包括像哈拉维这样“宁可当赛博格也不当女神”的赛博女权主义者。由此可见，康利用21世纪的女权主义视角重新定义了哈拉维的赛博女权主义，因而她的理论可以称之为“赛博社会主义”。对康利而言，女性网民不仅需要“连接网络”，而且需要凭一己之力影响或重建不断变化的网络及经济组织。而哈拉维在发表赛博格宣言时，不仅在女神和电子人之间作出了选择，同时还指出，女性网民不仅要面对技术问题，还要面对政治经济问题。

在卡斯特尔的政治经济学体系中，对于空间的解读主要包括两方面，一是真实存在的“场所空间”，如熙熙攘攘的城市街道，二是虚拟的“流动空间”，即“网络社会”内悄无声息的私密电子空间。那么，我们能否得出这样的结论：在人类的历史长河中，“空间”其实是一个相对“崭新”的概念？答案当然可以是肯定的，因为从古至今有无数事实可以证明空间是不能离开时间而单独存在的。自从空间概念被引入几何学科并作为理论体系的一部分，对于该领域的研究便从未停止，而且不断发生变化。尽管如此，对于有形空间的研究在政治经济学领域已经消失良久，至少可以追溯到亚里士多德的年代。

在第十二章，即本部分的最后一章，也是全书的最后一章中，费尔·格雷厄姆探讨了在赛博经济学领域研究空间概念的目的和意义。他援用了“具体空间”这一说法，以避免削弱空间的重要性。格雷厄姆认为，一旦空间被视为时间的附属物，那么与晚期资本主义的形成直接相关的一些重要历史时刻将被忽视，而这些历史时刻都是建立在特定的具体空间之内的。至于某个历史时刻某人发挥了什么作用反而不重要了。另外，如果对具体空间进行有效利用，则必须保证过程的唯一性、合法性、独立性。事实上，确保资本主义顺利发展的关键因素是将资本的私人属性转为社会属性。格雷厄姆注意到，在有些情况下，很难想象通过某些团体的努力可以将一个空间分解为独立的个体单元，更不用说直接建立这样的空间了。

在格雷厄姆看来，对资本主义历史进程中的私人财产的发展规律进行技术法律和政治解读不能超越特定空间内不断变化的一般社会联系。他指出，“我们对于财产的分析是在特定空间范围内进行的。”他还指出，人类对于空间的重要性的理解与他们在财产、工作、家庭、社区、民族，以及各种社会空间和符号空间等方面的观点和知识有直接联系。格雷厄姆的研究成果对地理学家戴维·哈维（David Harvey）有深刻的影响。

在第十二章的结尾部分，格雷厄姆指出，社会空间和符号空间与他之前重点讨论的具体空间有天壤之别。他解释道，包括陆地、海洋、天空在内的“地理技术”空间的存在既不受人们行为的影响，也不会因为人们侵犯了他人的领地所引发的地域纷争而有所改变。格雷厄姆发现，在他称之为“电子空间”（即无线电频谱）的虚拟空间内，则存在着经济空间的垄断。因此，电子空间既具有赛博空间的地理技术特点，又会因为人类的不同决定而发生变化。由此可见，赛博空间既为了空间最大限度的私有化而做着充分的准备，又始终担任着全球公共数据库的职责。但是，因为其本身的特点，该数据库极不稳定。格雷厄姆认为，全球电子空间便是一个全方位的包罗万象的具体空间。总而言之，赛博空间既促进了生产力的提高，推动了全球经济的发展，改善了人们的相互关系，又助长了人类对资源的滥用。在此过程中，人类的主观因素发挥了重要作用。至于赛博空间的利与弊，仁者见仁智者见智。

第十章　走向赛博经济：利用赛博空间开创事业

伊恩·迈尔斯

“cybereconomy”（赛博经济）中的“cyber”很容易让我们联想到不同系统以及同一系统的不同组成部分之间的反馈、控制和相互关系。同时，它还代表了信息技术（IT）的最新发展。众所周知，信息技术已经被广泛应用于社会和经济生活的各个方面。因此，在界定“赛博经济”之前，必须先考虑控制反馈机制是以何种方式整合商业流程的。鉴于此目的，我们建议首先应该关注知识密集型企业及其员工在促进商业流程发展中的重要作用。因而这种情况下的赛博经济有时也被称为“知识经济”。同时，我们还应该关注信息技术在重新建构经济关系以及重新调整商业策略上的广泛应用。而这种情况下的赛博经济则常常被称为“信息经济”。①

本章将探讨上述与赛博经济相关的问题，目的是了解赛博空间——通过信息网络创建的全新社交领域——与新型商业模式及行为之间的相互影响。对于赛博经济发展前景的预期一次次被事实粉碎，

① 见 Notes and References，Chapter 10，1。

因为无论是社会还是技术的快速发展都不断地让企业家和预言家们措手不及。一方面，人们无法预测最新的信息技术将在哪些领域被使用，另一方面，人们无法估计什么样的信息技术产品能够应付日益增长的需求。大企业依然想方设法主导赛博经济的发展，但是消费者已不再被动地接受和购买产品，而是根据个人的喜好进行选择甚至反客为主地对技术进行修改。在这种新型经济模式下，各种政治团体和无政府组织仍然在发挥着重要的作用，但是赛博经济对于所有的政治力量来说无疑都是新的挑战。①

构成赛博空间

互联网最早的雏形是 20 世纪 60 年代美国国防工程的研究人员用于互相联系的内部网络。而且在很长一段时间内，计算机网络系统的主要用户都集中在高科技领域（如与核物理和太空研究有关的由政府出资的项目）。到了 70 年代，信息技术的发展有了较大提高，网络的覆盖较之前更加普遍，越来越多的人可以借助网络实现一些可预期的梦想。在美国，甚至有人发起了名为“电脑解放”的运动，为电脑发烧友提供自己动手组装电脑的全套器具，同时还直接导致了第一批个人台式电脑的诞生。另一群推动网络发展的人是来自欧洲的远程通信专家们（当时还隶属于公共部门）。他们的理想是让普通人能够通过网络使用大规模的电脑设施。这些为了创建广泛应用的赛博空间（当时尚没有出现这一词汇）所做的种种努力都蕴含了同一个目的：为了使大多数人能享受到大规模信息技术的发展所带来的便利（这句话是对一本极具代表性的著作的标题进行的演绎）。②

直到 20 世纪 70 年代末，对信息技术的主要应用仍然停留在通过技术水平还相当薄弱的外围设备连接大型计算机系统。在此基础上，

① 见 Notes and References，Chapter 10，2。

② 见 Notes and References，Chapter 10，3。

有人提出可以用类似的方法向公众提供商业服务，也就是用电话线将一些简易终端连接到经过改进的数据库，使用户能够看到新闻、时刻表、数据库等，甚至还可以享受某些专业人员和零售商的服务。这便是可视图文技术的核心理念。该技术最早出现在欧洲、新加坡、加拿大。到了80年代，美国开发了包括Compuserve和Prodigy在内的供非专业人士使用的一些计算机通信系统。研发这些技术的目的是为广大的普通用户提供信息资源，因为他们既没有科研人员使用计算机设施的便利，又没有企业购买信息的经济实力。因此，从长远来看，作为一种新型内容产业，赛博经济不仅是对计算机和远程通信行业的有益补充，还会对教育、金融，以及其他方面的信息进行更有效传递产生极大的推动作用。

在20世纪80年代初，也就是第一台个人电脑（PC）刚刚问世之时，可视图文系统的研究有了里程碑式的进步，并由此引发了大规模网络经济的发展。但是，只有法国的Minitel（原意为小规模终端）公司推出了免费电脑终端，取得了预期的商业成功，并获得了公众的广泛赞誉。在大部分国家，只有极少数的电脑发烧友和一些企业使用了该系统。另外，虽然可视图文系统成功地获得了用户的青睐，但是他们真正感兴趣的并非访问数据库，而是人际信息交换。在此之后，出现了一些为专业人士和发烧友提供新闻服务的网络终端以及各种供消费者使用的电子商务系统。与此同时，在美国的网络媒介领域也出现了相似的发展趋势。

可视图文系统在昙花一现之后很快便走向衰落，个人电脑却借此东风迅速占领市场，成为办公的最佳拍档及家庭用户的普遍选择。越来越多的用户掌握了电脑的基本技能，同时也对信息技术提出了更高要求，希望能拓展更广阔的使用空间。因为有了互联网，分属不同用户的计算机可以彼此相连，很多曾经的技术障碍得以消除，并且一度为少数人独有的网络服务也得以推广。就在此时，即20世纪80年代，威廉·吉布森创作了以黑客等不法分子为主人公的科幻小说，并创造了“赛博空间”一词。① 到了80年代末，某公共研究实验室成功发明了网络（the Web），再一次促进了科学信息的交流。有了网络，人们可以通过网页访问各种数据。与此同时，浏览器的出现进一步提高了搜索定位所需信息的效率，而互联网服务提供商（ISPs）们则使得网络间的联系更加便捷。在这些前提下，网络服务完全颠覆了以往的概念，以全新的面貌呈现在用户面前。在随后的90年代，网络的发展更加势不可挡，一举奠定了其不可撼动的江湖地位，实现了可视图文系统的拥趸们曾经梦寐以求的目标，将赛博空间的大规模应用从理想变成了现实。当然，这儿所说的“大规模应用”不仅涉及技术水平，还涉及使用方式。在此背景下，为企业或个人用户提供服务的途径逐渐转向网络，而随着信息渠道的日益多元化，各种小道消息纷至沓来，不同的声音产生激烈的碰撞，而娱乐方式也将不断推陈出新，人们将不可避免地面临信息超载甚至信息爆炸的危机。②

今天，互联网颠覆了以往赛博空间被一些权威组织（尤其是政府权力机构）控制的形象（表10.1比较了两种信息来源：信息公用设施和互联网）。曾经，用户只能被动接受这些组织提供的信息。而现在，使用网络所需的基本技能和内在动力都不再是那些大型组织的专利，而成为数以亿计的普通用户的必备素质。事实上，这些PC用户可以通过建立网站和收发邮件随时向任何人传达任何信息。但是，正因为如此，赛博空间一切皆有可能，黑白既可颠倒，正邪亦难分辨。在网络上，我们见到的可能是镜花水月，而不是真实面目；听到的可能是花言巧语，而不是肺腑之言。至于一些天花乱坠的服务承诺，用户也只能姑且听之了。更有甚者，大量色情信息充斥网络，知识产权频遭侵害，各种违法行为屡见不鲜。作为一种新兴的经济类型，赛博经济正如日中天，但因为缺乏规范，难免问题重重。一些率性掌握网络主动权的阴谋家为了利润不择手段，欺骗他人，盗用财产，无所不用其

① 见 Notes and References，Chapter 10，4。

② 见 Notes and References，Chapter 10，5。

极。而在这个本应以现代化经济手段控制经济行为的全新领域，却出现了物物交换和社群共享等古老的经济模式。

互联网的全新形象和传奇地位从未发生改变，而且有望一直延续下去。在21世纪初，纳普斯特（Napster）音乐网站依托数千万音乐爱好者迅速建立起巨大的网络社群，使得用户可以互相分享MP3音乐。这对于传统的音乐产业形成了巨大的冲击，同时也使纳普斯特一次次站上被告席，面临盗用知识产权的指控。最终，纳普斯特就有偿使用版权与音乐制作方达成协议。但是，随着这样的虚拟社群越来越多，诉讼似乎变得越来越艰难，因为网络空间的虚拟性显然增加了依法维权的难度。于是，出现了很多这样的网站或系统为用户提供各种有价值的信息。其中，有的纯属个人爱好，有的出于娱乐的目的，有的则直接盗用他人（如出版商）的劳动成果，也有的需要有偿使用。一些评论家认为这些网络分享已经超越了商品交换的传统范畴，是历史的进步；也有人认为这样的“伙伴关系”网络为赛博经济提供了规模大、分布广的数据库，并且为互联网在商业领域的应用开辟了道路。

表10.1　信息公用设施与互联网之对比

	信息公用设施	互联网
提供信息的平台（网站的建立）	提供收费高昂的计算机设备和网络接入。由于信息的生产、供应、更新都需要专业技术，整个过程十分复杂，只有大型的权威组织才能完成。	在网络连接和软件授权方面有重大突破。个人电脑和网络接入的成本降低，任何人都可以通过这一新媒介自由地发表个人观点。
确定信息供应商（消费者的认同）	皆为大型的权威组织，且一般向同一用户社群提供信息和服务。因为提供网络接入服务的供应商的数量十分有限，甚至只有一家，因此几乎不存在竞争，无需特意发布广告让用户知晓便可获得较高的认知度。	用户拥有更多的信息来源。他们在选择自己信任的信息渠道方面更加成熟，更有经验。无论是用户还是信息供应商都需要建立信息列表或网站指南，以方便查找信息，如旅游指南等。

续　表

	信息公用设施	互联网
确定信息（搜索）	信息必须按照供应商的固定格式（通常是由分级菜单构成），并且通过专用设备发送。用户可以通过关键词对信息进行查找。供应商可以根据他们现有的信息分类和查找指南设计其查找系统的模式。	如上所述，用户在互相分享信息和帮助对方查找信息方面有更大的作用。同时，对于网站的建设和运营也有更加成熟的规范进行约束。

赛博经济的一大特点是对原有经济模式的颠覆和拯救，而另一特点便是新型经济体对传统商业模式的挑战。这儿所说的新型经济体包括两大社会群体：一是发展成熟、组织严密的，二是发展不够成熟、尚处于成长阶段的。（我们大概都亲眼见过网站的快速崛起是如何打击全球化，如何挑战一些行业或企业行为，如何维护消费者权益的吧。）在漫长的历史进程中，资本主义已经无数次证明了其掠夺反主流文化改革成果的狼子野心。但是，对于新崛起的赛博经济，有人或许会欣欣然地认为历史终于要改写了。在任何情况下，这些誓死捍卫电子信息自由的勇士们都将互联网视为实现信息自由的电子前沿阵地。对于任何个人或组织试图限制赛博空间的信息内容，或者试图侵犯个人隐私的行为，他们都将予以痛斥，并坚决反对。很多网络实践家都通过实际行动表明了对剥夺个人自由或侵犯个人隐私的严正立场。而经常使他们痛心疾首的还有网络对商业利益的刺激。21世纪似乎变成了网络世纪，一种www.com疯狂不可遏止地迅速传染，同时大量的资本涌入赛博空间，用于建立一些为消费者或零售商提供服务的网络公司。而这样的投资往往因为不理智而血本无归。因此，赛博经济也可以被称为大规模消费经济。

在此需要澄清的一个事实是：虽然“企业对消费者”（即B2C）电子商务吸引了媒体和股市最多的注意力，但其实只是整个电子商务领域的一小部分而已。而“企业对企业”（即B2B）电子商务产生的价值是B2C的十倍以上。而且，在接下来的时间里，B2B还将继续保持这样的优势，原因如下：

第一，在消费者完成的每一笔交易的背后，都有一整条 B2B 的交易链在保证商品和服务的及时到位。

第二，这些商品和服务皆由计算机化的企业提供，而这些企业的运营及其所完成的交易都将按部就班地记入数据库。

第三，企业有专门的员工及资源用于电子商务系统的开发和整合。

但这些并不能保证赛博经济的一帆风顺。一些小规模的公司由于缺少技术优势，无法将一些新的信息技术投入实际应用，因为这种技术的更新一般要求重新整合数据库，而且常常需要与其他企业或组织的数据库执行统一的标准，因而成本高昂。同时，这些公司也没有足够的时间应对技术的不断更新，因此面临的问题尤其严峻。而就更大范围的企业而言，大多数并没有及时将电子数据交换（EDI）技术应用于商业交易，远远晚于上世纪 80 年代和 90 年代人们的预期。这种低效率也从另一个侧面反映了赛博经济的发展趋势实在是难以预测。

姗姗来迟的革命？

罗伯特·索罗①曾经说过：我们处处皆可见证计算机时代的到来，只有生产力统计数据例外。换句话说，尽管在 IT 行业投入巨大，但是标准经济统计数据并没有任何迹象表明赛博经济的蓬勃发展。巨大的投入本应推动行业的发展并产生相应的商业利润，但是很多管理者对 IT 行业的回报一直抱有怨言。在 20 世纪 90 年代，索罗提出的“生产力悖论”引发了十分激烈的讨论，其中比较有代表性的观点如下：

第一，统计不全面。传统的统计方法主要用于计算所生产的物质商品的价值，而对于服务质量的提高和 IT 行业的产品则缺乏相应的规范（实际上，IT 行业的投入所带来的计算机领域的发展及其收益是不可估量的，也就是说，产出远远超出投入）。

---

① 见 Notes and References，Chapter 10，6。

第二，对技术的夸大其词。IT行业确实在不断地加大对设备的投入，但在整个资本投资总量中仍然只占一小部分。另外，新技术并没有像宣称的那样高效快捷。由于存在系统故障、学习成本、频繁（有时是不必要的）更新等种种问题，技术所带来的回报大打折扣。

第三，缺乏有组织的变化和学习。IT技术的不断革新对组织管理工作也提出了更高的要求，因为无论技术多么先进，我们都不能对其听之任之，而应该进行有效的管理和疏导。而赛博经济不仅仅包含IT行业的硬件和软件技术的提升，还包括对这些新技术的有效利用，尤其是在互联网领域。也就是说，信息处理速度的提高只是IT技术应用的一方面，更为重要的是通信模式的转变。

到了20世纪末，有越来越多的迹象表明上述的生产力悖论在逐渐消退。这也从侧面反映了人们对网络的认知正不断深入，对网络技术的应用正不断扩大，并由此带来了互联网的蓬勃发展。上世纪90年代，一些研究已经证明了企业的健康发展与IT技术应用之间不可分割的联系。比如，有媒体曾经报道，美国的一些大型企业审时度势，投入大量资金用于IT技术的研发，尤其是在客户服务方面，结果既提高了生产力，又赢得了市场①。同时，一些研究也得出了相似的结论，并且用充分的证据表明IT技术帮助美国经济实现了又一次腾飞。保罗·施赖尔（Paul Schreyer）最近对这些观点和数据进行了全面的定量分析②。而欧洲由于对网络的使用明显滞后，并且对于网络的发展前景缺乏远见，因此对IT技术的开发和应用整体落后于美国。

在日益走向成熟的赛博经济中，各种自动化技术通过网络建立起日益密切的联系。此外，种类繁多的硬件设备不断地被研发成功并投入使用，并且以前所未有的速度更新换代。这些设备不仅仅包括各种大型主机和个人电脑，还包括移动电话、数字电视等新型产品。曼纽

---

① 见 Notes and References，Chapter 10，7。

② 见 Notes and References，Chapter 10，8。

尔·卡斯特尔曾经热情洋溢地对网络经济大加赞美①。在20世纪末，以“dot com”公司为中心的股市狂热可谓是对即将到来的巨大变化的第一重反应。第二重反应则是投资者们不约而同地患上了选择困难症。一方面，他们面对各种投资机会很难作出正确的评价，另一方面，为了争取资金而相互竞争的各个服务行业也让他们不知所措，无从选择。到底谁才能笑到最后，谁又是扶不起的阿斗？哪个投资方向蕴含着机遇，哪个又是可怕的陷阱？在1999年和2000年，电子商务企业成为刺激股市增长的强心剂，而其中最重要的又是B2C行业。对于投资者和技术观察者来说，最大的问题是IT技术的使用模式和规范仍然有待形成，而与电子商务本身的发展相比，投资者在股市可能获得的巨大收益或者造成的巨大损失只能居于次要的位置。

电子商务是网络在商品交易领域的应用，其基本模式是将工厂的生产、仓储物流、办公室等部门进行自动化连接。理查德·劳尼(Richard Lawney)② 探讨了电子商务对经济行为的潜在影响。它减少了购买者选择供货商时所花费的时间和精力，同时使得供货商之间的竞争更加激烈。他们要么降低价格，要么提高效率。降低价格的结果是利润的重新分配，而提高效率则增加了在整个经济体内部进行分配的利润。同时，因为减少了中间环节，电子商务也相应降低了交易成本以及为购买方定做商品的成本。比如，网上银行的费用比电话银行低廉得多，更不用说与传统的零售银行相比了。电子商务还能够提供更全面更具时效性的信息，不仅能帮助购买方和供应商之间建立供求关系（快速获得并处理供应商的相关信息），还能帮助消费者和企业（无论相隔多远）之间建立买卖关系（减少了生产方的货物仓储，节约了开发产品的成本和时间，等等）。而在经济组织结构方面带来的长期影响也许是对价值链的重新建构。这儿的重构一是指交易的“非中介化”，比如，生产者或批发商将产品直接销售给用户；二是指“新型中

① 见 Notes and References，Chapter 10，9。

② 见 Notes and References，Chapter 10，10。

介”的出现，比如“信息中介”既能帮助购买方获得供应商的信息，也能帮助供应商整合不同购买方的需求，从而掌握主动权并实现规模经济，还能为网上拍卖提供设备和技术支持，等等。其他的相关业务包括电子货币的操作、资格认证（如信托服务）、虚拟主机、实物商品的配送等。

劳尼通过经济模型分析了电子商务对经济的潜在影响，并且表达了对其发展前景的信心。这些模型表明在未来的5～10年之内，电子商务将促进GDP增长大概2～5个百分点，具体数值将取决于电子商务的推广速度。当然，这样的预测结果在很大程度上还取决于对其他方面的预测，比如电子商务对价格、需求等方面的影响。同时，这些预测也反映了近期的经济发展速度：似乎开头并不顺利，而结局也很糟糕。我们所见到的媒体对B2C的狂热追捧恰好与行业内对B2B的推崇截然相反。而即使是B2B也不能保证在短时间内得到普及，主要原因是EDI（电子数据交换）技术的推广并不顺利。由此可见，节省成本的理由还不足以打动一些企业，使他们将交易平台从线下转到线上①。而一些小企业之所以使用EDI，则完全是受到其他大规模企业的影响，双方的业务往来迫使他们不得不在技术平台上保持一致。

总的来说，电子商务与EDI有本质上的不同。电子商务并非运行于某个被垄断的网络，而是以大众网络为平台，遵循公认的标准。由于进入的门槛较低，一些创业者很快便能建立自己的电子商务系统，并且可以根据公司的特点随时做出调整，以便更好地描述产品和产品特征。另外，不同的公司还可以根据自己的风格对产品和设施进行技术革新。而EDI则要求所有成员按照统一的标准进行归类，并且在固定的模式下与其他成员进行交流，因此很多企业对此一直相当排斥。不过，EDI的优势是保证了自动检索和购买的成功率，从而节约了用户互相了解的时间。而基于其他技术建立的网站则可能在检索上浪费用户大量的时间，因为他们不得不一次次地在不同的登录或认证页面

---

① 见 Notes and References，Chapter 10，11。

输入类似的个人信息，以便与交易对象进行交流，而不是一劳永逸地反复使用同一组信息。因此，电子商务在提高效率上也许会大打折扣，或者一些用户因为不想浪费时间去学习新的交易系统而不得不互相“锁定”。当然，创建全新的经济模式需要较长时间，因为既要保证企业内部与企业之间业务过程的融合，还要重新建构供应链和企业间的合作模式。这样的模式不仅能降低成本，还能提高企业应对市场变化和进行技术革新的速度。但是，所有这些都要求有效的组织学习。

对电子前沿进行约束？

互联网和网络系统在上世纪 90 年代的发展和普及导致了人们态度的彻底转变。电子市场的火爆引发了人们巨大的热情，同时应运而生的还有一系列网络服务行业，比如在线拍卖（顾客的大量集中，催生了以大宗购买为代表的规模经济），以及通过搜索引擎比较不同产品的成本和特点。这些为建立“更完美的市场”创造了条件，同时为树立赛博空间的新形象作出了贡献。另外，电子商务还解决了传统市场信息缺乏的问题，降低了交易成本，提高了效率，并且为实力稍弱的小企业参与竞争创造了更广阔的舞台。事实上，互联网与自由资本主义在很多方面十分相似。为了维持互联网的有序运行，需要采取一些有效的措施，如倡导企业精神，通过网络监管者规范网络秩序，纠正早期网民的不文明行为，打击违法犯罪现象（黑客入侵、网络欺诈、盗版，等等）。

越来越多的商业行为通过网络实现，人们对赛博空间的商业化现象也越来越关注，并引发了对规范电子前沿的讨论。以下是一些比较有代表性的批判意见：

第一，网络的不真实。互联网上原本有相当一部分网站专门用于交流信息，尤其是一些不切实际的想法，但是现在商业网站急剧增长，大有后来者居上之势。这些网站并非用于分享信息，而是大张旗鼓（有时以隐秘的方式）地宣传产品以增加销量，谋取利润。

第二，相互勾结。一些商业网站与门户网站或搜索引擎达成协议，通过人为控制搜索或筛选结果，从而排在搜索结果中靠前的位置，并且能在搜索结果中多次出现。用户经常会在搜索结果中发现大量的垃圾信息。除此之外，还有大量的垃圾邮件或者广告宣传。这些都对赛博空间的用户造成了很大困扰。

第三，错误的信息中介。那些所谓的第三方很难保持客观公正的立场，因此对不同产品或服务进行的比较结果很难令人信服。他们所推荐的“最有价值产品”往往是某种商业协议的产物，而非基于质量和价格所做的客观比较。

第四，门户网站的权力。很多新用户在进入互联网的时候便被迫与一些门户网站“绑定”，而更换供应商则需要一定的成本和专业技能。（用户进入的第一个门户网站常常是通过某个软件与他们的个人电脑、移动电话、数字电视预先绑定的。虽然更改门户网站并不困难，但是一般需要专业技能以及/或者第三方的授权。）商业门户网站引导并限制用户进入某些网站，尤其是移动电话或数字电话的新平台。毫无疑问，这些门户网站会从中分一杯羹，或者通过有偿服务来瓜分利润。

第五，网络游戏围栏。“绑定”不仅仅让用户难以摆脱某些门户网站。在数字电视网站，供应商煞费苦心地建立了“有围墙的花园”。互联网供应商或广播公司预先为用户选定了目标网站和服务内容。这种选择名义上是出于费用的考虑——比如全国电视广告主要青睐于那些财大气粗的企业。我们看到的“互联网”并不是真正意义上的自由网络，而是个彻头彻尾的山寨货，是对我们心目中理想网络的拙劣模仿罢了。父母因为孩子无法访问色情网站而内心窃喜，也因为孩子能远离恋童癖的骚扰而备感安心。但是，同样被拒于门外的还有那些真正需要帮助的中小企业，以及持不同政见者的政治观点。他们都应该享有使用网络的平等权利。

这样的趋势能否成为主流取决于对于赛博经济发展前景的不同观

点间的博弈①。这些对于前景的预测包括对赛博经济的潜力、战略以及趋势等方面的看法。赛博经济能否提供更广阔的舞台，使商业和非商业供应商都能给用户提供资源、商品和服务？如若不然，是否意味着赛博经济只会带来基于固定模式建立且被少数群体独占的非自由市场？表 10.2 对这两种不同模式进行了系统的比较。

表 10.2　自由市场与受限市场（被约束的电子前沿）之比较

	自由市场	受限市场
提供信息的平台（网站的建立）	小型企业能够创建高质量网站并与大企业抗衡。提供更多的低廉且方便使用的软件和服务。	建立网站需要较高技术。实时交易以及其他业务需要较高的人工成本，因此大企业拥有绝对优势。网站日益变得复杂，且技术要求更高，由此引发了更多问题。
确定信息供应商（顾客的认同）	只要顺利建立网站，小企业便能迅速开始运营。小企业能很快通过搜索引擎获知客户需求，且与客户的沟通更容易，避免了“克服交流障碍”的麻烦。	著名品牌更能赢得客户信任，且排在搜索前列。为了保证知名度，大企业在市场营销和网络宣传上花费巨大。
确定信息（搜索）	顾客和客户能够通过有效的工具搜寻产品和供应商，并且进行比较，以便找到最合适的产品（如最低价格）。这样能提高经济效益，并且为用户提供更广阔的平台。	很多搜索引擎都不是独立的第三方，而是其他商业机构（企业）串通一气的合作者。大企业通过“点击量”控制赛博空间，从而达到营销目的。

全新模式的电子市场已经建立，并且在一定程度上处于内外夹攻之中。其建立者包括活跃于赛博空间的三大主角：企业、监管者、用

① 见 Notes and References，Chapter 10，12。

户。他们有各自的立场、原则、战略、愿望。同时，该市场受到来自内部和外部的竞争压力。内部的竞争来自不同的门户网站。当然，在某些网络平台或者某些国家，这样的竞争似乎并不存在，取而代之的是少数群体的垄断甚至个别群体的独占。而外部的竞争则来自一些自由主义者或者持反对意见的批评家。他们一直致力于使人们摆脱门户网站的限制，阻止企业通过网络跟踪用户的购买历史或者浏览习惯，等等。同时，电子市场还引起了监管者的密切关注。他们意识到问题并非网购（AT&T，BT 等平台）成为在线服务的主角那么简单，而是牵涉到赛博空间不同势力间的包容、排斥、勾结等问题，因此亟待采取措施规范赛博经济。

结论：建立赛博经济

根据本章内容，赛博经济的建立是各种社会经济力量的不同选择和战略相互作用的结果。这种相互作用所导致的结果不同于任何预言家或者 IT 技术的拥护者对赛博经济的发展所做的预测①。他们的观点往往过于片面。我们以电子商务和赛博空间的应用为例，说明人们对于赛博经济发展前景的预期发生了巨大的变化，同时还说明这种新经济形式并非一蹴而就，而是社会建构的产物。

这种全新的网络功能给几乎所有经济领域的所有经济过程（设计、生产、交易等）都带来了革新的机会。同时，各种组织机构（企业）都越来越意识到信息技术和战略所蕴含的重要价值——不仅仅是采取措施应对上文所说的约束电子前沿。我们可以预见，对于约束赛博经济的基本结构和基本规范的讨论将越发热烈，而相互学习的气氛也将越发浓厚。人们或是自发或是被迫地相互学习并相互影响，同时技术、监管、应用等构成的格局也在不断发生变化。一方面，赛博经济导致不同经济因素之间产生反馈和相互作用；另一方面，其本身又会受到

---

① 见 Notes and References，Chapter 10，13。

不同社会角色间的反馈和相互作用的影响而发生相应的变化。与此同时，社会以及各组织（包括新的政治战略和联盟）都将面临赛博经济所带来的挑战，并通过自我革新努力跟上技术力量不断发展壮大的步伐。

第十一章　赛博空间的女性居民

维丽娜·安德马特·康利

二十年前，唐娜·哈拉维率先吹响了战斗的号角，提出了反传统的"社会主义女权主义的赛博格宣言"，明确向女性群体发出号召，鼓励她们积极加入赛博空间，挣脱男权统治的枷锁，抛弃社会强行赐予她们的传统符号。在宣言的最后，她发出了振聋发聩的呐喊："我宁愿做赛博格，也不愿做女神。"① 另外，对于21世纪从政治经济学角度研究赛博空间的女权主义者来说，哈拉维将社会主义与女权主义在理论体系上的首次结合具有特别重要的意义。她说，"我尝试将社会主义和女权主义结合起来，吸收这两大理论体系的精华，最终使它们融为一体。"② 在本章中，我将站在今天的立场上，以女权主义和政治经济学为主要切入点再次分析哈拉维的上述宣言。

女权主义经济学

哈拉维认为，即使是网络空间的女权主义解放运动也无法脱离社

① 见 Notes and References，Chapter 11，1。

② 见 Notes and References，Chapter 11，2。

会主义理论视角下的政治解放范畴。实际上，马克思在其著作中早就指出，社会关系受到经济关系的支配，社会是按照几乎处于隐形状态的权力关系运行的。① 权力阶层拥有话语权，将政治观点加以浓缩，以洗脑的方式使一系列观点（术语）深入人心，并使其成为历史构成的一部分。作为对马克思主义理论的补充，恩格斯指出，在以资本的原始积累为特征的资产阶级社会的初期阶段，女性被认为是男性的私有财产，而正是私有财产观念导致了不同社会阶层和性别之间的不平等。

一个世纪之后，结构主义以及后结构主义女权主义者们在 1968 年 5 月的“巴黎事件”后以大量著作批判了资产阶级资本主义的男权制度以及将女性视为可交换商品的观点。根据后结构主义的核心观点，女权主义者还批判了新黑格尔主义的辩证法，认为这种理论有顾此失彼之嫌，在承认辩证的同时又抛弃了平等思想（仍然持男尊女卑之观念）。在女权主义者看来，任何一个理论的各个环节都是彼此关联，而不是彼此分割，因此切不可顾此失彼，也不可厚此薄彼，因为只要有一个环节变化，便会牵一发而动全身。因此，一些女性学者在将女权主义和社会主义紧密结合之后，便致力于改变现有的将女性视为可交换商品的经济模式。其中的代表人物之一露西·伊里加蕾（Lucy Irigaray）这样说道：“贯穿整个男权社会的交易仅仅发生在男性之间。所谓交易便是女性、符号商品、实物商品、货币等从一位男性向另一位男性的转移。”② 伊里加蕾这样告诫女权主义者：“如果这些‘商品’不再屈服于命运，拒绝被任意买卖呢？如果她们想以另一种方式进行交易呢？”③ 总之，在西方的资产阶级资本主义社会中盛行的男权制度依然秉承男尊女卑的思想，因此社会的主体（男性）与客体（女性）之间泾渭分明，而女性被迫沦落为特殊形式的商品，在交换和流通的

① 见 Notes and References，Chapter 11，3。

② 见 Notes and References，Chapter 11，4。

③ 见 Notes and References，Chapter 11，5。

过程中任人宰割。

女权主义对“再现理论”的批判

为了用文化手段维持其现有地位，资产阶级资本主义在“再现理论”的基础上创造了新的艺术门类，即认为现实社会是对假设曾经存在过的世界的“再现”（或者模仿），而现实主义是该社会形态中居主导地位的核心理论。为了能够再现世界的本来面目，任何隐形的权力关系都只能悄然存在，而不能浮出水面。在 1968 年的巴黎事件之后，为了颠覆资产阶级的交易形式以及将女性排斥在外的符号秩序，女权主义者们向“再现理论”提出质疑并以虚构的写作方式替代现实主义写作方式。她们的写作采用了该群体特有的词汇。而她们使用的词汇（指称语）与指称对象之间的关系饱受质疑，因为这些词汇不再是对现实的还原，而是对现实的放大。换句话说，她们的写作虽然无限接近事实，但并不符合现实主义的基本要求。因此，她们的作品是对现实的讽喻，而非对现实的真实写照。继马克思和弗洛伊德之后，女权主义者们宣布：任何模仿（再现）都是经济制度的模仿。任何人对自身经历的描述总是能够反映出他（她）与所用词汇（或现实世界）之间的关系。

在对过去进行批判之后，女权主义者们又展望了未来，探索了女性群体与其他群体以及世界之间可能发生的关系。她们所憧憬的新世界不再建立在依附于政治经济学、语言经济学、符号经济学的财产所有权和资本积累的基础之上。这些女权主义者还援引了马丁·海德格尔的宣言，以对抗资本主义和再现理论中包含的技术工具构成并且统治世界的观点。① 她们还向米歇尔·福柯发出呼吁，希望能得到他的支持。福柯在《规训与惩罚》（*Discipline and Punish*）一书中追溯了社会主体取得统治地位的历史过程，批判了用规章制度（即语言工具，

---

① 见 Notes and References，Chapter 11，6。

包括语法和句法）对女性进行控制和囚禁，以维持社会秩序为旗号限制她们人身自由的现象。① 女权主义者通过虚构的文学作品（包括诗歌）以及其他与他人和世界进行沟通的方式，以语言或行动为人身（或精神）自由而战。词汇与指称对象（或现实世界）之间不再只有一种关系。除了如实再现之外，文学作品还可以用夸张或虚构的方式对现实进行讽喻。其中，最重要的是如何通过词汇的使用重新建立人与世界之间的联系。世界不再只是被简单模仿的对象，而词汇也不会与真实世界完全背道而驰。实际上，通过创造，人们可以看到全新的世界，也可以建立全新的联系。

仿真

十年之后，上述的种种观点仍然如日中天，甚至被大批的追随者奉为圣经，但唐娜·哈拉维却选在此时提出了她的著名宣言。这位曾经的生物学家摇身一变，以文化批评家的姿态重登历史舞台。她没有直接否认遭到后结构主义者们口诛笔伐的技术的抑制作用，而是从另一个角度积极地为赛博经济摇旗呐喊。她认为，作为一支重要的解放力量，赛博经济克服了伊里加蕾和其他女权主义者公开谴责的技术对人类的抑制作用。

哈拉维充分认识到在全新的赛博经济影响下所发生的认识论领域的转变，并做出如下预言：福柯对于规章制度束缚人类自由的分析过于机械化，因而必死无疑；再现理论因为有诸多缺陷，同样必死无疑；而新生的“仿真”理论则如喷薄而出的朝日般令人欢欣鼓舞。哈拉维认为，再现理论对女性是极大的束缚，而新的仿真理论则担负起解放女性的重任。因此，她打开了女权主义理论的另一扇大门，找到了新的突破口。根据她的观点，女性不再是附属于世界的一个符号，也不再是舞台上俄狄浦斯戏剧中任人宰割的羔羊，而是通过仿真模拟重塑

---

① 见 Notes and References，Chapter 11，7。

自我，并获得新生的自由人。在赛博空间，一切都是依赖人工智能的虚拟存在，任何实体形式都荡然无存。在为赛博空间的解放力量欢呼的同时，她强调了资本主义的演变在此过程中的重要作用。实际上，在这一点上她的观点与早前的乌托邦式的女权主义观点截然相反。她以实例证明了在20世纪60年代资本主义是如何从积累向流通转变的。在这个阶段，实物商品被符号商品和现金的流通所取代。

这种促进了消费、模拟以及符号商品的流通的新经济模式使原有的种族歧视和性别歧视都不复存在（至少在理论上如此）。整个世界越来越市场化，因此被淘汰的不再是某个种族或性别，而是落后的生产力。但是，她并没有因为这种转变而盲目乐观，而是对其产生的影响和结果有清醒的认识。一方面，这种转变确实对各个知识领域有不同程度的影响；另一方面，对女性的影响有利有弊，且有时难以权衡孰强孰弱。虽然在这种新经济模式中家庭不再是基本单位，女性也不再被贴上家庭妇女的标签，但是由于历史原因，曾经居于社会下层的女性群体在赛博空间内似乎仍然难以找到平等的位置。曾经沧海难为水，反之亦然。但是，对于哈拉维而言，这样的现象虽然存在，却不能阻止她对赛博空间的美好幻想。在这一点上，她也不能免俗地表现出了乌托邦式的天真，对赛博空间美好的一面浓墨重彩，对不利的一面则一带而过。因此，在她看来，赛博空间很可能会成为女性群体的无极乐土。

哈拉维以后现代主义为立足点进行写作，同时以吉恩·鲍德里亚的著作为蓝本提出了模拟理论，并且重点借鉴了弗雷德里克·詹姆森在写作与晚期资本主义的文化逻辑相关的文章时对鲍德里亚作品的多次解读。在此过程中，哈拉维无所顾忌地宣布了旧世界的灭亡和新世界的诞生①，同时还宣布通信技术和赛博空间所带来的人类社会空间的转变必将导致新的社会和政治秩序的建立。哈拉维强调了建立全新政治理论的必要性。这种理论是正在形成的世界新秩序体系的一部分，

---

① 见 Notes and References，Chapter 11，8。

其核心是承认阶层、种族、性别的本质已发生根本变化。而上述的世界新秩序在创新程度和覆盖范围上都与工业资本主义曾经建立的秩序十分相似。① 她宣布："我们正在从有机的工业社会向多元的信息社会转变，从全民工作向全民游戏转变——一场死亡游戏。"② 在此转变的过程中，劳动的概念消失，而随着仿真的出现，同时消失的还有现实和真实。

很多女权主义者对女性在工业资本主义社会受到的种种压迫忍无可忍，竟然慌不择路地试图改变历史，重新回到资本主义以及技术主导型社会之前的阶段。哈拉维并不认同她们的观点，而是清楚地表明人类正处于重建社会结构的关键期。她用图表再现了人类从等级制度分明、人人安守本分的历史时期向秩序尚不完善、人人如履薄冰的网络时代（哈拉维称之为"信息科学主宰的时代"）的转变。③ 哈拉维通过发表在期刊杂志上的一系列个人专栏文章明确表达了这样的观点：世界瞬息万变，各种力量纵横交错，社会秩序和结构正在重组，同时，在赛博技术的影响下，各学科都进入了飞速发展的轨道。

赛博技术和赛博空间所带来的影响十分广泛深远，其中最具代表性的是一系列重大转变，诸如：从对现实的再现（或模拟）转变为仿真模拟（不同于发明创造）；从资产阶级小说和现实主义转变为科幻小说和后现代主义；从深沉克制转变为浅薄庸俗；从诚实善良转变为阴险狡诈；从主流群体控制整个社会形态转变为各种边缘群体的出现；从内心的热情洋溢转变为声音的嘈杂喧嚣；生物学从临床实践转变为身份认定；工业资本主义从走向堕落转变为彻底被历史淘汰；从繁殖转变为复制；从群落生态学转变为生态系统；从生物链转变为新帝国主义或联合国的人道主义；女性从奔走于家庭、市场、工厂的传统形象转变为集成电路世界的自由居民；从公共与私人领域的不同角色转

---

① 见 Notes and References，Chapter 11，9。

② 见 Notes and References，Chapter 11，10。

③ 见 Notes and References，Chapter 11，11。

变为赛博格的居民身份；从白人占据统治地位的资本主义社会转变为信息科学主宰的网络时代。[①] 这样的转变举不胜举，涉及生活的方方面面以及世界的角角落落。

以上种种现实与历史的对比或许会令一部分人欣喜若狂，欢呼雀跃，但是我们仍然要保持适度的理性。当从一种模式进入另一种模式，从自然繁殖变成人工制造，前一种说法便再无存在的现实基础。哈拉维强调："无论是意识形态还是物质生活，我们都无法回到过去。这并非是无神论占据上风那么简单"。[②] 我们不能用强行继续使用某种说法的方法来弥补被历史淘汰的某种传统。在整个庞大的社会系统中，任何一个部分的变化都将导致其他部分的组成结构也发生变化。今天，我们不再从 19 世纪的资产阶级资本主义或等级制度的角度去思考问题，虽然这些曾经被他们视若珍宝。在这个以仿真模拟技术和复杂的信息系统为特征的网络时代，人们的思维方式遵循平等的话语权、各群体间的边界认定及约束、信息流动的速率、符合运算逻辑的系统、过时即被淘汰等全新标准。科技主导的思维样式已经在全世界得到普遍承认。

从上述分析来看，哈拉维和鲍德里亚的观点有很多相似之处。早在其 1966 年出版于法国的著作《对象系统》（*System of Objects*）中，鲍德里亚便以超前的意识解析了象征系统及其根本属性以及道德约束的消失。他认为，导致这一结果的原因之一是人们与目标对象之间建立了全新的关系模式。在计算机普及之前，鲍德里亚便已注意到商品的交换与流通向消费转变的趋势。当目标对象（物体）不再主宰人际关系，不再体现道德约束，不再关系到等级制度的本质，人类将享有对其所生存的空间进行创作和再创造的自由，而在这样的空间里，一切都是虚拟的。这种变化对于在旧秩序中处于被压迫阶层的人来说，无疑是巨大的福音，因为他们不再被贴上固定的标签，不再被置于经

---

① 见 Notes and References，Chapter 11，12。

② 见 Notes and References，Chapter 11，13。

济体系中的某个黑暗角落，也不再处于商品交换模式中的不利位置。在文化领域，仿真模拟（虚拟）的概念在赛博技术得到普遍应用之前便已经出现。

鲍德里亚指出，模拟技术确实给人们带来了新的自由，但同时也带来了资本主义的消费经济（以铺天盖地的广告及广告语为特征），并造成了物质和精神方面的双重损失。这种从再现到模拟的转变打破了世界原有的内在性，开启了以外在性为特征的新模式。① 当然，福祸相依，有失必有得。一方面，人们失去了固定的社会地位，但是获得了任意来去的自由。另一方面，人们的身份不再受到由财产的多少所决定的社会地位的影响，而是可以根据自己的意愿进行选择。模拟技术的普遍应用还导致了从商品资本主义向遵循结构价值规律的新社会形态的转变。首先，女性以及其他被压迫群体有了自我意识，并且这种意识会随着赛博空间的发展而进一步加强。赛博空间通过模拟技术废除了原有的象征系统，其彻底性远远超过了女权主义者提出的“虚构”以及鲍德里亚所说的“模拟”。但是，鲍德里亚在这本书中还向读者提出了警告：象征系统的消失是以“灵魂”的丧失为代价的。

实际上，由再现向模拟的彻底转变确实带来了一系列问题。女权主义者们曾经在批判再现理论的时候指出词汇（语言）与支撑物（或人）之间的新关系，而模拟则完全切断了这些关系。在模拟技术统治的空间内，真实的人或物都不复存在，原来的现实世界彻底消失。这或许是数字化的不断发展所导致的必然结果。但是，模拟技术所造就的网络时代必然与新资本主义共生共存，而资本主义的本性永远是以追逐最大化利润为终极目的。因此，我们才会被铺天盖地的广告所困扰，才会不得不为了商品的买卖而疲于奔命。由此可见，模拟技术成了被资本主义制度操纵的刽子手，以兵不血刃的方式屠戮手无寸铁的网民。在这种新模式下，世界以及权力关系似乎都披上了隐身衣，变得不易察觉。

---

① 见 Notes and References，Chapter 11，14。

综上所述，这种由模拟技术所带来的语言和行为上的自由似乎远不尽人意。也许，对于女性来说，重要的不是寻求用人工方式替代自然方式，而是在原始方式和数字方式之间找到适合她们的中间道路。因此，在强调生产和再生产方式发生变化的重要性的同时，我们必须强调这条中间道路的重要性。这条道路的一端是1968事件后女权主义者提倡的人跟人之间的现实联系，另一端是唐娜·哈拉维提出的关于联系的新理念。换句话说，一端是有机联系（聚合），另一端是纯技术手段构成的联系。

今天，很少有人会质疑赛博空间对于女性的重要影响，但是，更不会有人对前景盲目乐观。显然，女性在生活中对赛博空间的依赖日益增强，从通过网络与朋友聊天到与商务伙伴进行交流，从网上购物到在线支付，从在线阅读到搜集信息，从看电影到听音乐，似乎无时无刻不被网络围绕。人们对于赛博空间传播知识的功能给予了广泛认同，但是，对于其他方面则褒贬不一。早期的女权主义者便对赛博空间进行了毫不留情的谴责。同样甚为不满的还有一些男性文化批评家，比如保罗·维利里奥和斯拉夫·齐泽克（Slavoj Zizek）便批判了赛博空间所造成的“人性”丧失和“对两性关系的威胁”。而对赛博空间大加赞赏的同样为数不少。比如，A. R. 斯通和雪莉·特克尔（Sherry Turkle）在著作中明确表示，网络既满足了人们在某些方面的欲望，又赋予了人们更多的虚拟身份的选择，因此利大于弊。

为了避免对赛博空间的理解过于极端，我们或许应该采取一种新的角度，比如下面即将重点讨论的哈拉维提出的四个方面：模拟、赛博格居民身份、新帝国主义或联合国的人道主义、信息技术的主导地位。在此之后，我们将着重讨论与商品交换的象征和经济形态相关的联系模式。

一个模拟的世界

首先，我们不得不重申，当模拟替代再现，消失替代出现，这个新世界对于那些被压迫被排挤的阶层是十分有利的，因为曾经束缚他们的标准都将不复存在。① 在由字节和像素构成的数字世界里，一切都可能在瞬间完成重构，而不需要更多的附加条件。劳动消失了，取而代之的是游戏，实物消失了，取而代之的是信息。当然，我们并非将模拟或赛博空间简单地叠加到我们原来的生活中，而是将方方面面全部打破，从而进行彻底的改变或重建。

但是，我们也发现这种转变不仅改变了性别关系，还改变了其他人际关系模式。今天的模拟世界不能脱离当今的资本主义而独立存在，而资本主义的本性便是追求利润，因此通过刺激欲望开拓市场并扩大销售是其当前的主要任务。一方面，模拟技术能够解放个体，另一方面，它并不能废除权力关系，而是通过市场确立新的主导阶层，并将“灵魂”从人际关系中彻底消除。

当模拟技术用符号商品的流通取代原有的实物商品的流通，用表面平等的形式取代原有的等级制度，人们的精神领域便相应出现了急需填补的某种空洞。于是，一大波公知挺身而出，提供了丰富的精神食粮，从文学作品的创作到宗教思想的宣传，从描述时代变迁到传播成功理论，从强调自立自强到树立励志典范。凡此种种，不一而足。当然，就连宣传宗教思想也不能脱离某个市场而单独存在。

赛博空间的女性居民

接下来要分析的第二个方面是女性身份的变化。随着赛博空间的发展，公共与私人领域之间的界限已经消失，取而代之的是哈拉维所说的赛博公民身份。我们对于她的观点或许并不完全认同，但是必须承认这样的事实：今天的世界对于成功的定义与权力制度下传统的衡量标准已经背道而驰。一个人是否成功完全取决于他（她）所拥有的

---

① 这一变化的最早发现者为保罗·维利里奥。参见其所著的《消失的美学》，菲利普·比奇曼译，Semiotext 出版社，1991 年出版于纽约。

名声（公众认同）、地位、金钱，至于在私人领域（家庭）的表现则不再重要。因此，成功女性不再是以相夫教子为生活重心的贤妻良母，而是在更广阔的空间内叱咤风云的女强人。女性群体不得不重新思考自己的社会角色，抛开妻子、母亲、管家等头衔，将视线转向公共领域，在新的经济体系中获得自己的一席之地。

同时，传统权力制度下的象征系统的日渐衰微导致人际关系的重新建构。随着家庭领域对个人影响的逐渐弱化，公共领域变得日益重要。女性不再依赖丈夫，孩子不再依赖父亲。他们不再需要男性的庇护，而是拿起法律武器保护自己的权益。私人领域与公共领域的界限彻底消失，或许有朝一日连“界限”这一概念都将不复存在，被埋入历史的尘埃。从今往后，女性将作为赛博空间的公民登上历史舞台，让全世界都听见她们的声音。赛博空间跨越时空障碍带来的高度连通性和移动性将身处各地的网民包括女性网民连成一体，如河流汇入大海，如沙砾聚成高山，实现梦想，改变世界。

因为赛博空间带来的种种便利，人们有更多的渠道可以发出不同的声音，表达各种不满，但与此同时，也给一些个人或集团提供了更多的控制手段。在赛博空间，不同国籍的女性群体联起手来向各国政府或企业施加压力，以争取自己或他人的权益。当然，在此过程中，政府或企业也能跨越国家或地域的限制，为了剥夺本应属于公民的权益而狼狈为奸。

新帝国主义

在讨论第三个方面之前，我们不得不重申另一个观点：任何新技术都同时具有天使和魔鬼的两副面孔，既给人类带来自由，又造成新的压迫。赛博空间的女性网民必须提高警惕，避免成为“联合国的人道主义”的受害者。在哈拉维看来，这种人道主义本质上是一种新帝国主义。它打着慈善的旗号，披着“同情”的外衣，向一些组织或群体提供援助。但是，这种援助并非出于对接受方利益的考虑，而是施与方自欺欺人的做秀，目的无非是沽名钓誉而已。哈拉维认为，这种同情不过是某个阶层对弱势群体的怜悯，所有举动不过是廉价的施舍罢了。

这种从自身出发的思维方式在精神分析学上被称为“投射”，是指个体依据其需要将自己的特征转移到他人身上。在此过程中，个体既不考虑他人感受，也不考虑与他人之间的关系，而是完全以自我为中心和参照物。而赛博空间恰好扮演了帮凶的角色，提供了种种便利。因为模拟技术的应用，曾经由人类、动物、植物所组成的现实世界似乎已退居幕后。政治经济学教给人们的那些血淋淋的教训已被抛之脑后。女性必须时刻提醒自己，诞生于赛博空间的种种社会群体很可能带有极大的欺骗性，而无论在现实世界还是虚拟空间，压迫和反抗将始终存在。她们要做的并不是简单地用模拟代替假人道主义，而是开拓具有真正“人性”的空间，在数字世界里依然保有纯粹的“灵魂”。

信息主宰

第四个方面是关于信息的主宰地位。女性对于“信息主宰的网络时代”也作出了很大的贡献。相当一部分女性已经掌握了赛博空间的使用技巧，并获得了很多收益。另外，在世界上的很多地区，女性都取得了更高的地位，在很多领域与男性平起平坐，同时还通过自己的努力帮助他人共同进步（这并不是她们的主要贡献）。一方面，女性成为风险资本家、媒体人、记者，通过语言和行动直接影响其他人，当然常常以负面的方式。另一方面，不同社会群体使用赛博空间的机会依然是不平等的。事实上，无法使用网络的占全球人口的大多数。他们或者是因为经济原因（高昂的价格），或者是出于宗教禁忌（害怕灵魂受到玷污），或者仅仅是因为电力缺乏。另外，相当一部分人（包括女性）没有受教育的机会，目不识丁。

我们的重要任务之一便是防止模拟和信息技术造成世界的毁灭。在赛博空间，女性能够通过实时通讯跨越远距离障碍完成工作目标。

这种便利克服了原先现实世界的各种地域限制。当然，当女性在个人终端上开拓个人的精神领域时，发挥作用的不仅仅是高效的网络连通和流畅的信息传递，还有人与人之间的心灵沟通或精神交流。当女性成为赛博公民并承担相应的责任，她们便面临着新的历史使命：向需要帮助的人伸出援手，使他们能够在网络上建立自己的世界，或者是独立的个人空间，或者是与赛博空间连通的个人单元。如果只是出于个人的需要使用网络，心不在焉地在注册表上签名，毫无责任感地在论坛上吐槽，则只会玷污赛博公民的身份，并且对赛博空间的发展毫无益处。

与赛博空间共存

综上所述，几十年来赛博空间对女性的影响可以概括为四个方面。我们可以得出这样的结论：女性群体将脱离以再现为特征的旧世界，进入以模拟为主导的新世界。曾经人们认为，历史的更替不过是一次次的对之前世界的复制。现在，这种观念已经一去不复返。对女性来说，这样的转变有利有弊。一方面，她们挣脱了旧有的象征系统的束缚，摆脱了跟随她们多年的女性标签，颠覆了传统的性别关系，并且获得了新的赛博公民身份。另一方面，她们不仅失去了旧有的以再现为特征的世界，似乎连整个现实世界都烟消云散，被虚拟世界所代替。当人与人之间的精神交流和心灵沟通被依赖于技术手段的网络联系所替代，女性将面临失去“灵魂”和“人性”的危险。也就是说，技术手段虽然快捷高效，但却失去了人情味。

而且，这种弊端将随着今天的市场经济和金融资本主义的发展日益恶化。这就意味着由人类、动物、植物所组成的现实世界将最终被符号系统和追逐利润所取代。自然商品、文化商品、物质商品之间毫无差别，这便是我们这个时代的重要标志。在模拟世界里，女性忘记了她们身上的自然属性，忘记了她们是物质环境的一部分，尽管人们常常强调环境的“纯天然”。当信息就是信息，当世界就是 0 和 1，没有其他内涵或外延，人们也自然不会在那些纷繁复杂的问题上浪费时间。然而，极具讽刺意味的是，这些问题的发现常常需要借助于模拟技术和计算机系统。①

当然，正如哈拉维所说，时间只能前进，不能倒退，无论如何我们再也回不去了。我们再也没有天然形成的固定的世界模式可以复制，而且人类借助于技术手段可以干预生活的各个方面，甚至是最基本的形态。尽管如此，人类依然需要彼此沟通，同时也无法完全脱离自然环境和社会环境而独自存在。即使在克隆技术主宰的世界里，物质环境也将发挥一定的作用。② 事实上，在全球化的世界里，地方区域的重要性并没有削弱，反而日益凸显。认识到这一点将有助于女性区分应用模拟技术进行生产创造和滥用该技术追逐商业利润。

随着传统的权力制度和符号网络的衰退，女性在社会等级中的地位发生了变化。自此，女性的社会存在将伴随着相应的权力。随着市场经济的发展，私人领域（没有收入的付出）的重要性逐渐消退，女性的权力得到了关注。成功的衡量标准变成了在公共领域内的表现和成就。今天，女性以赛博公民的身份捍卫着自己和他人应有的权力。

远程技术的发展消除了性别和种族之间的分化，但是对金钱的追逐又造成了新的分化的产生。在赛博空间，人们可以采用更多方式捍卫自己的权利，抵制不平等现象，同时精英阶层也拥有了更多手段控制弱势群体。这种新的压迫形式便是新帝国主义。因为虚拟技术和网络空间的发展，一个多元化的世界正在形成。但是，因为少数特权阶层（包括女性）拥有了更快或更强的技术手段，多元文化正不得不走向单一化。当然，这并不意味着人类将回到以前的时代。全球化和市场将一直存在。1968 事件后的女权主义者们曾经通过精神分析得出结

① 计算机模拟技术可以模拟相当复杂的现象，包括用于气候变化的研究。

② 娜塔莉在其著作中阐述了这些发现。参见："一棵树"，发表于《天堂此时》，2000 年。或参见网址：www. geneart. or/jeremijenko. htm。

论：全球化对于人类（包括女性）来说是一把利弊共存的双刃剑。女性曾经在男权制度下苦苦挣扎，急需拯救。女权主义者们想方设法使她们能够脱离魔爪，获得新生，并且找到同伴，不再孤单。同样，我们可以用本章的标题“Women-cybercitizens”来表达将女性从原来的现实世界中解放出来，使她们在赛博空间找到自己的位置，并实现自身价值的重要意义。有了现代通讯技术，任何歧视和虐待都将无所遁形。有了赛博空间，女性不仅可以捍卫自己的权益不会受到任何特权阶层的侵犯，而且可以与整个权力体系抗衡。

新的连接方式

在“0”和“1”组成的世界里，非黑即白，非此即彼。因此，信息系统和赛博空间使得人们的思维方式也发生了变化，要么正确要么错误，要么好要么坏。这种趋势已经在全球范围内蔓延，逐渐形成了被人们普遍接受的“两分法”判断标准。虚拟世界否定了政治经济学的规律，以这种绝对的两分法作为其判断是非的道德标准，但是女性要客观看待这样的现象，不能被其貌似简单的表象所迷惑，而应继续探索其复杂性和各种因素之间的关联。按照计算机逻辑，个人似乎可以按照自己的意愿来统治世界。在此过程中，原有的世界及其复杂性都荡然无存。而女性网民将追随她们的前辈，沿着1968事件之后的女权主义者们的脚步在赛博空间内争取她们应有的权益。她们将吸取经验教训，取其精华，重建彼此之间的关系。保罗·维利里奥在《汽车的艺术》（*Art of the Motor*）一书中曾经提醒人们注意将信息仅仅看作是信息的极端观点。这种观点实际上是模拟世界中技术崇拜的一种表现。在对信息的诸多看法中，保罗对格里高利·贝特森（Gregory Bateson）的观点十分赞同。有生物学背景的贝特森认为信息不仅是信息，而且是表达或书写的载体。① 如果我们把信息看作精神交流的载

① 见 Notes and References，Chapter 11，18。

体，那么人类与世界之间便能建立全新的关系，而且建立机制将完全不同于原先的人本主义二元论和两极分化。

如果说模拟技术打开了一扇窗户，让我们看到了一个无任何实体存在的虚拟世界，那么，与此同时，它也切断了所有现实中的人际关系，建立起基于技术手段的新联系。在分析完贝特森和1968后女权主义者们的观点之后，我们一方面不得不表示赞同，另一方面试图将模拟与女权主义的再创造理论结合起来。女权主义者提出的再创造理论颠覆了再现理论，但是并没有否定语言在女性与外部世界沟通时所发挥的中介作用。在比较过两者的差异性之后，我们承认模拟替代了再现，但是模拟不但要消除实体世界，还需要重建一个包括人类与技术在内的物理世界。在离开以再现为特征的有限空间之后，女性将逐渐适应以模拟为主导的虚拟世界，体会不断再创造的过程。

因此，信息和模拟技术将不仅用于提高连通效率和移动速度，还用于创建新的连接方式。当信息占据主导地位，维系人类与世界之间的纽带将被切断，原先人们信奉的道德标准将被金钱至上的原则所取代。在虚拟世界中，没有了压迫与被压迫，也没有了人们之间的亲密无间和人与世界的血脉相连。因此，作为赛博空间的公民，女性将发挥桥梁和纽带作用，帮助人们组建社区，寻找伙伴，适应网络身份，并重新获得归属感。借助于模拟技术和赛博空间，她们可以克服现实世界中人际关系的种种弊端。另外，她们还将利用模拟技术改进人类和环境之间的关系。

赛博女性社群对自身进行界定的过程可谓一波三折。首先，必须遵循一定的规范；其次，由于赛博空间的特殊性，这些群体的组织形式在不断地发生变化，甚至达到了“无组织无纪律”的程度。因此，很难在短时间内给出明确的定义。借用女权主义者们青睐的一个词汇来形容，便是“尚未定型”（becoming）。换句话说，这些群体的发展方向既无法控制，也无法预测。随着赛博技术的飞速发展，整个世界都在发生令人眼花缭乱的变化，而女性必须始终以重建人际关系以及人与世界之间的联系为己任。她们将不遗余力地推动赛博空间内新关系的建立，并且将“团结”的观念根植于人们心中。当人们团结一致，便能获得温暖，充满力量；当人们团结一致，便能尊重个体，消除歧视；当人们团结一致，便能揭露黑暗，战胜邪恶。比如，一些群体以慈善为幌子，举着“同情”的旗号，通过对弱势群体的施舍来谋求自身利益。这样的慈善往往能掩人耳目，甚至博得公众的赞赏。殊不知，在慈善的外衣下隐藏着不可告人的目的，或者是摧毁某种文化，或者是掩盖某种权力关系。其中，联合国所鼓吹的人道主义便是最典型的代表。面对这些问题，赛博空间的女性居民们不能仅仅将电脑视作与网络相连的终端，而应该是重建各种联系的载体。在赛博空间，女性不再是任人宰割的羔羊，而是能主宰世界的力量。她们不再被动接受，而是要寻求改变，不但改变自己，还要去改变世界。世界不再被禁锢于某种模式，而是可以在赛博技术的帮助下按照她们的意愿走向更美好的未来。赛博空间的女性不是女神，也不是机器，而是与机器联手创造世界的网络时代公民。

第十二章　空间和赛博空间意识的范围

费尔·格雷厄姆

（意识是人们关于生活的所有认识。一般说来，它包括三个方面：对个体自身的认识，对各种组织内部不同个体之间关系的认识，以及对个人与自然环境之间关系的认识。意识不是固定不变的，而是一个动态的过程。在人的一生中，意识会随着人们在家庭或其他社会组织内的行为和认知的变化而不断变化，或增强，或衰退，因人而异，也因个人的不同阶段而异。意识会产生感情、观点、本能、记忆，以及其他各种感官认识。①

这些观点、概念、意识的产生不仅与人类的物质活动、物质交流，以及现实生活中使用的语言有直接关联，而且与该民族或种族的政治、法律、道德、宗教、形而上学等用文字表述的精神产品息息相关。人类是这些观念、想法等精神产品的生产者。因此，大脑是产生意识的物质基础，意识不能脱离人类的存在而单独存在，而人类的存在便是其实实在在的生命过程。②）

① 见 Notes and References，Chapter 12，1。

② 见 Notes and References，Chapter 12，2。

本章将讨论空间在政治经济学领域的意义。在人类历史上，空间的概念出现得相对较晚。在古代，既没有“定位”，也没有“解析空间”，而关于时间和空间之间的区别也没有任何一种解释能够“获得广泛认同”。公元前5世纪的希腊哲学家巴门尼德（Parmenides）说：“世界是唯一现实的存在，而空间则有待发现或创造。”① 几何学首开先河，用抽象的术语对空间进行了界定。自那时起，空间的定义便不断推陈出新，几经变化。或许正因如此，在亚里士多德之后，政治经济学领域并没有对空间概念提供任何具体的限定。② 终于，政治经济学家们跃跃欲试，准备在空间研究方面大显身手。但是，出于某种未知的原因，他们在对空间进行定义的时候始终无法脱离时间的范畴，比如劳动力、租金、货币和商品的流通时间、机器折旧等方面。③

即使在赛博空间领域，近些年关于空间的定义同样与时间脱不了干系，比如卡斯特尔所说的“流动空间”。其他的定义还包括“空间是社会的具体表现形式”、“空间是具体化的时间”、“空间是分时共享的社会活动的物质基础”，等等。④ 然而，这些定义都忽略了一个非常重要的事实：资本主义的政治经济组织形式的基础便是不依赖人类活动而存在的有限具体空间。无论是资本主义的何种经济行为，都需要在一定空间范围内进行，而且空间的所有权是唯一的，即特定的空间不能由两个或两个以上的个体同时拥有。最典型的例子便是土地。对土地的法律界定和所有权是财产私有制的基础。一旦失去这个基础，资本主义便如无根之木无源之水。作为一种新的思想观念和社会现实，私有制在短时间内便深入人心。但是，我们仍然能看出当时的统治阶级为了使私有制从“想法”变成社会“现实”所进行的思维实验，包括技术、法律、历史等方面的努力。

---

① 见 Notes and References，Chapter 12，3。

② 见 Notes and References，Chapter 12，4。

③ 见 Notes and References，Chapter 12，5。

④ 见 Notes and References，Chapter 12，6。

想象你生活在大海中的一艘船上，你的同伴大约有四十人，空间十分宽敞。放眼望去，你们看不到任何陆地。你们也从未见过陆地。这艘船在大海上漂流，但每次航行的距离相对固定，而且不能脱离一定的海域。每年，在不同的时间，你们可以捕获不同的食物，包括鱼类、鲸、海草等。食物十分丰富，且取之不尽。雨水同样充足，因此也不会出现饮用水短缺的现象。我们的问题是：假设在这样的情况下，随着船的航行，你们的地理位置不断发生变化，那么，你们该如何对空间进行界定，如何划分，又如何在特定的个体间进行分配呢？

因此，首先，你们需要从技术及法律上对空间进行界定。其次，必须了解你们整个群体所拥有的空间范围以及每个个体能分配到的空间范围。否则，人人皆可从自身角度出发对空间进行定义，并掠夺本属于他人的空间。这也许就是私人土地经过约三百年的时间最终变成社会现实的发展过程吧。① 但是，任何社会关系的建立和形成都有一个重要前提，即必须在特定的空间范围之内，无论这种社会关系是否正式或是否稳定。换言之，我们只有在一定的空间范围内才能对所有权进行界定。

我们对于空间意义的理解与我们对于财产所有权、工作、家庭、社区、民族等方面的观念和体验有不可分割的联系。它们有机结合在一起，构成了我们赖以存在的行为和关系网络。② 我们通过所作所为构建不同的空间：社会空间、有机空间、符号空间、地理空间等等，不一而足。③ 比如，在某个工作场所的一段谈话便有可能同时创建下列不同的社会或符合空间：人际空间或人际关系；态度空间或文化；组织空间，即规范社会行为的标准；概念空间，即特定的认知方式存在的基础，比如某所大学的经济系或者某个法律事务所。④

---

① 见 Notes and References，Chapter 12，7。
② 见 Notes and References，Chapter 12，8。
③ 见 Notes and References，Chapter 12，9。
④ 见 Notes and References，Chapter 12，10。

但是，作为极具时间性的社会活动的产物，社会空间和符号空间与我所强调的具体空间（比如发生某次工作场所谈话的具体所在地或建筑物）有本质区别。而陆地、海洋、天空这样的地理空间则不依赖人类行为而独立存在，它们容纳并限定人类的活动（比如我们不可能在海里种土豆）。另外，这些空间的所有权是唯一的，即不可能被两个或两个以上的个人、组织、工厂、城市等同时拥有。与地理空间有相同性质的是“电子空间”，也就是人们常说的无线电频谱（无线电信号的发生频率及所覆盖的范围）。因此，同一个无线电频率不可能被不同个体或组织同时使用。① 就跟土地一样，电子空间在任何经济活动中都只能被某一方独占。因此，电子空间也就是我们所说的“赛博空间”被地域化之后的名称，也可以进一步解释为“人类的决策”空间。② 由此，我们已经可以预见即将扩散至全球范围的“私有化”趋势。我们现有的赛博空间是一个杂乱无序的大拼盘，也是一个由各种远程通信设施所组成的巨大网络，包括电线电缆、通信卫星、电视及广播信号发射系统，以及各种相关机构等。这一网络的特点是不时发生的社会技术和地理技术在连通性上的中断。但是，作为一个包罗万象的具体地理空间，全球电子空间仍然具有公认的巨大价值。在这个空间内，数字化社会空间和符号空间正在日益完善，并将最终形成一个全球化、短时高效、不间断的空间，以保证人类有意识的社会活动的产生、独享、互动。

空间意义的历史价值

在西方近代史上，有三次重要的历史更替，而每次更替恰好都伴随着对地理空间概念的重新界定。这三次重大变迁分别为：12 世纪末封建制度的建立；15 世纪中叶到 18 世纪后期的圈地运动，其历史意

① 见 Notes and References，Chapter 12，11。

② 见 Notes and References，Chapter 12，12。

义在于结束了封建制度并建立了私有制和现代民族国家；始于 19 世纪末的对领空和电磁空间的界定（包括法律上和技术上两方面），其历史意义在于对 21 世纪的民族主义起了决定性的推动作用。① 同时，在每个历史阶段，不同阶层的群体之间的关系也有本质的变化，并且从法律上重新进行定义。另外，值得关注的是，每个阶段还伴随着不同传播媒介的出现和普及，分别为纸（书写）、印刷媒体、广播。②

作为我们这个时代的重要媒介，网络（赛博技术）正在发挥重要的作用，推动着全球范围内电子空间的重新建构。这样的技术进步可谓史无前例，并远远超出了任何人的预测和想象。因此，我们目前正在经历的历史阶段与上述的前三个阶段相比，其重要性有过之而无不及。但是，在此过程中，全球电子空间的所有权问题几乎未被提及，或许因为它并不是某个具体存在的地理空间，而仅仅是一种社会活动（无论是否带有商业性）的平台。从最开始的开发利用到最近的高度技术化，在电子空间发展的整个历史阶段，“世界各国从来没有背离无线电电波权属于‘世界共同财产’这一基本观念”，并且在整个 20 世纪“这一权利都被当作政治经济权力的最重要的基本组成部分”。③ 换言之，电子空间的全球私有化便是这种基本权力的私有化。而正是在其逐渐私有化的一个多世纪里，“意识”（或“知识”）商品的生产、分配、交换、消费构成了人类历史上最广泛、最强大、最暴力的政治组织系统的基础。④

---

① 《沟通的偏见》，哈罗德·亚当著，多伦多大学出版社于 1951 年出版，80－81 页。所涉及观点：20 世纪民族主义的迅猛发展有两个主要原因：一是超级大国的解体，二是通过无线电电波的宣传而持续升温的民族凝聚力。两者相辅相成，带来了一系列深远的影响，其结果各有利弊。

② 见 Notes and References，Chapter 12，14。

③ 见 Notes and References，Chapter 12，15。

④ 见 Notes and References，Chapter 12，16。

电子空间在赛博经济中的核心位置

电子空间“对于通信的意义就好比土地对于庄稼或者水对于鱼的意义一样，但是作为一种特殊的自然资源，它对于政治经济和社会方面的影响一直没有引起社会学家的重视”。① 另外，电子空间所具备的地理空间意义似乎同样没有获得社会学研究的关注，而且这种现象还将继续下去。目前，电子空间在一定程度上已经被栖息者（网络用户）“划分界限”并且“据为己有”。这样做的前提是他们认为互联网已经“从个人电脑向手机以及手提电脑转移”，因此空间会逐渐私有化。② 至于技术是否会发生这样的“转移”则无关紧要。而无论是立法机构还是商界都对于这样的私有化和空间“划分”提出了十分迫切的要求。

目前，电子空间的公共性质能够从其所有者的性质上得到明确验证。但是，在被廉价出售或转让给私人企业后，其所有权性质将必然发生改变。比如，在美国，人们都期望“国防部、执法机关、公共安全组织”等电子空间的所有者能够将它们的通信系统“转让”给其他“有价值的”、商业化程度较低的行业或部门。③ 这就不由得使人产生疑问：私有化的全球电子空间能否创造相应的社会效益？就像属于地理空间的陆地一样，电子空间并非虚拟的符号空间，而是真实的具体空间。因此，我们必须以此为前提理解其私有化的重要意义。

在无线电作为一种重要媒介出现之后，人们普遍意识到电子空间是一种具体空间。④ 而特别推崇这种观念的则是一战中遭受了史无前例的残酷杀戮的一些国家。战后，这些国家不仅大力发展科学技术，而且重视意识形态建设，形成了极其强烈的民族意识。在取得技术上

① 见 Notes and References，Chapter 12，17。

② 见 Notes and References，Chapter 12，18。

③ 见 Notes and References，Chapter 12，19。

④ 见 Notes and References，Chapter 12，20。

的领先地位之后，这些国家开始重视大众媒介和宣传。其中，成绩最为显著的是美国。美国人认为，“无线电通信必须置于国家的控制之下”，因为“如果想通过电子空间控制人类意志，则首先必须控制电子空间”。①

只有实现电子空间的私有化，才能更有效地对其进行开发利用。而只有意识到这一点，我们才能理解为什么电子空间是具体空间。在上个世纪，电子空间与空气和水一样同属公共资源。作为一种用之不竭的实实在在的资源，电子空间是全球所有赛博经济体的存在基础。②但是，对于电子空间的具体性，很多人表示难以理解，就好比很多年前，资本主义的理论基础——土地私有制——同样显得晦涩难懂一样。电子空间存在于任何地点、时间、频率，但是几乎都是以时间长度作为出售的标准，比如，30秒的广播时间或者电视广告。因此，人们很容易将电子空间理解为时间的另一种表现形式。

但是，法律界人士则认为电子空间属于“法律实物”的范畴，或者属于“第四维空间”。因此，他们认为，按照新自由主义观点，“私人可以对电子空间进行自由开发”，并且应该“授权给那些在开发技术上有优势的个人或组织”。新自由主义的特点包括激进个人主义，反社会主流，以及提倡“以市场为主导”。这些其实都是对电子空间的误读。

> 事实上，电子空间绝非思维空间，因为电磁波不仅有宽度（振幅），还有深度（频率）。另外，无论是自然空间还是电磁空间，是否实现私有制都在于人类的一念之间，而将私有制引入这一“刚发现的新大陆”则必然隐含巨大风险。③

---

① 见 Notes and References，Chapter 12，21。

② 见 Notes and References，Chapter 12，22。

③ 见 Notes and References，Chapter 12，23。

它确实是刚发现的新大陆，从头到尾，从里到外，前无古人，史无前例。但是，这些美好的描述都尘封在1924年。今天，电子空间的私有化已经不止在某个国家，而是扩散至全球范围。它是独一无二的全球性且永不间断的地理空间，使我们能够以光速进行通信。但是，无论是作为电子空间，还是作为政治权力的基础，它的地位似乎都岌岌可危，在某种程度上甚至已经“命悬一线”。因为在出售时常常以时间为衡量标准，而且在概念理解上也常常被归入时间体系，因此，它似乎并没有明确的定位，甚至经常被误解为传播小道消息的渠道或者随意侵犯隐私的黑手。但是，从经济学角度来说，时间永远不可避免地与“劳动”，即人类的活动息息相关，因为劳动必须以时间为衡量单位。而在任何一种赛博经济体系内，都只有意识领域的劳动必须技术化、私有化、商品化。

人类活动，社会空间，以及意识商品

任何具体空间在实现经济意义上的私有化之前，都必须满足一个前提条件：将有明确时间限制的社会活动联系起来并建立相对稳定的网络。① 与对土地的所有权一样，人类活动及其产物的所有权同样属于法律的范畴：“如何保证个人对于可能增值的股票的所有权？如何保证个人对股票收益的所有权？只有通过制定‘实在法’。”② 而在所有人类活动及其成果的所有权中，知识产权获得法律保障的过程恐怕是人类社会关系的变迁中最值得关注的。索尔兹伯里的约翰在《论政治学》（Policratus）一书中曾经就这一点有过明确论述。③具体内容如下：

> 这种变迁发生在12世纪末到13世纪初的历史转折点，当时

① 见Notes and References，Chapter 12，24。
② 见Notes and References，Chapter 12，25。
③ 见Notes and References，Chapter 12，26。

正经历着社会制度的重大变革。原本并不明确的社会关系开始被纳入法律的范畴，而原本自由发展的封建社会秩序逐渐走向有序管理的集权政治统治。①

今天，历史又出现了惊人的相似。人类最亲密的社会关系也将被纳入法律的范畴。② 同时，与圈地运动时一样，今天的人们依然面临着某种不可调和的矛盾：那些制定规则的人高高在上，以法律的名义操纵着所有人类活动，而那些弱势群体只能遵守规则，永无翻身之日。因此，无论在社会关系还是意识形态方面，两个阶层都将势如水火，彼此对立。③

就像对地理空间进行法律界定一样，社会关系（或社会空间）同样需要技术及法律方面的专业人士进行界定并给出“官方”定义。社会技术包括各种政策法规，涉及方方面面，比如工资与货币形式、生产技术、管理技能、合法的暴力形式（战争或惩罚），等等。所有这些都涉及社会技术方面的专业知识及技能。政治及法律定义可以规范并确定（在某种程度上，在一定时间范围内）关于社会生活的某些方面的意义。这些定义还可以使一些非正式的关系变得正式、规范，同时使一些形式不同、种类多样的社会关系变成相对稳定的符号系统，比如法律。正是通过这些不懈的制度建设，雇佣劳动的概念才能在漫长的历史进程中得以确立，使得统治阶层可以名正言顺地占有劳动阶层的成果（即人类的能量或生命产生的成果）——政治经济学中所说的“劳动力”。

尽管前资本主义时期的“劳动力”形式（临时工和外包）在今天的“知识经济”中再一次变得十分普遍，但是上述的问题依然存在。在赛博空间，被商品化的劳动存在于意识领域。因此，今天最需要进

① 见 Notes and References，Chapter 12，27。

② 见 Notes and References，Chapter 12，28。

③ 见 Notes and References，Chapter 12，29。

行法律界定和保护的是“知识产权”。① 随着全球电子空间的快速私有化，体力劳动者和脑力劳动者之间的两极分化（技术层面和法律层面）正在形成。这种分化完全是人为造成的结果，同时也将影响到每一个人。人们在创建、改造、转化社会空间的每一个环节中都渗透了意识劳动的成分。因此，在任何一种赛博经济体内，意识劳动的成果都将成为商品。我曾经将这种结果称为“高度资本主义”。在这种资本主义形式下，人类社会生活中最密切最根本的方面（语言和思想）都变成了永恒的商品。虽然与意识商品相对应的人类活动和社会关系在法律和经济形式上会有所不同，但是，作为人类独有的生理机能，人类意识的各个方面、各种功能，以及所有成果都将随着赛博空间的发展变得更加正式、规范。②

人类是“信息”的生产者和享用者，同时，人类及其生存的环境也是“信息”永恒的主题。因此，“信息”便理所当然地成了赛博经济的“原材料”。赛博商品的范围十分广泛，涉及艺术、科学、文化、教育、通信、商务等获得立法机构承认的社会领域。③ 但是，我们如果仅仅着眼于某些活动空间所生产的商品，结果必然是捡了芝麻丢了西瓜，忽略了诸如社会生物以及环境等方面的成果。随着人们越来越关注知识产权保护机制，“全球化”人类的社会和生物关系也将发生变化，在合法化和规范性上都必须满足更高的要求。具体而言，人们与某些符号性人工产物（意识产品）之间的意识关系将具有法律效应及货币价值。事实上，这一目标正在逐渐变成现实。④

今天，在知识产权保护机制逐渐完善的过程中，诸如文字、声音、基因等既私密又抽象的“事物”之间的关系也从原先的自由发展转向合法化、规范化。相关的法律法规将在全世界范围内推行。将这些特

① 见 Notes and References，Chapter 12，30。

② 见 Notes and References，Chapter 12，31。

③ 见 Notes and References，Chapter 12，32。

④ 见 Notes and References，Chapter 12，33。

殊商品轻率地界定为“精神商品”或是“现实物质”对于发现其本质都毫无帮助。① 因为，无论哪一种定义都忽略了非常重要的一点：这些早已存在且不受约束的关系正在被重新界定，以便某些个体或群体在技术及法律许可的范围内尽快获得所有权并且进行销售。在这个意义上，所谓的重新定义不过是那些享有特权的精英阶层明目张胆的强取豪夺罢了。而鉴于现在的人口数量，这样的掠夺在人类历史上不仅规模最大，而且最为恶劣。所以，在一些国家，个人可以购买全国的基因库，而汤加、爱沙尼亚、冰岛等国家的政府则将独家拥有基因库的特权售予其支持者。②

造成这种对人类意识商品的全球性掠夺的罪魁祸首是赛博经济中固有的一系列矛盾。除了那些在技术上占统治地位的群体（决策者及其企业“顾问”）之外，持这种观点的还大有人在。这一系列矛盾包括：想当然地认为交换价值（货币）应该支配生产价值；分配和消费环节的崩溃与生产和交换环节同步；使用价值（可使用性）由交换价值（可销售性）决定。因此，货币的生产越来越成为一种不可抵挡的必然选择。③ 但是，货币不过代表了对某种物理存在（或者其他形式）的价值的主观判断。当然，由于时间和篇幅的关系，在此不可能列举出所有濒临崩溃的关系。但是，我们仍然有必要对这些存在的危险进行实际考察或者概念研究。在接下来的部分，我将从“价值关系”的角度继续探讨上述问题。

价值关系，空间意识和赛博空间中疏远的人际关系

对价值的理解“可以追溯到人类历史上非常遥远的过去，当人们

① 见 Notes and References，Chapter 12，34。

② 见 Notes and References，Chapter 12，35。

③ 见 Notes and References，Chapter 12，36。

开始认为万事万物都有一定‘用处’时，价值的概念便已经形成。”①在价值的诸多定义中，最为广泛、抽象的说法是：一切事物的社会用处。价值关系是社会关系的组成部分，涵盖了人们创造出有价值的产品（人类生存环境中的万事万物），赋予该产品价值，并按照某种公认的标准确定其价值的整个过程。价值关系是社会“偏爱”及“决策”的表现形式，也可以称为“评价模式”。② 这种模式在很大程度上是标准化制度化的结果。换句话说，评价模式——对价值的普遍认知——也反映了某个社会领域内对价值评判标准（物品是否有用）的“认同程度”。

因为评价模式涉及某个社会群体的选择以及决定，因此必然以牺牲其他的价值关系为代价。在全球化的中介社会系统中（理论上涉及每个人），价值的概念是否复杂，涉及各个方面。但是，具有讽刺意味的是，恰恰因为这种复杂性，价值体系在政策层面上降到了最单一且最简单的程度，也就是价格。而对于效率、发展、进步、控制等方面的讨论在逻辑上、技术逻辑上无一例外地参照这一虚幻、“物化”的价值体系的标准：

> 生产越是依赖交换价值，交换的物质条件——通信和运输方式——对于流通成本便越发重要。资本的本质便是要越过所有空间障碍。因此，“用时间赢得空间”，不断创造新的交换条件——通信和运输方式——也就成了必然现象了。③

基于上述分析，我们认为：交换价值是所有价值形式的终结者，而“用时间赢得空间”的意思是人们在“空间意识”的主导下尽可能在最短时间内跨越地理空间（陆地、海洋、天空、电子空间）和社会

---

① 见 Notes and References，Chapter 12，37。

② 见 Notes and References，Chapter 12，38。

③ 见 Notes and References，Chapter 12，39。

空间（社会活动）。在全球范围内，价值关系已经简化为时间和空间的数字关系（货币或“资本”的全球流通速度）。但荒谬的是，这个数字越大（越接近数学上的无穷），该系统的效率和“发展”速度便越快。① 同样，“因为客观原因，从静态来看，意识劳动的规模表现为空间的大小；而从动态来看，则只能用时间来衡量”，因此，社会意识活动（社会和符号空间领域的活动）的衡量标准是“思考的速度”。② 考虑到时间因素的重要性，速度必将成为凌驾于社会空间之上的核心标准。③ 自古以来，人类从未像今天这样投入大量人力物力用于意识商品的生产。而“时间就是金钱”已经成为人类生活中古今通用的基本准则。

随着社会交换的速度越来越快，时间似乎已经消灭了空间。④ 从价值关系的角度来看，这种时空关系表现为人们以最快速度跨越最远距离（空间）完成意识价值的交换。事实上，意识价值已经成为高度资本主义生产的主要商品形式。而意识价值的产生包括一系列复杂的过程：消耗（破坏）、流通（分配）、交换，同时还要跨越巨大的地理空间。这种对空间最小化的追求将产生不可调和的内在矛盾：当人们之间的时间距离缩短，社会空间必然被压缩，人们原本在现实世界的社会交往中拥有的凝聚力（归属感）也将随之消失。因此，在任何一种发展成熟的赛博经济中，人类意识商品的生产者和消费者将日益疏远，而人们对这些商品的感知价值也在其跨越空间完成交换的过程中产生。

---

① 说明：流通速度等于空间距离除以所用时间，即空间为分子，时间为分母。流通时间越接近零，则产生的价值越大。但是，如果时间为零，那么这一公式将失去存在的意义，因为任何数除以零在数学上都是错误命题。因此，在我们的认知范围内，流通时间不可能为零，只能无限接近。

② 见 Notes and References，Chapter 12，41。

③ 见 Notes and References，Chapter 12，42。

④ 见 Notes and References，Chapter 12，43。

结论

每个时代都独一无二，不可替代。任何一个历史阶段的人或许都会这样认为。当然，一般说来这种观点无可厚非。但是，从来没有哪个时代像今天这样经受着人类与地理环境之间关系的巨大变迁，而且涉及范围之广，影响程度之深，皆出乎所有人预料。全球电子空间的私有化犹如一道分水岭，毫不留情地隔开了现在和过去，宣告着我们这个时代的独领风骚。圈地运动以及 12 世纪晚期形成于欧洲的封建制度都一度占据过历史上的制高点。这些阶段都曾经使一些诞生于地下的社会关系拥有“合法”身份，并且从法律和技术方面对当时所处的特定空间进行了重新界定，同时将这些社会关系和具体空间联系起来，使它们水乳交融，浑然一体。

虽然立法者通常将电子空间视为一种时间性的渠道（或中介），为符号活动和组织机构服务。但事实上并非如此。从最准确的经济概念上来说，电子空间也是一种具体空间，除了有一点令人费解：它只能以一种速度——光速——传输。尽管令人困惑，但恰恰是电子空间的速度使原本独立存在的时间和空间结合起来。然而，电子空间也具备具体空间的一些特点，比如不受空间、时间、频率的任何限制。据我们所知，电子空间是所有全球赛博经济存在的唯一基础，用之不竭，而且无处不在。

当然，除了对地理空间进行合法的再次分配之外，政治经济学还应该考虑其他很多方面。比如，被立法者重新界定、利用，并且在赛博空间实现了商品化的人类活动；赛博经济的商品形式以及这些商品的“生产者”和“消费者”之间的关系；交换、流通、分配等环节顺利进行的前提——价值关系；对于上述方面富有责任（至少表面上）的全球组织机构，等等。最重要的是，我们必须考虑人类活动的哪些方面将在赛博空间实现商品化，以及这种商品化是否“合法”。另外，既然电子空间是我们唯一拥有的全球化社会空间，我们必须了解那些声称拥有该空间所有权的组织之间的关系，因为电子空间应该成为人类共同拥有的空间，而人们在此空间内的行为体现了人性中最私密、最抽象但是又最具体的一面。这些基本问题都将成为今后赛博空间政治经济学领域的研究对象。

参考文献

The suggestions for further reading broadly reflect the key themes and concepts considered in this volume. Although many of the works cited are multidisciplinary in nature, they are grouped loosely to mirror the four parts of the book.

PART I: CYBER SOCIETY

Bell, Daniel, *The Coming of Postindustrial Society: A Venture in Social Forecasting*, London, Heinemann, 1974.

Borgmann, Albert, *Holding on to Reality: The Nature of Information at the Turn of the Millennium*, Chicago and London, The University of Chicago Press, 1999.

Castells, Manuel, *The Power of Identity: The Information Age: Economy, Society, and Culture* Volume II, Oxford, Blackwell, 1997.

——*End of Millennium: The Information Age: Economy, Society, and Culture* Volume III, Oxford, Blackwell, 1998.

——*The Rise of the Network Society: The Information Age: Economy, Society, and Culture* Volume I, 2nd edn, Oxford, Blackwell, 2000.

Dijk, Jan van, *The Network Society*, London, Routledge, 1999.

Dodge, Martin and Rob Kitchin, *Mapping Cyberspace*, London, Routledge, 2000.

Dovey, Jon (ed.), *Fractal Dreams: New Media in Social Context*, London, Lawrence & Wishart, 1996.

Duff, Alistair S., *Information Society Studies*, London, Routledge, 2000.

Ellul, Jacques, *The Technological Society*, trans. J. Wilkinson, New York, Vintage Books, 1964.

Feenberg, Andrew, *Questioning Technology*, London and New York, Routledge, 1999.

Hamelink, Cees J., *The Ethics of Cyberspace*, London, Sage, 2000.

Jones, Steve (ed.), *CyberSociety: Computer-Mediated Communication and Community*, Sage, 1994.

——*CyberSociety 2.0: Revisiting Computer-Mediated Communication and Community*, London, Sage, 1998.

Latour, Bruno, *Aramis, or the Love of Technology*, Cambridge, Mass., Harvard University Press, 1996.

Levinson, Paul, *The Soft Edge: A Natural History and Future of the Information Revolution*, London and New York, Routledge, 1997.

Lyon, David, *Surveillance Society: Monitoring Everyday Life*, Buckingham, Open University Press, 2001.

Mackenzie, Donald, *Knowing Machines: Essays on Technical Change*, Cambridge, Mass., The MIT Press, 1996.

——and Judy Wajcman (eds), *The Social Shaping of Technology*, 2nd edn, Buckingham and Philadelphia, Open University Press, 1999.

Miller, Daniel and Don Slater, *The Internet: An Ethnographic Approach*, Oxford, Berg, 2000.

Mitchell, William J., *City of Bits*, Cambridge, Mass., The MIT Press, 1995.

——*e-topia: 'Urban Life, Jim – But Not As We Know It'*, Cambridge, Mass. and London, The MIT Press, 2000.

Negroponte, Nicholas, *Being Digital*, London, Hodder & Stoughton, 1995.
Rheingold, Howard, *The Virtual Community: Homesteading on the Electronic Frontier*, Reading, Mass., Addison-Wesley, 1993.
Rushkoff, Douglas, *Cyberia: Life in the Trenches of Hyperspace*, New York, HarperCollins, 1994.
Slevin, James, *The Internet and Society*, Cambridge, Polity Press, 2000.
Slouka, Mark, *War of the Worlds: Cyberspace and the High-Tech Assault on Reality*, London, Abacus, 1995.
Smith, Marc and Peter Kollock (eds), *Communities in Cyberspace*, London, Routledge, 1999.
Virilio, Paul, *Open Sky*, trans. J. Rose, London and New York, Verso, 1997.
——*Landscape of Events*, trans. J. Rose, Cambridge, Mass., The MIT Press, 2000.
——*The Information Bomb*, trans. C. Turner, London, Verso, 2000.
Webster, Frank, *Theories of the Information Society*, London, Routledge, 1995.
Wertheim, Margaret, *The Pearly Gates of Cyberspace: A History of Space from Dante to the Internet*, Sydney, Doubleday, 1999.
Wiener, Norbert, *Cybernetics: Or Control and Communication in the Animal and the Machine*, Cambridge, Mass., The MIT Press, 1948.
——*The Human Use of Human Beings: Cybernetics and Society*, New York, Da Capo Press, 1950.
Woolley, Benjamin, *Virtual Worlds*, Oxford, Blackwell, 1992.

PART II: CYBER CULTURE

Armitage, John (ed.), *Machinic Modulations: New Cultural Theory & Technopolitics, Special Issue: Angelaki*, 4 (2), 1999.
——(ed.), *Paul Virilio: From Modernism to Hypermodernism and Beyond*, London, Sage, 2000.
——(ed.), *Virilio Live: Selected Interviews*, London, Sage, 2001.
Aronowitz, Stanley, Barbara Martinsons and Michael Menser (eds), *Technoscience and Cyberculture*, New York and London, Routledge, 1996.
Bell, David and Barbara Kennedy (eds), *The Cybercultures Reader*, London, Routledge, 2000.
Brook, James and Iain A. Boal (eds), *Resisting the Virtual Life: The Culture and Politics of Information*, San Francisco, City Lights, 1995.
Cherny, Lynn and Elizabeth Reba Weise (eds), *Wired Women: Gender and New Realities in Cyberspace*, Seattle, Wash., Seal Press, 1996.
Conley, Verena Andermatt (ed.), *Rethinking Technologies*, Minneapolis, University of Minnesota Press, 1993.
Crang, Mike, Phil Crang and Jon May (eds), *Virtual Geographies: Bodies, Space, and Relations*, London, Routledge, 1999.
Critical Art Ensemble, *Flesh Machine: Cyborgs, Designer Babies and New Eugenic Consciousness* New York, Autonomedia, 1998.
Cubit, Sean, *Digital Aesthetics*, London, Sage, 1998.
Der Derian, James, *Virtuous War: Mapping the Military-Industrial Media-Entertainment Network* Oxford, Westview Press, 2001.
Dery, Mark (ed.), *Flame Wars: The Discourse of Cyberculture*, London, Duke University Press 1994.
——*Escape Velocity: Cyberculture at the End of the Century*, London, Hodder & Stoughton, 1996.
Dixon, Joan Broadhirst and Eric J. Cassidy (eds), *Virtual Futures: Cyberotics, Technology and Post-Human Pragmatism*, London and New York, Routledge, 1998.
Featherstone, Mike and Roger Burrows (eds), *Cyberspace/Cyberbodies/Cyberpunk*, London, Sage 1996.
Gibson, William, *Neuromancer*, London, Grafton, 1986.
Golding, Sue (ed.), *The Eight Technologies of Otherness*, London and New York, Routledge, 1997
Hables Gray, Chris (ed.), *The Cyborg Handbook*, London, Routledge, 1995.
Haraway, Donna, *Simians, Cyborgs and Women: The Reinvention of Nature*, London, Free Association Books, 1991.

Haraway, Donna, *Modest_Witness@Second_Millennium.FemaleMan_Meets_OncoMouse™*, New York and London, Routledge, 1997.
Hayles, N. Katherine, *How We Became Posthuman*, Chicago, University of Chicago Press, 1999.
Heidegger, Martin, *The Question Concerning Technology and Other Essays* (1938), trans. W. Lovitt, New York, Garland Press, 1977.
Holmes, David (ed.), *Virtual Politics: Identity and Community in Cyberspace*, London, Sage, 1997.
Jones, Steve (ed.), *Virtual Culture: Identity and Communication in Cybersociety*, London, Sage, 1997.
Kirkup, Gill, Linda Janes, Kathryn Woodward and Fiona Hovenden (eds), *The Gendered Cyborg: A Reader*, London, Routledge, 1999.
Kroker, Arthur and Marilouise Kroker, *Hacking the Future: Stories for the Flesh-Eating 90s*, New York, St Martin's Press, 1996.
Kroker, Arthur and Marilouise Kroker (eds), *Digital Delirium*, Montreal, New World Perspectives, 1997.
Lyotard, Jean-François, *The Postmodern Condition: A Report on Knowledge*, trans. G. Bennington and B. Massumi, Manchester, Manchester University Press, 1984.
Nussbaum, Martha C. and Cass R. Sunstein (eds), *Clones and Clones: Facts and Fantasies About Human Cloning*, New York, Norton, 1998.
Penley, Constance and Andrew Ross (eds), *Technoculture*, Minneapolis, University of Minnesota Press, 1991.
Plant, Sadie, *Zeros and Ones: Digital Women and the New Technoculture*, London, Fourth Estate, 1997.
Porter, David (ed.), *Internet Culture*, London, Routledge, 1997.
Poster, Mark, *The Second Media Age*, Cambridge, Polity Press, 1996.
Robins, Kevin and Frank Webster, *Times of the Technoculture: From the Information Society to the Virtual Life*, London, Routledge, 1999.
Sardar, Ziauddin and Jerome R. Ravetz (eds), *Cyberfutures: Culture and Politics on the Information Superhighway*, London, Pluto Press, 1996.
Shields, Rob, *Cultures of Internet: Virtual Spaces, Real Histories, Living Bodies*, London, Sage, 1996.
Springer, Claudia, *Electronic Eros: Bodies and Desire in the Postindustrial Age*, Austin, Tex., University of Texas Press, 1996.
Stone, Allucquére Rosanne, *The War of Desire and Technology at the Close of the Mechanical Age*, Cambridge, Mass., The MIT Press, 1995.
Taylor, Paul A., *Hackers: Crime in the Digital Sublime*, London, Routledge, 1999.
Turkle, Sherry, *Life on the Screen: Identity in the Age of the Internet*, New York, Simon & Schuster, 1995.
——*The Second Self: Computers and the Human Spirit*, London, Granada, 1995.
Virilio, Paul, *The Vision Machine*, trans. J. Rose, Bloomington and Indianapolis, Indiana University Press, 1994.
——*The Art of the Motor*, trans. J. Rose, Minneapolis, University of Minnesota Press, 1995.
Wakeford, Nina, *Networks of Desire: Gender, Sexuality and Computing Culture*, London, Routledge, 2000.
Wark, McKenzie, *Virtual Geography: Living With Global Media Events*, Bloomington and Indianapolis, Indiana University Press, 1994.
Winston, Brian, *Media Technology and Society*, London, Routledge, 1998.

PART III: CYBER POLITICS

Agre, Philip E. and Marc Rotenberg (eds), *Technology and Privacy: The New Landscape*, Cambridge, Mass., The MIT Press, 1997.
Barry, Andrew, *Political Machines: Governing a Technological Society*, London, Athlone, 2001.
Bennett, Daniel and Pam Fielding, *The Net Effect: How Cyberadvocacy is Changing the Political Landscape*, Merrifield, Va., e-advocates Press, 1999.

Bogard, William, *The Simulation of Surveillance: Hypercontrol in Telematic Societies*, Cambridge, Cambridge University Press, 1996.
Davies, Simon, *Big Brother: Britain's Web of Surveillance and the New Technological Order*, London, Macmillan, 1996.
Dutton, William H. (ed.), *Information and Communication Technologies: Visions and Realities*, Oxford, Oxford University Press, 1996.
——*Society on the Line: Information Politics in the Digital Age*, Oxford, Oxford University Press, 1999.
Everard, Jerry, *Virtual States: Globalisation, Inequality and the Internet*, London, Routledge, 1999.
Feenberg, Andrew and Alastair Hannay (eds), *Technology and the Politics of Knowledge*, Bloomington and Indianapolis, Indiana University Press, 1995.
Hables Gray, Chris, *Postmodern War: The New Politics of Conflict*, London, Routledge, 1997.
Hacker, Kenneth L. and Jan van Dijk (eds), *Digital Democracy: Issues of Theory and Practice*, London, Routledge, 2000.
Hague, Barry N. and Brian Loader, *Digital Democracy: Discourse and Decision-Making in the Information Age*, London, Routledge, 1999.
Ignatieff, Michael, *Virtual War: Kosovo and Beyond*, London, Chatto & Windus, 2000.
Jordan, Tim, *Cyberpower: The Culture and Politics of Cyberspace and the Internet*, London, Routledge, 1999.
Kroker, Arthur, *The Possessed Individual: Technology and Postmodernity*, London, Macmillan, 1992.
Kroker, Arthur and Michael A. Weinstein, *Data Trash: The Theory of the Virtual Class*, Montreal, New World Perspectives, 1994.
Loader, Brian (ed.), *The Governance of Cyberspace: Politics, Technology and Global Restructuring*, London, Routledge, 1997.
——(ed.), *Cyberspace Divide: Equality, Agency and Policy in the Information Age*, London, Routledge, 1998.
Lyon, David, *The Electronic Eye: The Rise of the Surveillance Society*, Cambridge, Polity Press, 1994.
Roszak, Theodore, *The Cult of Information: A Neo-Luddite Treatise on High-Tech, Artificial Intelligence, and the True Art of Thinking*, 2nd edn, Berkeley, University of California Press, 1994.
Shenk, David, *Data Smog: Surviving the Information Age*, San Francisco, HarperEdge, 1997.
Thomas, Douglas and Brian Loader (eds), *Cybercrime: Law Enforcement, Security and Surveillance in the Information Age*, London, Routledge, 2000.
Thussu, Daya Kishan (ed.), *Electronic Empires: Global Media and Local Resistance*, London, Arnold, 1998.
Tsagarousianou, Roza, Damian Tambini and Cathy Bryan (eds), *Cyberdemocracy: Technology, Cities and Civic Networks*, New York, Routledge, 1998.
Webster, Frank (ed.), *Culture and Politics in the Information Age*, London, Routledge, 2001.

PART IV: CYBER ECONOMICS

Andersen, Birgitte, Jeremy Howells, Richard Hull, Ian Miles and Joanne Roberts, *Knowledge and Innovation in the New Service Economy*, Cheltenham, Edward Elgar, 2000.
Barbrook, Richard, 'The hi-tech Gift economy', *First Monday*, 1999 (available online at www.firstmonday.dk/issues/issue3_12/barbrook/index.html).
Brown, John Seely and Paul Duguid, *The Social Life of Information*, Boston, Mass., Harvard Business School Press, 2000.
Brynjolfsson, Erik and Brian Hahin (eds), *Understanding the Digital Economy*, Cambridge, Mass. The MIT Press, 2000.

Cairncross, Frances, *The Death of Distance 2.0: How the Communications Revolution Will Change Our Lives*, London, Texere Publishing, 2001
Carr, Nicholas G., *The Digital Enterprise: How to Reshape Your Business for a Connected World*, Boston, Mass., Harvard Business School Press, 1999.
Castells, Manuel, *The Internet Galaxy: Reflections on the Internet, Business, and Society*, Oxford, Oxford University Press, 2001.
Cockburn, Cynthia and Dilic Ruza Furst (eds), *Bringing Technology Home: Gender and Technology in a Changing Europe*, Buckingham and Philadelphia, Open University Press, 1994.
Davies, Stan and Christopher Meyer, *Blur: The Speed of Change in the Connected Economy*, Oxford, Capstone, 1998.
Davis, Jim, Thomas A. Hirschl and Michael Stack, *Cutting Edge: Technology, Information Capitalism and Social Revolution*, London and New York, Verso, 1997.
Downes, Larry and Chunka Mui, *Unleashing the Killer App: Digital Strategies for Market Dominance*, Boston, Mass., Harvard Business School Press, 1998.
Ducatel, Ken J., Juliet Webster and Werner Herrmann (eds), *The Information Society in Europe: Work and Life in an Age of Globalization*, Boulder, Colo., Rowman & Littlefield, 2000.
Evans, Philip and Thomas S. Wurster, *Blown to Bits: How the New Economics of Information Transforms Strategy*, Boston, Mass., Harvard Business School Press, 2000.
Gates, Bill, *The Road Ahead*, New York, Viking, 1995.
——*Business @ the Speed of Thought: Succeeding in the Digital Economy*, London, Penguin, 1999.
Jackson, Paul (ed.), *Virtual Working: Social and Organisational Dynamics*, London and New York, Routledge, 1999.
Kelly, Kevin, *New Rules for the New Economy*, London, Fourth Estate, 1998.
Leadbeater, Charles, *Living on Thin Air: The New Economy*, London, Penguin, 2000.
McKnight, Lee W. and Joseph P. Bailey (eds), *Internet Economics*, Cambridge, Mass. and London, The MIT Press, 1998.
Mansell, Robin and W. Edward Steinmueller, *Mobilising the Information Society: Strategies for Growth and Opportunity*, Oxford, Oxford University Press, 2000.
——and Uta Wehn, *Knowledge Societies: Information Technology for Sustainable Development*, Oxford, Oxford University Press, 1998.
Martin, James, *Cybercorp: The New Business Revolution*, New York, AMACOM, 1996.
OECD, *OECD Information Technology Outlook: ICTs, E-commerce and the Information Economy*, Paris, OECD, 2000.
Ohmae, Kenichi, *The Invisible Continent: Four Strategic Imperatives of the New Economy*, London, Nicholas Brealey, 2001.
Rifkin, Jeremy, *The Age of Access: How the Shift from Ownership to Access is Transforming Capitalism*, London, Penguin, 2000.
Sassen, Saskia (ed.), *Global Networks/Linked Cities*, New York and London, Routledge, 2002.
Shapiro, Carl and Hal R. Varian, *Information Rules: A Strategic Guide to the Network Economy*, Boston, Mass., Harvard Business School Press, 1999.
Tapscott, Don, *Digital Economy: Promise and Peril in the Age of Networked Intelligence*, New York, McGraw-Hill, 1996.
——Alex Lowy and David Ticoll (eds), *Blueprint to the Digital Economy: Creating Wealth in the Era of E-business*, London, McGraw-Hill, 1998.
——David Ticoll and Alex Lowy, *Digital Capital: Harnessing the Power of Business Webs*, London, Nicholas Brealey, 2000.

作者简介

约翰·阿米蒂奇： 英国诺桑比亚大学社会政治经济学院跨学科研究所所长，《理论，文化，社会》副主编，《视觉文化期刊》编委，《维利里奥直播：采访精选》编辑。

维丽娜·安德马特·康利： 美国哈佛大学文学教师。其著作主要涉及女权主义、生态学、技术等方面。代表作：《生态政治学：后结构主义思潮下的环境》。同时担任《反思技术》的编辑。

詹姆斯·德·德里安： 美国布朗大学沃森国际研究所国际关系教授，马萨诸塞大学政治学教授。所著文章涉及战争及技术方面，发表于《连线》、《国家》、《华盛顿季刊》。最近的著作为《虚拟战争：军事-工业-媒介-娱乐网络》。

威廉·H. 达顿： 美国南加州大学安南堡传播学院教授，期刊《信息，传播，社会》在北美地区的主编，著有《在线社会：数字时代的信息政治》。

费尔·格雷厄姆： 澳大利亚昆士兰大学管理学院传播学讲师，同时担任《新媒体与社会》的国际顾问，发表过与媒介研究、篇章分析、社会理论等方面有关的诸多文章。

蒂姆·乔丹： 在英国公开大学从事社会学研究，著有《赛博权力》一书，同时担任《千禧年风暴》和期刊《社会运动研究》的主编，所著作品涉及网络社会运动、黑客、社会理论、民众抗议等方面。

大卫·里昂： 加拿大安大略省金斯顿市皇后大学社会学教授及监控项目负责人，其主要研究领域为新技术的社会和文化影响，同时还担任澳大利亚、加拿大、英国、法国、日本、新西兰等大学的客座教授。其著作被译成 11 种文字出版，最新的著作包括：《后现代性》、《迪斯尼的耶稣：后现代时代的宗教》、《监控型社会：监控日常生活》。

伊恩·迈尔斯：英国曼彻斯特大学技术变革与社会变化领域的教授，同时担任工程科学技术政治研究所（PREST）主任以及革新与竞争研究中心（CRIC）主任。自 20 世纪 80 年代初，伊恩便开始从事与赛博社会的相关研究，而对于未来学方面的研究则更为久远。除此之外，其研究领域还涉及技术革新以及服务经济学。

乔安妮·罗伯茨：英国达勒姆大学商学院国际商务讲师，曼彻斯特大学革新与竞争研究中心名誉副院士，著有《跨国商务服务企业》，同时担任《新服务经济中的知识与革新》的主编。

萨斯基娅·萨森：美国芝加哥大学社会学教授，英国伦敦经济学院客座教授，最新著作包括《客人与外星人》、《全球化城市》，以及作品集《全球网络/互联城市》。其作品已被译成 10 种语言。另外，她还担任美国社会科学研究理事会“国际技术、合作及安全委员会”主席。

凯瑟琳·瓦斯路：著有《光的结构：艾瑞格瑞，列维纳斯，以及勒庞蒂的视觉及触觉研究》，发表过与图像技术及生物技术相关的诸多文章，目前正在撰写的著作内容为当代动画技术，资金来源为澳大利亚悉尼大学提供的澳大利亚研究奖学金。

林婉莹：美国南加州大学安南堡传播学院的博士生，其主要研究领域包括远程通信政策、通信政治经济学、新技术的社会影响等。

麦肯基·瓦克：美国纽约州立大学宾哈顿校区比较文学客座教授，著有《虚拟地理学》以及其他两部著作，同时担任多媒体作品“噪音地球”的联合制作人。

弗兰克·韦伯斯特：英国伯明翰大学文化与社会学系教授，最新著作包括《信息社会理论》、《信息时代的文化与政治》。

索　引

《世界城市研究精品译丛》总目

☑ 已出版，□ 待出版

- ☑ 马克思主义与城市
- ☑ 保卫空间
- ☑ 城市生活
- ☑ 消费空间
- ☑ 媒体城市
- ☑ 想象的城市
- ☑ 城市研究核心概念
- ☑ 城市地理学核心概念
- ☑ 政治地理学核心概念
- ☑ 规划学核心概念
- ☑ 城市空间的社会生产
- ☑ 真实城市
- ☑ 现代性与大都市
- ☑ 工作空间：全球资本主义与劳动力地理学
- ☑ 区域、空间战略与可持续性发展
- ☑ 驱逐：全球经济中的野蛮性与复杂性
- ☑ 与赛博空间共存：21 世纪技术与社会研究
- □ 城市发展规划本体论
- □ 历史地理学核心概念
- □ 空间问题：文化拓扑学和社会空间化
- □ 帝国的边缘：后殖民主义与城市
- □ 城市与自然
- □ 城市与电影
- □ 城市环境史
- □ 当下语境中的游戏：在线游戏的社会文化意义